新结构经济学丛书

新结构经济学
研习方法

林毅夫　王勇　赵秋运 ◎著

北京大学出版社
PEKING UNIVERSITY PRESS

图书在版编目(CIP)数据

新结构经济学研习方法/林毅夫,王勇,赵秋运著.—北京:北京大学出版社,2021.5
(新结构经济学丛书)
ISBN 978-7-301-32006-8

Ⅰ.①新… Ⅱ.①林… ②王… ③赵… Ⅲ.①结构经济学—研究方法 Ⅳ.①F014.6

中国版本图书馆 CIP 数据核字(2021)第 032763 号

书　　　名	新结构经济学研习方法 XINJIEGOU JINGJIXUE YANXI FANGFA
著作责任者	林毅夫　王　勇　赵秋运　著
策划编辑	张　燕
责任编辑	裴　蕾
标准书号	ISBN 978-7-301-32006-8
出版发行	北京大学出版社
地　　　址	北京市海淀区成府路 205 号　100871
网　　　址	http://www.pup.cn
微信公众号	北京大学经管书苑（pupembook）
电子信箱	em@pup.cn
电　　　话	邮购部 010-62752015　发行部 010-62750672 编辑部 010-62752926
印　刷　者	北京宏伟双华印刷有限公司
经　销　者	新华书店
	880 毫米×1230 毫米　A5　10.25 印张　289 千字 2021 年 5 月第 1 版　2021 年 5 月第 1 次印刷
定　　　价	48.00 元

未经许可，不得以任何方式复制或抄袭本书之部分或全部内容。
版权所有，侵权必究
举报电话：010-62752024　电子信箱：fd@pup.pku.edu.cn
图书如有印装质量问题，请与出版部联系，电话：010-62756370

前　言

呈现在读者面前的这本书是关于如何学习与研究新结构经济学的读物。不管你想了解新结构经济学的来龙去脉、新结构经济学的基本概念、如何做新结构经济学研究，还是如何从事新结构经济学教学，相信你都能从本书中找到解答。

对新结构经济学相关问题的研究发端于 1988 年林毅夫教授对中国政府不以提高利率来治理通货膨胀以及印度和中国的政治社会体制不同却同样以计划来配置资源等现象的思索。在此基础上，林毅夫教授悟出了一个经济体的产业和技术结构内生于要素禀赋结构以及发展中国家的许多扭曲内生于政府违背比较优势的发展战略，从而初步形成了新结构经济学的理论框架。然而直至 2009 年，林毅夫教授在任职世界银行高级副行长兼首席经济学家一周年的讨论会上才正式提出"新结构经济学"的概念，并倡导以此作为继 20 世纪 40 年代以来的结构主义和 80 年代以来的新自由主义的第三代发展经济学。新结构经济学自提出后，逐渐得到国内外学术界和政策界愈来愈多的关注。但是如何学习和研究新结构经济学，始终是大家非常关注的问题。在我们授课或讲座的过程中，提问者关注最多的是如何正确理解新结构经济学的定义和核心概念，如何从事新结构经济学研究，以及如何将新结构经济学应用于现实世界。同时，根据新结构经济学理论，要素禀赋及其结构决定产业和技术结构,进而决定一系列的上层建筑结构,但是界定要素禀赋及其结构却是一件非常难的工作。因此,本书中也对"禀赋"这一重要概念进行了充分的讨论。

本书的第一篇、第二篇和第四篇文章被林毅夫教授称为"老三篇",说明这三篇文章对于学习新结构经济学至关重要,对于每一位学习和研究新结构经济学的人来说皆为必读文献。现在我们将"老三篇"集中收录于本书中,以方便读者系统地学习和研究新结构经济学。

要更好地学习和研究新结构经济学理论,系统的研究方法必不可缺。"授人以鱼,不如授人以渔。"新结构经济学非常重视研究方法的学习。新结构经济学倡导要通过研究现象背后的逻辑因果关系机制的方法来研究经济学问题,从现象出发而非桎梏于既往的主流经济学理论或模型,其中"本体"与"常无"的方法是新结构经济学研究和学习的第一要务,"知成一体"是新结构经济学的哲学基础。本书的第五篇、第七篇、第八篇和第九篇是关于新结构经济学研究方法的内容。相信对这四篇文章能够让读者更好地理解和洞察"本体""常无"以及"知成一体"的方法。

关于新结构经济学的来龙去脉也是很多人关注的重点。自1984年以来,林毅夫教授始终把中国的改革开放和经济发展过程中出现的问题作为自己的研究课题。其从特殊的视角对中国的农业制度改革和农业发展、制度和技术变迁、经济发展战略、中国经济改革和发展以及发展中国家实践中的成败经验等方面进行了独创性的研究,并提出了自己独特的经济学理论——新结构经济学。要想系统全面地了解新结构经济学理论,有必要追溯新结构经济学的起源并理解其演变,本书的第三篇文章是对这一问题的系统阐释。

以"自主理论创新,引领学科发展"为宗旨,北京大学新结构经济学研究院与国内外众多兄弟院校和政策实践机构积极合作,组建新结构经济学研究中心,并于2019年5月25日正式成立了新结构经济学研究联盟。截至2019年12月,新结构经济学研究联盟理事单位已经有15家,许多联盟理事单位的教师在授课过程中一致反映对新结构经济学中的"比较优势""竞争优势""产业政策"等一系列概念的理解不够清晰,更不清楚其与既有主流经济学文献中相关概念的区别。作为教师,应如何进行新结构经济学的授课?作为学习者,应如何选择自己的学习路径?这一系列问题都很重要。本书的第六篇、第十篇文章和后记试图解答读者这些方面的困惑。

新结构经济学是中国社会科学领域自主理论创新的成果。本书的定位是学习和研究新结构经济学的入门读物,严格意义而言,其属于新结构经济学学习和研究的导引书和释疑书。本书不但适合对新结构经济学感兴趣的初学者,也适合长期致力于新结构经济学学习和研究的人士。我们希望本书的出版能够对有志于从事新结构经济学研究、希望推广新结构经济学理论、关心中国经济发展前景,以及关注中国经济学科发展的广大读者有所助益。

作者

2020年11月

目　录

理　论　篇

003 / 写给新结构经济学大道上的后来者
023 / 如何做新结构经济学的研究
068 / 新结构经济学的理论溯源与进展
　　　——庆祝林毅夫教授回国从教 30 周年

对　话　篇

145 / 关于新结构经济学禀赋内涵的探讨
198 / 关于新结构经济学方法论的对话
220 / 新结构经济学理论问与答

237 / 关于经济学研究方法和方向的讨论

心 得 篇

261 / 再读"与林老师对话"系列图书有感
278 / 以"常无"心态研究新结构经济学
　　　——再读林毅夫教授《本体与常无》
288 / 不忘初心,传经授道
　　　——新结构兰财授课之路感想

295 / 参考文献

309 / 后记:学习新结构经济学的四种境界

图　目　录

074　/　图 1　林毅夫教授经济理论发展脉络
092　/　图 2　"三位一体"的传统经济体制
108　/　图 3　新结构经济学理论的形成与演化
224　/　图 4　波特的"钻石体系"
291　/　图 5　新结构经济学"结构树"

表 目 录

072 / 表1 林毅夫经济理论的发展脉络

理 论 篇

写给新结构经济学大道上的后来者*

一、新结构经济学的内涵

第一点思考:是不是只要在研究中放进了结构就是新结构经济学的研究?对这个问题我的回答是"不是"。因为我对新结构经济学有一个明确的定义,就是用新古典经济学的方法研究在经济发展过程中结构和结构演变的决定因素(包括影响劳动生产率的产业和技术结构,以及影响交易费用的基础设施和制度安排结构),并通过这些研究理解发展中国家的经济怎样才能得到更好的发展。只有这样的研究才叫新结构经济学的研究。如果一项研究

---

* 本文根据林毅夫教授在新结构经济学第一届冬令营(2015年12月16—19日)上的总结发言整理,为新结构经济学"老三篇"学习文献之一。收录于本书时有改动。

不是研究结构是怎么决定的、怎么演变的,也就是没有把结构内生化,那么即使在模型中放进了结构,也用了新古典经济学的方法来研究结构可能产生的影响,这样的研究也不是新结构经济学的研究。我们以第一代的发展经济学——结构主义为例。在其理论中,发展中国家的产业结构与发达国家的产业结构也不一样,但是在其模型中结构没有被内生化,而是被当作外生给定的,所以,虽然结构主义的理论模型中有关于发达国家和发展中国家之间结构差异的分析,但是这样的理论分析也不是新结构经济学的分析。同样,在新近的经济学文献中,也可能有些论文以新古典经济学的方法研究发达国家和发展中国家之间的结构差异所产生的影响,但是只要在这些文献中,结构是外生给定的,没有内生化,就不算是新结构经济学的研究。我再强调一下,新结构经济学的研究必须把结构内生化,也必须把结构的演化内生化。所谓内生,指的是一个变量是模型中各个决策者选择的结果,而不是决策者作选择时不可改变的参数。当然这个定义是比较窄的,但是我采用这样的定义是有目的的。

二、新结构经济学以要素禀赋及其结构作为研究的切入点

第二点思考:在现代的经济学文献里,当然也有学者以新古典经济学的方法来研究结构的内生化,比如有些经济学家用家庭偏好推导出产业结构随着收入的提高而内生变化,但新结构经济学强调的是用要素禀赋及其结构来内生产业结构及其变化。为什么要用要素禀赋及其结构来内生产业结构及其变化?因为我们研究

的是发展经济学,所以不仅要研究结构如何内生决定和演化,还要由此内生收入水平的变化。以家庭偏好作为切入点是无法达到这个目的的。家庭偏好可以说明由于收入水平的变化,家庭的需求会有所变化,从而内生出产业结构的差异,但收入的变化则被外生给定;同时,在开放的经济中产品可以贸易,那就没有办法确定随着收入的增加产业结构将如何演变。

以要素禀赋及其结构作为切入点来内生产业结构及其变化是一个比较好的方式。为什么呢?原因是发达国家和发展中国家之间的要素禀赋结构差异是明显的,而且在每个时点上都是给定的。**我们做任何研究分析,都必须以一个给定的参数作为切入点,才能去内生那个时点的其他变量。如果这个参数本身对各个决策者来说不是给定的、不可改变的,那就不能以其为切入点来内生出其他变量。每个时点上的要素禀赋是一个总量的概念,决策者不管是政府、企业还是家庭,都只能将其作为给定的参数,无法进行改变。**

有人讨论:是不是在国际资本可以流动以后,"要素禀赋是给定的"这个假定就被推翻了?我认为不能推翻。虽然发达国家的资本可能向发展中国家流动,但绝对不会流动到使发达国家和发展中国家的人均资本一样多的程度。发达国家的资本一定是由人拥有的,资本拥有者配置资源的目的是使回报最大化。如果资本流到发展中国家来,怎么样才能实现回报的最大化?一定是流向发展中国家具有比较优势的产业,也就是劳动密集型产业。所以,即便发达国家的资本拥有者愿意让资本流动到发展中国家,也不会使发展中国家的人均资本同发达国家的人均资本一样多,因为这是违反理性的。我知道现在有很多模型假定国际资本可以流动以后,人均资本就不重要了;但是这样的假定本身就违反了新古典经济学最基本的理性原则。实际上,即使国际资本可以流动,相对于发展中国家的要素禀赋来说,这一因素也是不可能改变发展中国家和发达国家禀赋结构差异的本质特性的,因此也是可以忽略不计的。就像伽利略为了验证重力加速度,在比萨斜塔做实验时假定没有空气阻力,因为相对于他做实验时所用铅球的质量、密度和塔顶到地面的距离而言,空气阻力产生的效果是可以忽略不计的。我们现在从一个国家的要素禀赋及其结构出发来研究产业技术选择,即使有国际资本的流动,也不会从根本上改变不同发展程度的国家要素禀赋结构的差异。所以,在研究产业结构时,国际资本流动的影响可以忽略不计。

此外,理论的目的是认识世界和改造世界。**我们研究的是发展,很需要这个被作为分析切入点的参数。它在每个时点上是给定的,但是随时间是可以变化的;如果不能变化,那么即使这个参数对于所要解释的现象非常重要,对改变世界来说,决策者也将是无能为力的**。例如,在研究拉丁美洲和北美地区的发展绩效差异时,德隆·阿西莫格鲁(Daron Acemoglu)[1]的理论切入点是,四五百年前,欧洲对美洲开始殖民时,拉丁美洲天气炎热,去那里的白人死亡率很高,白人在那里活下来的概率非常小,所以在殖民开始的时候就要大量掠夺,形成了掠夺性的制度安排。北美地区天气较温和,到那里的白人大多活了下来,在那里工作,慢慢形成了社区性的、相互帮助的、权利界定清楚的制度安排。他写了一个很严

---

[1] Acemoglu D, Johnson S, Robinson J A. The colonial origins of comparative development: An empirical investigation[J]. American Economic Review, 2001, 91: 1369-1401.

谨的理论模型,将制度内生化并进行了实证检验,好像很有说服力。假定他是对的,拉丁美洲的人就永远没希望了。因为现在没有一个时光机器可以使我们倒回到四五百年前,而且还要说服上帝把拉丁美洲的天气改一改。你说有办法做到这一点吗?如果没办法做到,即使知道了天气因素很重要也没有用。

新结构经济学以要素禀赋及其结构作为分析的切入点,因为要素禀赋及其结构在每个时点,对一个经济体所有的决策者(不管是家庭、企业还是政府)来说,都是给定且不能变化的,但是,随着时间的变化,资本是可以积累的,劳动随着人口的增长也是可以变动的,这就让我们有了一个"抓手",来改变要素禀赋及其结构。

三、要素禀赋及其结构是新古典经济分析的最基本参数

第三点思考:以要素禀赋及其结构作为分析的切入点,不仅是因为要素禀赋及其结构在每个时点是给定的,随着时间可以变化,而且是因为此两者是经济分析中最根本的参数。经济学家分析经济问题时,无非是从**收入(预算)效应**(income/budget effect)**和替代(相对价格)效应**(substitution/relative price effect)**来分析决策者的选择**。张五常先生常说他研究问题时只考虑替代效应,也就是相对价格效应。这是因为他研究的不是经济动态发展的问题,所以他在分析经济现象时只看替代效应就可以了。我们研究的是经济动态发展的问题,除了替代(相对价格)效应,有时还要看收入(预算)效应。其实,除了做统计学或者经济计量之类的方法论研究,其他经济学家提出的理论即使很复杂,到最后也不是讲收入

(预算)效应,就是讲替代(相对价格)效应如何影响决策者的选择的。每个时点的要素禀赋决定一个国家在这个时点可支配的资本、劳动和自然资源的总量,也就是这个国家在该时点的总预算;每个时点的要素禀赋结构由各个要素在该时点的相对稀缺性决定,这一相对稀缺性就决定了各个要素的相对价格(在一般均衡模型中,还需要考虑生产技术和家庭需求的特性)。所以,要素禀赋及其结构是新古典经济学分析中的两个最基本的参数。

四、新结构经济学继承和发展了新古典经济学和马克思主义经济学

新结构经济学借鉴了新古典经济学的分析方法,其思想来源则是马克思主义经济学。马克思主义经济学强调经济基础决定上层建筑,上层建筑也会反作用于经济基础。什么是经济基础?马克思主义经济学中的经济基础指的是生产方法和方式,也就是产业的技术、资本、规模、风险等产业结构的内涵。马克思以生产方法和方式为经济基础来研究制度结构等一系列上层建筑的决定和变化,但是生产方法和方式及其变化是怎么决定的?在马克思主义经济学中,这些因素是外生给定的,没有解释生产方法和方式的决定和变化机制是什么;在新结构经济学中,这些因素则内生决定于要素禀赋及其结构的变化。也就是说,新结构经济学以比经济基础更基础的要素禀赋及其结构作为切入点,把生产方法和方式及其上层建筑都内生化了。所以,**新结构经济学既继承了新古典经济学,也继承了马克思主义经济学;既发展了新古典经济学,也发展了马克思主义经济学。**

五、把结构内生化的重要性

为什么把结构内生化很重要？因为如果不把结构内生化，那么一个理论模型即便再漂亮，也不能真正解释经济发展现象背后的因果机制，还经常会误导改变世界的努力。回到结构主义的例子。结构主义把发达国家和发展中国家产业结构的差异当作外生给定的，那么就会试图让发展中国家以优先发展重工业或进口替代的方式直接采用发达国家的产业结构。同样，新自由主义把发达国家和发展中国家的制度差异当作外生给定的，所以就会建议发展中国家用"休克疗法"的方式直接采用发达国家的制度安排。结果是好心没有好的结果。另外，像解释"卢卡斯谜题"一样，如果在模型中没有将产业结构内生化，而是把发达国家和发展中国家的产业结构直接当作外生给定的，认为发达国家的产业资本密集度高，从而需要的资本多，发展中国家产业的资本密集度低，从而需要的资本少，所以随着发展中国家的资本积累，资本就注定会流到发达国家去，则根据这种模型，除非发展中国家改为发展和发达国家一样的资本密集型产业，否则发展中国家永远赶不上发达国家。不过，如果真按照这种模型的政策建议来实施，那么其结果将和原来的结构主义政策一样。其实这样的模型并没有真正解释发展中国家资本流动的现象。实际上，发展得好的发展中国家，不仅没有出现资本外逃，而且存在资本流入。只有发展得不好的国家，资本才会流出到发达国家。原因是发展得好的发展中国家，随着资本积累，产业结构会不断升级到新的具有比较优势的资本更为密集的产业，资本的回报高，资本就不会外逃。如果发展中国家按照结构主义的政策建议去进行赶超,资本被配置到不符合比较优势的产业,就会产生许多扭曲,创造扭曲的租金和寻租的机会,寻租的不法所得就会有外逃的积极性。只有把产业结构内生化,才能解释一个发展中国家在什么情况下会出现资本流入,在什么情况下会出现资本外逃。

一个理论只有在根据这个理论的逻辑所做的所有推论都不被经验事实所证伪时,才能被暂时接受。经不起这个考验的理论通常是因为这个理论把内生的现象外生化了。经济学家容易好心干坏事,一般是因为他忘了所要改变的现象是内生的。

六、应该以最根本的决定因素作为内生化的起点

另外,要内生化就要从最根本的决定因素出发,不要把由这个最根本的因素所决定的"果"的中间变量作为出发点。用禅宗的语言来说,就是要从"第一义"出发来观察现象,而不要从"第二义""第三义"出发来观察现象。在现实世界中,一个最根本的"因"会产生"果",这个"果"又会变成"因",产生下一个层次的"果",这个"果"又会变成"因"去产生下下个层次的"果",如此因因果果,生生不息。如果不是从最根本的"因"出发来观察世界,而是以中间的"果"作为"因"并由此出发来观察世界,虽然似乎也能解释现象,但是如果实施这种理论的政策建议,则结果经常会事与愿违。例如,在20世纪80年代发展中国家进行经济转型前,经济效率很低,政府对市场有许多干预和扭曲。不难构建一个理论模型来说明这些干预和扭曲会导致资源错误配置和寻租行为以致经济效率低,新自由主义就是根据这样的模型,建议转型中国家按"华盛顿共识"

以"休克疗法"的方式取消各种干预和扭曲。但是,这样的模型忽略了转型前政府的干预和扭曲是政府违反比较优势的结果,是为了保护和补贴在赶超产业中缺乏自生能力的企业而内生的制度安排,推行这种忽略扭曲的内生性的转型方式的结果是经济的崩溃、停滞和危机不断。

然而,从最根本的决定因素出发来观察社会经济现象,构建的理论就能够逻辑自洽地解释最多的现象。比如说,在《中国的奇迹》一书中,我以中国转型前的要素禀赋及其结构作为切入点讨论了中国转型前后的各种制度安排和政策措施的形成及其效果,探讨的问题很多,我自信整本书的逻辑是一以贯之的。在 2007 年的马歇尔讲座上,我以同样的切入点把观察的范畴扩大到所有发展中国家第二次世界大战以后 60 年的发展成败,探讨的问题更多,整个逻辑也是一以贯之的。我不仅讨论了各种扭曲及其效果、如何转型才能达到稳定和快速发展,同时还讨论了市场的作用、政府的作用、产业政策的作用,以及最适宜①金融结构、教育结构、"潮涌"现象,等等。针对每个现象都可以写一个很严谨的数理模型,并且这些模型最后都是可以加总的、内部逻辑自洽的,因为这些模型都以同一个最根本的"因"作为出发点,所以能够形成一个逻辑自洽的理论体系。

要素禀赋及其结构内生决定了经济基础,经济基础又内生决定了上层建筑。遗憾的是,现在的主流经济学理论中,除了 20 世

---

① 此处原为"最优",之所以将"最优"改为"最适宜",主要因为"最优"一词容易被认为指在任何条件下都是"最好的",而在新结构经济学的理论分析中,很难找到在任何禀赋结构条件下都是"最好的"结构的例子,为了避免产生混淆,故将"最优"一词改为"最适宜"或"适宜"。

纪六七十年代的赫克歇尔-俄林模型是从要素禀赋结构出发来解释国际贸易的产生和流向的,其他的理论包括宏观经济学、金融经济学、劳动经济学等理论中,都没有结构的概念,也不区分发达国家和发展中国家。即使是国际贸易理论到了 20 世纪 80 年代转向以专业化来解释国际贸易以后,也忽视了要素禀赋及其结构的重要性。例如,现在的国际贸易理论以异质性企业(heterogeneity firms)来解释贸易的产生;不管处于哪种发展程度,每个产业中确实都有企业异质性的现象,其中只有比较好的企业才会出口。但是,在一个资本相对短缺的发展中国家的资本很密集的产业里,不管企业如何优秀,也不可能对资本相对丰富的发达国家出口资本很密集的产品,发达国家和发展中国家的国际贸易实际上还是取决于要素禀赋结构的。保罗·克鲁格曼(Paul Krugman)提出的专业化也是这样。其实克鲁格曼自己说得很清楚,专业化指的是发展程度相同的国家之间的贸易,发展程度不同的国家之间的贸易还必须用赫克歇尔-俄林模型来解释。我们研究的是发展中国家怎么逐步地趋向发达国家,需要了解发展中国家的产业结构是怎么决定和演进的,怎么逐渐地变成发达国家的产业结构的。**以要素禀赋及其结构作为切入点来研究这一问题最有说服力,而且这个切入点可以逻辑一贯地解释最多的现象。**

现代的主流经济学忽视了发展程度不同的国家的产业技术以及作为其上层建筑的各种结构的差异,导致实施其政策建议的发展中国家没有一个是成功的,我希望经由新结构经济学研究者的努力,能把发展程度不同的国家之间的结构差异性引进主流经济学各个子领域的理论模型中,这样不仅发展了主流经济学,而且能够使现代经济学真正帮助我们认识世界和改造世界。

七、新结构经济学未来努力的方向

那么目前来讲,有志于从事新结构经济学研究的朋友们要努力的方向是什么?我想主要有两个方面的工作:**一个是把新结构经济学体系中的各种理论数理模型化,另一个是用数据来检验各个数理模型的推论**。一个理论只要逻辑清晰,就应该可以被数理模型化。新结构经济学对各种问题、现象的分析,**逻辑是清晰的,所以应该都是可以模型化的,无非是有没有找到好的数学形式罢了**。当然,我们要将结构引进经济学的数理模型并将其内生化,确实是不容易的。

我与王勇和鞠建东老师在 JME 论文[①]中所做的研究并不完美,模型中做了很多特殊假定(ad hoc assumption)。但目前来说,该论文中的模型可以作为新结构经济学的一个基本模型,因为它至少表达了新结构经济学最核心的观点,即不同发展程度的国家有不同的产业结构,一国在某一特定时点的产业结构是由该国在那一时点的要素禀赋结构决定的,产业结构的变化是由要素禀赋结构的变化来推动的。这个模型基本上是马歇尔的体系,即假定是信息完全、不存在摩擦的完美世界。如果把信息不完全、有摩擦等引进来,就可以讨论政府、产业政策等在产业升级中的作用;如果再引进家庭进行储蓄提供资金、企业进行投资提供回报,以及风险和信息不对称等,就可以讨论金融的作用。因此,该论文中的模

---

① Ju J D, Lin J Y, Yong Wang. Endowment structures, industrial dynamics, and economic growth[J]. Journal of Monetary Economics, 2016, 76: 244-263.

型可以作为新结构经济学的一个基本模型，在此基础上来模型化新结构经济学讨论的其他问题。

但是，我觉得我们的"野心"也可以大一点。具体而言，我们可以在阿罗-德布鲁（Arrow-Debreu，简称 AD）的一般均衡体系里引进要素禀赋结构以及产业和其他结构，并让产业和其他结构的决定和变化内生于要素禀赋结构及其变化，使没有结构的 AD 一般均衡体系成为这个更为一般的均衡体系的一个特例。我知道要引进结构并将其内生化很难。但是，阿罗当初要把从亚当·斯密到马歇尔发展起来的新古典体系用数学很简洁地表示出来也是很难的，所以他找了数学家德布鲁和他合作，虽然阿罗自己的数学也非常好。他们对从亚当·斯密到马歇尔理论的整个体系、整个机制是什么都很了解，然后他们找了一个合适的数学形式把这个体系、机制表示出来。AD 一般均衡体系的一个最大的问题是没有结构，我们现在认为经济发展的表层现象是收入水平的不断提高，表层之下则是决定劳动生产率水平的产业技术结构和决定交易费用的基础设施、制度安排结构的不断变迁，而不同发展程度国家的产业、技术、基础设施和制度结构及其演变则是由要素禀赋及其结构的差异和变化所决定的，要素禀赋结构的变化又是由家庭的生育选择所决定的劳动力增减和家庭的消费与储蓄选择所决定的资本积累的相对速度推动的。

目前，我们还没有一个在最一般的条件之下的新结构经济学的一般均衡模型，我们可以暂时接受以 JME 论文中的那个有很多特殊假定的模型作为基本模型，但是，我们最终的目标是把这些特殊假定的约束都放松掉。我认为只要思路清楚，一定可以用数学模型把新结构经济学理论背后的因果逻辑关系表示出来，无非就是还不知道哪种数学方式合适。既然如此,我们就要有意识地寻找。当年罗伯特·卢卡斯(Robert Lucas)推动理性预期革命时就是这样。他发现凯恩斯主义的理论不能解释滞胀现象,他对这个现象产生的原因和机制有了新的认识,认为必须用一种新的数学方式才能表示出来,他就去找,最后找到了贝尔曼方程(Bellman Equation)。同样的道理,我们现在知道在研究发展问题时,结构非常重要,而且结构的决定因素和演化必须由要素禀赋结构来决定和推动,那么用什么样的数学方式能够将其表述出来?目前的微积分不能达到这个目标。泛函分析是否能达到这个目标?努力看看再说。在这一点上,困难是不可避免的,但万一成功了呢?而且,若泛函分析不行我们就再找另外一种数学方式。既然逻辑这么清楚,就一定能用数学模型表示出来。

但是,努力**必须有长远目标和短期目标**。长远目标当然是使AD一般均衡体系变成我们提出的新的一般均衡体系的一个特例——不是推翻。在这个体系中,我们可以把发展程度不同的国家的每个发展阶段的结构特征都表示出来。这个目标不是一两年的时间可以实现的,仅 JME 那篇论文就用了六七年时间,这个目标也许要六七十年以后才能实现。在这种状况下,我接受鞠建东老师的建议:每年应该先有五到十篇使用模型有特殊假定的理论文章和实证研究文章发表。这是我们大家共同努力的目标。文章不用追求完美,只要逻辑上没有漏洞,即使有特殊假定也没关系。这个认识是我在芝加哥大学学习时,我的导师西奥多·舒尔茨(Theodore Schultz)教授跟我说的。他说,如果你要等到一篇文章完美再发表,那你可能一篇也发表不了。这是他在已经拿到诺贝尔经济学奖后讲的话。我的意思是,我们要尽力去做,有特殊假定没有关系,有时即使犯错误也没有关系。甚至有几位拿到诺贝尔经济学奖的经济学家,后来发现使他获奖的那篇文章的数学是有问题的。例如,詹姆斯·莫里斯(James Mirrlees)就是这样。但这不影响他们的贡献,因为经济学理论最主要的贡献是提供新的观点,只要观点是对的、重要的,即使所用的数学有点问题,后来的学者也可以改进,但是当大家都不知道那个观点时,你先把那个观点提出来就是一个很大的贡献。

新结构经济学研究中心的工作

现在北京大学新结构经济学研究中心①成立了。中心的任务是什么?我在此说明一下我的想法。

第一,新结构经济学研究中心将是一个平台,这个平台将用来推动新结构经济学理论模型的构建。这个中心会有几位核心的、全职的教授和研究人员,但是我们希望能通过这个中心搭建一个网络来联系志同道合者,推动大家一起进行合作研究。大家可以经常在中心开会,经常来中心交流、辩论。

第二,新结构经济学研究中心应该收集尽量多的数据,以支持大家做实证检验。目前的学术规范要求在理论模型的文章里,必须至少用经验数据把特征事实描述得很清楚。一个理论模型应该有很多可检验的推论,有了数据就可以做实证检验。现在学术期刊上发表的绝大多数文章是实证检验的文章,而不是数理模型的文章。

第三,新结构经济学研究中心还肩负推广新结构经济学应用的任务。我深受王阳明的影响,一向是一个行动主义者:"知为行

---

① 2017年12月更名为北京大学新结构经济学研究院。

之始,行为知之成。"如果认为我们倡导的这个理论是对的,我们就要将之付诸行动,而且行动产生的结果必须与行动前的预期一样,才能说明这个理论是正确的。现在中心的研究人员正在努力运用这些理论帮助地方政府、我们的国家以及其他发展中国家制定政策,找出按照新结构经济学的理论框架所了解的结构及其变迁是由什么因素决定的,政府、企业、市场应该扮演什么角色来助推结构变迁和经济发展。如果我们能在实践中做出结果并展示给社会看,就可以让更多人关注和接受新结构经济学,同时这也是我们从事新结构经济学研究所要达到的目的,即认识世界和改造世界。如果一个理论不能改造世界,通常是因为提出这个理论的学者并没有真正认识世界,这样的理论模型只是逻辑游戏。新结构经济学研究中心希望成为一个实践的平台,在能力允许的范围内,尽力和大家一起合作来推动实践。

第四,在新结构经济学文章发表方面,我们不想直接创办一本杂志封闭性地进行内部讨论,而是应该"打出去"。所以,我们要"两条腿走路"。一方面,我们每年选一些主题,开一些研讨会,找一些国际上有影响力的杂志出版专刊。我发现,学界看专刊的人比较多,在有影响力的杂志出版专刊,大家比较容易接受这些文章的观点和发现。另一方面,我们还要有勇气,直接投稿到排名前五、前十的杂志。因为愿意出专刊的杂志通常不会是顶级的。我们应该有勇气去建模、做严谨的实证研究,直接瞄准主流的顶级杂志,接受匿名评审的考验。新结构经济学还处于新创阶段,可以研究的重要题目很多,如果每年我们能够在顶级杂志发表五到十篇论文,这样经过五年、十年的积累,我们的理论在学界将具有影响力,届时再创办自己的杂志,学界就不会说我们是关起门来自说自话。

第五，就组织新结构经济学学会而言，可能还要再过几年。这个学会的成员不能只是中国经济学家，如果朝着上面的方向去努力，十年后新结构经济学就在经济学界立住脚了。从亚当·斯密以来世界经济的中心就是世界经济学的研究中心，十几至二十年后中国有可能成为世界经济的中心，在这个世界经济中心出现了新结构经济学的理论创新，这个新理论体系将是做研究的"金矿"，国外学者也会乐于以新结构经济学的视角来做研究，那时研究新结构经济学的就不会只有中国经济学家了，届时再成立学会也就水到渠成。目前我们可以把成立学会作为目标，建立同盟，鼓励更多经济学家参与新结构经济学的研究，但暂时还是把这个目标放在心里面，而不是马上去做。

八、新结构经济学与诺贝尔经济学奖

一直有很多人提及诺贝尔经济学奖的问题，我相信新结构经济学有得诺贝尔经济学奖的潜力。我相信不仅是新结构经济学有这个潜力，新结构经济学衍生出来的很多领域也有这个潜力。首先是最适宜金融结构理论[①]。最适宜金融结构理论是现有的金融理论中没有的，它可以解决发展中国家广大的农户、微小中型企业的金融问题。过去的金融理论都建议发展中国家按发达国家的金

---

① 最适宜金融结构理论是林毅夫教授关于比较优势、自生能力和经济发展战略思考的一个自然延伸。适当的经济发展战略需要促进具有比较优势的产业的发展和具有自生能力的企业的成长。而金融体系及其运行对于资源配置的途径和效率具有极为重要的影响。

融安排来发展其金融体系,但这满足不了发展中国家广大的农户、微小中型企业的融资需求,导致这些国家经济发展不好,贫困问题得不到解决。虽然孟加拉国出现了小额贷款,但是小额贷款是出于人道主义的,贷款金额太小,不能解决发展问题。金融存在的目的是为实体经济服务,不同发展阶段的实体经济,它的资本需求和风险特性不一样,适合的金融安排当然也不一样。我觉得这是一个能够获得诺贝尔经济学奖的题目。其次是潮涌理论。它对现有的宏观货币政策、财政政策有很多新的思考,是对现有的主流宏观理论的扩展,使宏观理论和发展中国家的宏观现象能够进行比较好的结合,这样的理论能够帮助发展中国家实现经济的稳定发展。这也是一个能够获得诺贝尔经济学奖的题目。

我们要努力。不要"醒得早,起得晚"。这些题目都是我常讲的,从要素禀赋及其结构出发,内生决定产业、技术结构和基础设施及制度的结构,随着要素禀赋结构的变化,这些结构都会变化;在结构演变过程中,我们会对人力资本、金融、宏观经济的作用有许多新的认识和政策思考,对于这些题目都可以进行严谨的数学模型推导和实证检验。关于新结构经济学的研究方向,我总结了十几个目前国际经济学界争论不清的问题,从新结构经济学的角度来看,这些问题都是一清二楚的,都可以用严谨的数理模型来回答,以及用数据进行检验。我希望大家可以尽快把这些研究做出来,不管是做理论模型还是做实证。

我相信沿着新结构经济学的方向去做研究,可能得到的不是一个诺贝尔经济学奖,而是三个、五个,甚至是十个诺贝尔经济学奖。但是我知道不会是我得到,而肯定是你们这一代或是你们的下一代得到。诺贝尔经济学奖的评审过程是:由诺贝尔经济学奖委员会邀请大约1 500名著名的经济学家做推荐人,这1 500个人包括北欧四国经济相关院系的正教授、先前诺贝尔经济学奖的获得者,再加上国际主流经济学界有影响力的经济学家。得到推荐多的人也只能得到十几到二十个人的推荐。被别人推荐的,推荐人通常是自己的学生。即使得到了十几到二十票,进入了前五名,也不是第一次进去就可以获奖,通常要连续几年才有机会。

那么,中国经济学家要得诺贝尔经济学奖,前提条件是什么?我们不是北欧四国,我们到现在为止也没有人获得过诺贝尔经济学奖,所以,中国经济学家要得诺贝尔经济学奖,必须先教出数名能进入国际排名前1 500名的经济学家来。这不容易,因为现在所有国际顶尖杂志都是由西方主流经济学家控制的。我们现在关心的问题是——以那篇JME论文为例——为什么中国经济学家的文章难以在国际顶尖杂志上发表?因为目前的主流经济学家不了解发展中国家的现象,所以我们就要花很多时间去解释。我们的论文如果沿着他们的话语体系,按照他们的思路去写他们关心的问题,那么就相对容易发表。而如果我们的论文是沿着新结构经济学这一新的理论体系去写,他们就总是半信半疑,而且也不认为这些问题有多重要。所以,即使现在有100个、200个中国经济学家沿着新结构经济学的理论框架来做研究,要有数十人进入国际前1 500名大概也很难。

既然不可能得诺贝尔经济学奖,我为什么还那么努力呢?

作为一名学者,首先,我希望给经济学界引入一个新的视角,就是结构的视角。现代主流经济学理论基本上没有引入结构,最近开始有人关心结构问题,但还很少。绝大多数主流经济学理论和模型并没有引入结构,所以无法区别发展中国家和发达国家。

我希望经济学界在研究经济问题时,大家首先就会考虑到发展中国家和发达国家的结构差异,我希望给经济学界引入这个视角。

其次,有了这个视角后,我还希望为经济学家研究结构问题时引入一个切入点。我刚才讲了,很多带有结构的模型是以更根本的"因"所决定的"果"作为研究前提的,这样的结构模型并不能帮助我们真正地认识世界和改造世界。我希望经济学家在研究结构问题时能够以要素禀赋及其结构作为切入点。我很确信要素禀赋及其结构是各种结构的最根本的决定因素。马克思主义所说的经济基础已经够根本的了,但是马克思主义并没有讲生产方式的决定因素是什么,其决定的机制如何,也就是没有把生产方式内生化,只说其是生产力演化的自然结果。以要素禀赋及其结构作为切入点可以把生产方法、方式内生化,而且要素禀赋及其结构自身的变化机制也是清楚的:以要素禀赋及其结构作为整个新结构经济学理论体系分析的原点,实际上是唯物辩证主义方法论宇宙观,以物质为错综复杂而又相互关联的万事万物的第一义原则在现代经济学分析上的运用。

再次,我希望给经济学理论体系留下一个概念:企业自生能力。企业自生能力指的是一个正常管理的企业在开放竞争的市场环境中获得社会可接受的利润率的能力。我希望企业自生能力能够变成经济学家讨论问题时的一个通用概念。我在出版《中国的奇迹》一书以后,讨论的发展和转型问题很多,这些讨论之所以能够自成体系、一以贯之,而且我在讨论问题时之所以能够很快抓住问题的核心,是因为我脑子里有一个企业自生能力的概念。有了这一概念,就容易找到现实世界中许多现象的微观基础,知道那些制度或扭曲是不是内生的,那些政策变动是不是会有预期的效果。

企业自生能力实际上是整个新结构经济学理论体系的微观基础。

最后,我有一个愿望。我希望经济学理论能够帮助所有发展中国家发展经济,消除贫困,实现共享和繁荣。以现有的主流经济学理论来分析发展中国家的问题似乎头头是道,但是,第二次世界大战以来尚无根据主流经济学理论制定政策而取得成功的发展中国家,少数几个在发展和转型过程中获得成功的国家和经济体推行的主要政策,从现有的主流经济学理论来看都是错误的。我希望经济学理论有一天不仅能够作为批评的利器来说明发展中国家的问题,而且,更重要的是,也能够成为解决发展中国家的问题,指引发展中国家实现经济繁荣、共享的指南针。

我希望上述的一个视角、一个切入点、一个概念、一个愿望能够成为经济学界的共识和共同努力的目标。如果这个目标能实现,我就心满意足了。

如何做新结构经济学的研究*

我想利用这个机会,和各位谈谈以下几个问题:什么是新结构经济学?什么是新结构学的研究?怎么做新结构经济学的研究?这些都是我经常谈到的问题。各位到新结构经济学研究院来工作,必须做新结构经济学的研究,这一点是不言而喻的。不同于一般经济系或经济学院,任何有特殊定位的研究机构都会有类似的要求。例如,麻省理工学院有个贫困行动实验室(Poverty Action Lab),一位经济学家不管多有名气,如果不用随机对照实验(randomized controlled experiments)的方法来研究与减少贫困相关的项目,那么就不会被贫困行动实验室聘任。同样,牛津大学有一个网络经济研究院,其成员都是做网络经济研究的。各位既然到新结构经济学研究院工作,自然应该做新结构经济学的研究。我希

---

* 本文根据林毅夫教授在新结构学术团队内部研讨会(2019年2月17日)上的发言整理,为新结构经济学"老三篇"学习文献之二。

望各位不仅做新结构经济学的研究,而且做出能发表、有影响力、有原创贡献的研究。

我最近经常提出要"强本固元",上述问题是"强本固元"需要弄清楚的问题,也是各位抓住新结构经济学这座理论创新"金矿"所给予的时代机遇的关键性问题。我相信如果各位弄清楚什么是新结构经济学,沿着新结构经济学的理论框架去做研究,就会找到很多原创性或开创性的研究方向,而在新结构经济学中一个子领域发表的成果多了,各位就有可能成为该领域的"领头羊"。

经济学理论和任何科学理论一样,目的是帮助人们认识世界,以及帮助人们改造好世界,这应该是我们作为知识分子研究经济学理论的初心。就像我常讲的那样,我没有看到一个发展中国家按照现在国际上主流的经济学理论制定政策而成功实现向发达国家追赶的例子。少数几个成功实现追赶梦想的经济体,它们在追赶时期推行的主要政策从当时的主流经济学理论来看是错误的。分析起来不难理解,之所以如此是因为发达国家的理论来自发达国家,这些理论会自觉或不自觉地把该理论产生时的发达国家的发展阶段以及社会、政治、文化条件等作为前提或暗含前提,忽视了发达国家和发展中国家在这些前提条件上的差异,把来自发达国家的理论运用于发展中国家自然难以实现改造好世界的目标。如果新结构经济学研究院的研究也是像现在国内经济学领域学者所做的研究那样,用主流经济学理论分析中国存在的问题,或是用中国的资料来检验主流经济学已经存在的理论,则从个人来说是"捡了芝麻,丢了西瓜",难以真正抓住中国改革开放取得的经济奇迹所给予的理论创新的机遇,也难以对经济学的发展做出开创性的贡献。而且这类研究还可能强化了看似逻辑严谨,但未触及根本原因,甚至是似是而非的理论,从而可能误导经济决策和社会舆论。所以,基于中国和其他发展中国家的经验,沿着新结构经济学的理论框架和视角来做研究,还可以使各位的研究成果不仅能够做好,而且能够做得有意义,提出的理论能够实现"认识世界"和"改造好世界"的统一,践行新结构经济学研究院"知成一体"的哲学理念。

也许有人会说,如果不沿着主流经济学理论做研究,就很难发表文章。但是任何理论创新一开始都是很难被学界接受的,都只有在与旧的理论冲突和斗争中披荆斩棘才能前进并得以建立。新结构经济学的理论创新不比任何理论创新难。即便很难发表文章,为了让我们的理论研究能够实现"认识世界"与"改造好世界"的功能统一,各位也要迎难而上,做正确的事。

下面我再系统地讲一下我在过去不同场合谈到的内容,对我而言同样是一个重新思考和学习的过程,有助于我自己也有助于各位加深对新结构经济学、新结构经济学研究和新结构经济学研究方法的理解。

一、什么是新结构经济学

(一)新结构经济学的定义

从定义来说,新结构经济学是用现代经济学中的新古典方法,以理性人为基本假设[①],来研究一个经济体(可以是一个国家,也

---

① 什么是以理性人为基本假设的研究方法,请参考《本体与常无》中的详细讨论。

可以是一个地区)的经济结构及其转型的决定因素和影响的一个学科。这里的经济结构包括决定一个经济体劳动生产率水平的技术结构和产业结构,以及决定交易费用、影响一个经济体正在生产和使用的产业、技术所蕴含的生产力能否得到最大程度发挥的各种"硬"的基础设施和"软"的制度安排的结构。结构的内涵指具有异质性的因素的组合,例如在单一部门的宏观模型中,就没有产业结构的概念。所以,技术结构指各种不同技术的组合,产业结构指各种不同产业的组合,同样地,基础设施和制度安排的结构指各种基础设施和制度安排的组合。任何一个经济体都是各种子结构层层叠加、相互交错组成的结构。以理性人为基本假设的新古典研究方法是现代经济学的主流研究方法,例如金融经济学使用新古典方法研究金融的供给、需求和金融市场的运行等,劳动经济学使用新古典方法研究劳动的供给、需求和劳动市场的运行等,新制度经济学用新古典方法研究制度和制度变化的决定因素及影响。从定义来说,新结构经济学和主流经济学的各个子领域的研究对象不同,使用的研究方法则是相同的。

新结构经济学的定义,除了表明所用的研究方法,其核心是认为一个经济体的技术结构、产业结构、"硬"的基础设施和"软"的制度安排的结构等是内生的,而不是外生给定的;一个经济体结构的转型也是内生的,因为如果不是内生的就不会有研究其决定因素的说法。同时,经济结构和结构变迁既然是内生的,在研究如何改变经济结构及其影响时,就必须把结构的内生性考虑进去。例如,低劳动生产率水平的结构的影响之一是低收入水平,要提高收入水平,自然要从低劳动生产率水平的结构向高劳动生产率水平的结构升级,但这种升级必须从改变产业和技术结构的更根本的决定因素着手才能成功。同时,不同产业和技术结构的规模和风险等特性可能不同,可以为其生产和交换降低交易费用、减少风险,让产业和技术所蕴含的生产力得到最大限度释放的"硬"的基础设施和"软"的制度安排也可能会有所不同。

(二) 为何要研究结构和结构变迁

为何要研究结构和结构变迁并强调其内生化?因为这是现代经济发展的本质,也是现代经济学所要研究的最根本、最核心的问题。经济学在亚当·斯密于1776年出版了开山之作后,才从哲学中分离出来,成为一门独立的社会科学。经济学研究的就是什么是财富,以及一个国家的财富水平高低的决定因素,本质上研究的就是经济发展问题。亚当·斯密的开山之作现在被简称为《国富论》,全称则是《国民财富的性质和原因的研究》(An Inquiry into the Nature and Causes of the Wealth of the Nations)。根据安格斯·麦迪逊(Angus Maddison)以及许多经济史学家的研究,在18世纪之前,当时世界上最发达的西欧国家人均GDP的增长率,每年只有0.05%,按照这个速度人均GDP翻一番需要1400年;从18世纪开始到19世纪中叶时,西欧这些发达国家人均GDP的增长率突然提高为原来的20倍,提高到每年1%,人均GDP翻一番所需时间从1400年减少为70年;19世纪中叶到现在,西欧和北美发达国家的人均GDP增长率又翻了一番,提高为每年2%,人均GDP翻一番所需时间进一步降为35年。[①] 西蒙·库兹涅茨

---

① Maddison A. Monitoring the World Economy, 1820-1992[M]. Paris: Organisation for Economic Cooperation and Development, 1995.

(Simon Kuznets)将西欧等发达国家自18世纪以后出现的经济加速增长称为现代经济增长。[①]

其实,在18世纪之前,用今天的话来说"世界是平的"。当时,国家之间人均GDP的差距,如最富的荷兰与最穷的非洲以及亚洲国家之间的差距只有四五倍,国家之间的经济规模与差距主要取决于人口规模的差距,这也是为何根据麦迪逊估计,中国和印度两国经济规模之和在18世纪之前的将近两千年里长期占世界经济规模的50%左右,而中国一国的经济规模在1820年时甚至占世界经济规模的三分之一。在那之前一个国家的经济增长主要表现为人口的增长,人均GDP水平基本不变化。只有在18世纪才开始出现人均GDP的持续增加。这种人类经济史上的巨变的原因是18世纪中叶起始于英国的工业革命。工业革命使技术不断创新、新的附加值更高的产业不断涌现,使劳动生产率水平和人均收入水平得以不断提高。但是,工业革命不仅使人均收入水平持续提高,社会分工和社会结构也开始出现新的分化,同时,由于生产规模扩大、生产流程细化、资本投入增加,技术、市场和经济的风险也不断加大,对"硬"的基础设施的要求越来越高,对金融、法律、教育、政府等方面的经济社会政治制度安排也相应有了新的需求。只有各种"硬"的基础设施和"软"的制度安排适应不断升级的产业和技术需要,才能使交易费用足够低、风险可以承受,产业和技术所蕴含的生产力才能得到最大限度的释放。所以,现代经济增长

[①] Kuznets S. Modern Economic Growth: Rate, Structure and Speed. New Haven: Yale University Press, 1996.

实际上是一个产业、技术、软硬基础设施①等各种结构不断转型，不断在更高的生产力水平上调整和相互适应的过程。

（三）把结构内生化的重要性

起始于英国的工业革命逐步在西欧和作为英国殖民地的北美、澳大利亚等国家和地区传播开来。世界上绝大多数其他国家和地区未能发生同样深刻和全面的工业革命，于是出现了引领工业革命的国家和工业革命滞后的国家之间人均收入水平差距的迅速扩大，出现了发达的工业化国家和落后的依赖传统手工业和农业的国家之间的"大分流"②。经济是基础，落后就要挨打，人均收入低的地区成了发达国家的殖民地、半殖民地，这些地区一直到第二次世界大战以后才纷纷取得政治独立，开始启动自己国家的工业化、现代化进程，以赶超发达国家。

在亚当·斯密撰写《国富论》时，工业革命还处于星星之火的阶段。从亚当·斯密讨论的针工厂是传统的法国手工作坊而不是当时在英国已经出现的更为先进的现代针工厂，可以了解到他并没有观察到工业革命的发生。③《国富论》中提出的许多理论论断都是总结自工业革命之前英国和其他欧洲国家的经济发展经验。一直到1912年熊彼特在《经济发展理论》(*The Theory of Eco-*

---

① "软硬基础设施"指的是"硬"的基础设施加上"软"的制度安排。
② Pomeranz K. The Great Divergence: China, Europe and the Making of Modern World[M]. New York: Princeton University Press, 2000.
③ Pattean C F. The manufacture of pins[J]. Journal of Economic Literature, 1980, 18(1): 93-96.

nomic Development)①一书中提出了"创造性破坏"的概念和理论,技术创新和产业升级才被进行了细致地分析和研究。

从亚当·斯密开始一直到第二次世界大战之前世界经济学的研究中心在英国,第二次世界大战之后转移到美国。由于"近水楼台先得月",也由于英国和美国是当时世界的经济中心,发生在经济中心的经济现象和问题是最重要的经济现象和问题,所以自亚当·斯密以来经济学家研究的主要是发生在英国和美国这些发达国家的现象和问题,提出的理论也主要是根据这些发达国家的经验现象和问题总结而来的。他们的研究通常以发达国家的各种结构为前提,探讨这些结构如何作用和运行,例如财政理论、货币理论、金融学、产业组织理论、劳动经济学、新制度经济学等;或探讨其中的某个变量发生变化的原因和影响,例如内生增长理论。

对发展中国家如何加快发展以追赶发达国家的问题,一直到第二次世界大战之后,发展中国家取得政治独立,为了指导发展中国家在它们自己政府的领导下开启工业化,发展经济学才从现代经济学中独立出来,成为一门新的子学科。第一代发展经济学家看到发达国家和发展中国家之间的巨大收入差距,以及发达国家先进的现代化制造业和发展中国家传统的农业和自然资源产业劳动生产率水平之间的差距,认为要赶上发达国家就需要在发展中国家建立现代化制造业。然而存在于发展中国家的现实是这些现代化制造业无法在市场中自发发展起来,于是第一代发展经济学家就认为这是落后的文化、价值观等深层结构因素造成市场失灵

---

① 约瑟夫·熊彼特. 经济发展理论[M]. 邹建平,译. 北京:中国画报出版社,2012.

的结果,从而主张由政府发挥作用,克服市场失灵,采取"进口替代战略",由政府直接动员、配置资源来发展这些先进的产业。

第一代发展经济学家注意到发达国家和发展中国家之间产业结构的差异给收入水平带来的影响,在政府的直接干预下发展中国家确实建立了一些现代化制造业,但是,这些制造业的效率非常低下,出现了哈维·莱宾斯坦(Harvey Leibenstein)在20世纪60年代提出的X效率问题[①],发展中国家建立了这些产业后发展速度很慢,不仅未能赶上发达国家,而且危机不断。现在回过头来看,第一代发展经济学之所以失败,是因为其未能认识到一个国家的产业结构其实是内生的,在未具备改变内生现象的条件下拔苗助长,用意很好,却只能以失败告终。

到了20世纪七八十年代以后,发展经济学式微,经济学界盛行新自由主义。新自由主义学者看到了发达国家和发展中国家政府对市场干预程度的巨大差异,认为发展中国家的经济之所以搞不好,是因为政府过度干预扭曲市场,造成资源错误配置和寻租腐败等政府失灵问题,发展中国家要改善经济绩效,必须建立起像(理想化的)发达国家那样完善的市场制度,所以提出了以"休克疗法"推行"华盛顿共识"主张的"市场化、私有化,以财政平衡达到宏观稳定化"。从逻辑上来说,新自由主义的分析和结构主义的分析一样是很严谨的,但是推行其政策的结果是发展中国家在20世纪八九十年代的增长速度低于结构主义盛行的六七十年代,危机发生的频率则是后一时期高于前一时期,其原因在于新自由主义忽

---

① Leibenstein H. Allocative efficiency vs. X-efficiency[J]. American Economic Review,1966,56(3):392-415.

视了政府的干预扭曲是内生于保护补贴在结构主义时期建立起来的违反比较优势的产业的需要。

上述两个例子说明,在研究发展中国家的问题时不仅要看到发展中国家和发达国家在产业、技术、软硬基础设施等各种结构方面的差异性,要使理论能够实现"认识世界"和"改造好世界"目标的统一,还需弄清楚各种"落后"的、"扭曲"的结构的内生性。只有着手改变造成内生现象的外生原因,现象的改变才能水到渠成,获得预期的效果,否则很可能好心干坏事。

(四)为何新结构经济学以要素禀赋结构作为内生化结构分析的核心自变量

既然结构是内生的,那么什么因素决定了结构和结构转型呢?目前主流文献的研究主要集中在解释发达国家在经济发展过程中为何出现农业比重下降、制造业比重呈现驼峰形、服务业比重不断上升的库兹涅茨曲线,并提供了两种解释:一种是谢丹阳等人提出的需求收入弹性假说[1],其认为农产品、制造业产品和服务业产品的收入弹性不一样,随着收入水平的提高,需求结构也会发生变化,产业则会发生此消彼长的结构变化;另一种是德隆·阿西莫格鲁提出的不同技术进步率的假说[2],其认为随着经济发展,技术进步慢的产业的比重会变大,技术进步快的产业的比重会变小,服务业的技术进步率最慢,因此服务业比重随着经济发展变为最高。

---

[1] Kongsamut P, Rebelo S, and Xie DY Beyond balanced growth[J]. Review of Economic Studies, 2001, 68: 869-882.

[2] Acemoglu D. Equilibrium bias of technology[J]. Econometrica, 2007, 75: 1371-1410.

这两种假说的主要目的在于解释发达国家库兹涅茨曲线产生的机制,并且他们的理论模型推导的结果也能够符合卡尔多事实。但这样的理论假说对于研究一个发展中国家的人均收入水平以及财富如何随着结构的转型而不断增加而言,却有明显的缺陷:第一种假说(收入弹性假说)将收入增长的机制外生化。然而收入持续增长背后的机制却是现代经济学也是新结构经济学最关心的问题。第二种假说把技术进步的方式外生化。但是,技术进步的方式是提高劳动生产率的关键机制。这样的假说也同样放弃了我们最想研究的问题。

对于我们想要研究的一系列问题而言,比库兹涅茨曲线和卡尔多事实更重要的事实是:第一,发达国家和发展中国家的产业结构不一样。发达国家的生产活动集中在劳动生产率水平高的资本相对密集的产业;发展中国家的生产活动集中在劳动生产率水平相对低的自然资源产业,如农业和劳动相对密集的制造业。第二,在发展的过程中,各种类型的产业所使用的技术和资本的密集度越来越高,同时在制造业内部的企业,如日本著名经济学家赤松要(Akamatsu)提出的雁阵模型所描述的,不断生生灭灭地向资本密集度更高的产业升级。① 第三,在发展过程中,"硬"的基础设施(如电力、道路、港口)和"软"的制度安排(如金融、法律、社会组织、价值观)等结构也在不断演变。我们需要构建一个可以把这些不同发展程度国家的结构差异和一个国家随着发展水平的提高所发生的各种结构转型都内生化,并统一在一个理论框架里,形成一个

---

① Akamatsu K. A historical pattern of economic growth in developing countries [J]. Developing Economies,1962,1:3-25.

自洽的理论体系。要构建这样一个一以贯之的理论体系,则需要找到一个在一个经济体中属于最根本的、可以作为第一推动力的自变量。经过三十多年的探索,我认为在成千上万的社会经济变量中唯一能够把上述各种环环相扣的内生现象像抽丝剥茧一样一层一层地解析,或像庖丁解牛一样一刀下去都迎刃而解的自变量,就是一个经济体在任一个时点上给定的、随着时间可以变化的要素禀赋及其结构。

一个经济体在每个时点上的要素禀赋,包括资本、劳动和土地等自然资源,是给定的①,是这个经济体在该时点上的总预算。不同发展程度的国家各种要素禀赋的相对量不同,越发达的国家资本禀赋相对越多,越不发达的国家资本禀赋相对越少,所以不同发展程度的国家的要素禀赋结构不同。要素禀赋可以随着时间的迁移而变化。资本的增加取决于每一期生产所创造的剩余以及剩余中用于积累和消费的比例;劳动的增加则取决于人口增长率;土地等自然资源在现代社会可以假设为不变。要素禀赋增长速度不同将会导致要素禀赋结构的变化。

从新结构经济学的研究出发,对于一个现有产业和技术处于世界产业和技术前沿之内的发展中国家,可以假定存在一个可供各个经济体中的生产者选择的、给定的、外生的、资本密集度各有不同的产业和技术集。不同发展程度的国家由于要素禀赋结构不

---

① 要素即使可以流动,相对于存量禀赋而言,其流动也几乎可以忽略不计。而且,要素所有者是逐利的,要素流动到一个地方,只有利用了当地的要素禀赋结构所决定的比较优势才能使其获得最高的回报。所以,要素的流动并不改变新结构经济学提出的一个地方的比较优势和最适宜产业技术结构是内生决定于该地的要素禀赋结构的论断。

同,在不同的产业中会有不同的要素生产成本,采用不同技术的成本也不一样。在一个开放、竞争的市场中,各个要素禀赋结构不同的经济体会有不同的比较优势。发达国家由于资本相对丰富,其产业会集中在资本相对密集的区段,并且采用资本相对密集的技术来生产;反之,发展中国家由于资本相对短缺,其产业则会集中在资本使用相对少的劳动密集型和自然资源密集型产业,并采用资本使用相对少的技术来生产。因此,发达国家和发展中国家的产业和技术结构不同是内生于要素禀赋结构差异的。① 同时,对于一个经济体来说,从任何给定的要素禀赋结构出发,随着资本的不断积累和比较优势的变化,这个经济体会像赤松要描述的那样,不断进入资本更为密集的产业,并且采用资本更为密集的技术来生产。② 并且,随着资本的积累和具有比较优势的产业资本密集度的提高,所用的技术也会越来越趋于资本密集型,规模经济变得越来越大,市场范围不断扩大,投资需求和风险不断增加,对"硬"的基础设施(如电力、道路等)和"软"的制度安排(如金融、法律等)的要求会越来越高。随着收入水平的提高,劳动者抵御风险的能力也会发生变化,社会组织、价值观等也会有相应的改变。这些

---

① 在上述分析框架中,可用的产业和技术集是外生给定的,但是一个经济体实际进入哪种产业和采用何种技术来生产则是内生决定于一个经济体在每个时点的要素禀赋结构的。在简化的模型中,我们可以把技术的学习成本省略掉,必要的话也可以像斯蒂格利茨强调的那样,把学习成本和学习能力的问题引进模型中,不过要学习哪种产业和技术才是合适的仍然决定于要素禀赋结构所决定的比较优势。另外,产业和技术集是外生给定的假说对于处于追赶阶段的发展中国家是合适的。但对于产业和技术已经处于世界产业和技术前沿的发达国家来说,或者当把发达国家和发展中国家放在同一个框架内来分析时,则必须将处于世界前沿的技术创新和产业升级按内生增长理论的方式给予内生化。

② Akamatsu K. A historical pattern of economic growth in developing countries [J]. Developing Economies, 1962, 1: 3-25.

"硬"的基础设施和"软"的制度安排只有能够随着产业和技术升级的需要不断完善,才能降低交易费用,使得产业和技术所蕴含的生产力得到最大限度的释放。所以,各种"硬"的基础设施和各种"软"的制度安排是内生于产业和技术结构的,而产业和技术结构则内生于要素禀赋结构。[①]

上述分析框架不仅和马克思历史唯物主义"经济基础决定上层建筑,上层建筑反作用于经济基础"的基本原理一脉相承,而且扩展了历史唯物主义在现代经济中的运用。按历史唯物主义的观点,经济基础是由生产力以及和生产力相适应的生产关系组成的,但是生产力是由何决定的?在马克思主义经济学中没有讨论这个问题。从新结构经济学的视角来看,生产力实际上与一个经济体的主要产业有关。如果这个经济体的主要产业是土地和劳动都密集的传统农业,或者是劳动很密集的轻工业,那么这样的产业结构的生产力水平较低,劳动生产率和劳动者的工资水平也就比较低。而靠劳动获取生活资料的劳动者在生存线边缘挣扎,有工作就能生存,没有工作就无法生存。资本拥有者比较富有,远离生存线,在资本和劳动的关系中就处于有利地位,劳动者除偶尔团结起来进行革命之外,与资本家讨价还价从而维护自身权利的能力很低,因此容易处于被剥削的地位。反之,如果一个经济体的主要产业是资本密集型的,生产力水平高,则这样的产业劳动生产率和工人

---

① 上述论述侧重于供给侧,强调一个经济体的要素禀赋结构对其产业、技术和软硬基础设施的决定性作用,那么其是否意味着需求侧和其他因素对产业、技术和其他结构没有影响呢?当然不是。例如,在一个一般均衡的模型中,除了要素禀赋结构,偏好对产业结构也会产生影响,对不同产业的技术进步速度也会产生不同的影响,只不过收入水平是内生于产业技术水平的提升的。而且,像加里·贝克尔(Gary Becker)主张的那样,人的偏好的特性是外生给定的。

的工资水平也会高,劳动者会有积蓄,一年半载不工作也能生存,资本家不雇用工人则无法获利。因此,在劳动者与资本家的谈判中,天平往往向劳动者倾斜,劳动者的权益和地位上升。但是,什么因素决定了一个国家以劳动密集型产业还是以资本密集型产业为其主要产业?是新结构经济学主张的要素禀赋结构。同时,资本密集度不同的产业,其规模经济、分工程度和风险特性不一样,与其相适应的作为上层建筑的各种制度安排也会有差异。因此,经济基础决定了上层建筑,只有上层建筑的制度安排满足经济基础的需要,交易费用才会低,产业和技术所蕴含的生产力才能得到最大限度的释放。所以,上层建筑反作用于经济基础。

在2018年9月25日新结构经济学研究院内部讨论会上对于禀赋内涵的讨论①中,我们论述了一个经济体除要素禀赋外,还有很多种不同的禀赋。禀赋的定义是:一个在当前是给定的、对决策者的决策会产生影响的变量。按照这样的定义,一个经济体的劳动者在目前的生产、生活、社会互动中会形成一定的技术资本、人力资本、社会资本、社会网络等,一个经济体拥有的基础设施和作为上层建筑的社会、经济、政治组织、文化、风俗等,以及所拥有的地理位置、气候条件等也都是禀赋。既然这么多变量都是禀赋,为什么要素禀赋是最重要、最根本的禀赋呢?这不仅是因为其他类型的禀赋已经被很多人研究过了,再从这些因素入手做研究,只是印证现有的理论观点,更重要的是,现有的研究忽略了要素禀赋结构对产业、技术结构和软硬基础设施的决定性作用。以广为研究的社会资本为例。社会资本对发展有没有贡献?什么时候社会资

---

① 见本书第四篇"关于新结构经济学禀赋内涵的探讨"。

本才有贡献？我认为社会资本有贡献是因为某种制度安排缺失，这时社会资本可以替代那些制度安排来使生产活动得以实现。举例来说，由于信息不充分、不对称，拥有社会资本的社会群体，可以通过比较好的互相信任，克服信息不充分、不对称的问题。在金融不发达或者金融扭曲的地方，金融可得性不足，这时社会资本所增加的人的互相信任就可以通过相互赊欠来弥补金融供给的不足；另外，当法律制度不健全，合同的权利和义务无法依靠法律来保障时，社会资本可以使市场交易得以进行。但是，在社会资本支持下发展起来的产业并不会违背当地的要素禀赋结构所决定的比较优势。比如，温州以拥有高社会资本闻名，早期发展的产业同样是劳动密集型产业。而且，一个地方即使缺乏社会资本，例如广东，在政府的招商引资、"筑巢引凤"政策下同样能够发展劳动密集型产业，因此，要素禀赋结构决定的比较优势是第一位的。其他禀赋的作用也一样，具有某种特殊禀赋的地区有可能比其他地区更快地或更容易地把当地具有比较优势的产业发展起来。

由于要素禀赋结构在结构分析中的关键地位，将来如果出现经济学研究"中国学派"或是"北大学派"，很可能这个学派的特点就是在思考问题时有一个共同的切入点——以一个经济体的要素禀赋结构作为分析的切入点来内生化产业、技术和软硬基础设施等其他结构并研究这些结构的影响，在此基础上讨论其他禀赋或因素的作用和影响。要素禀赋及其结构在经济学的分析中具有这么重要的地位其实并不奇怪，这是因为一个经济学理论无论多复杂，对分析一个现象来说不是用收入（预算）效应就是用替代（相对价格）效应来解释。要素禀赋是一个经济体在某一时点上的总预算，而其结构决定了在某个时点的要素的相对价格，也就是要素禀赋及其结构同时包括了解释社会经济现象时的两个最重要的参数。

以要素禀赋及其结构作为一个经济体内生化结构分析的第一要素,还有一个好处:要素禀赋及其结构在每个时点上是给定的,是可以随时间变化的。以要素禀赋及其结构作为结构分析的起始自变量不会陷入像德隆·阿西莫格鲁的历史命定主义——500年前白人殖民者在拉丁美洲由不适应当地气候和地理条件导致的高死亡率是拉丁美洲国家形成攫取性制度安排、经济发展不好的原因[1]——之中。在新结构经济学中,我们强调一个经济体只要政府发挥因势利导的有为作用,在市场经济中为企业家消除软硬基础设施的瓶颈限制,要素禀赋结构所决定的具有比较优势的产业就会变成国内、国际市场上的竞争优势,这个经济体就能快速发展起来,缩小和发达经济体之间的差距,在一两代人的时间里变成一个高收入经济体。

二、什么是新结构经济学的研究

上面我们谈了什么是新结构经济学,并侧重谈了从要素禀赋结构出发将结构内生化的重要性。那么,什么是新结构经济学的研究呢?总而言之,从一个经济体结构内生化及其影响来研究该经济体的发展、转型,以及从不同发展程度国家结构的内生差异性

---

[1] Acemoglu D, Johnson S. and Robinson J A. The colonial origins of comparative development: An empirical investigation[J]. American Economic Review, 2001, 91: 1369-1401.

的视角来探讨关系经济运行的现代经济学的各个子领域的研究都属于新结构经济学的研究。

(一) 经济发展

研究发展问题主要是研究一个经济体如何从生产力水平低的产业、技术、软硬基础设施的结构升级到生产力水平高的产业、技术、软硬基础设施的结构,以及这种结构升级带来的对就业、收入水平、收入分配、软硬基础设施的影响。由于各种结构环环相扣,又是内生的,是由要素禀赋结构的升级来驱动的,因此就要研究如何提升要素禀赋结构,即如何提高人均资本的拥有量。新结构经济学的主张是在市场经济中政府发挥因势利导的作用,消除软硬基础设施的瓶颈制约,帮助企业家将根据要素禀赋结构而言具有(潜在)比较优势的产业,迅速变成具有显性比较优势或是竞争优势的产业。首先,在发展上可以研究政府如何甄别具有(潜在)比较优势的产业、如何甄别和克服软硬基础设施的瓶颈限制、如何给创新企业家提供激励,要素禀赋以外的其他禀赋如何发挥作用,比如原有产业所形成的技术资本如何造成产业发展的路径依赖。其次,可以研究人均资本拥有量提高推动产业技术结构升级以后,如何进一步从供给和需求双方推动"硬"的基础设施和作为上层建筑的各种"软"的制度安排在现有基础上的内生变动。再次,也可以研究上述各种结构变动对分工、收入、分配、家庭、社会、政治、规范、价值、理念等一系列因素的影响。最后,可以研究在这些结构的变迁中,市场、政府、企业家、社会组织等的作用。对于上述几个层次的问题都可以建立数理模型,提炼出可验证的假说,然后收集国别、地区、企业和家庭的数据来验证这些假说。

研究经济发展时,发展中国家和发达国家有一个根本性的差异,就是发达国家的产业、技术处于全世界的前沿,技术创新和产业升级都只能依靠自己的发明,而发展中国家的多数产业、技术处于世界产业、技术前沿之内,对于和世界前沿有差距的产业和技术,在技术创新和产业升级时可以有后来者优势,这种后来者优势也存在于各种制度安排的创新上。当然,发展中国家在利用后来者优势时对于选定的产业、技术、制度升级安排也必须符合比较优势原则,否则可能就变成了赶超,要发展的产业中的企业没有自生能力[①],或引进的制度安排不能提高效率,促进公平和社会和谐等,欲速则不达。这方面也可以构建理论模型并以实证资料来检验。

(二) 经济转型

转型问题主要研究一个结构存在扭曲的经济体如何消除扭曲从而变成一个各种结构环环相扣且没有扭曲的经济体。扭曲可以发生在产业、技术、"硬"的基础设施和各种"软"的制度安排的层面上,可以用理论模型和实证检验来研究扭曲产生的原因、扭曲的后果以及如何有效消除扭曲。

在对转型问题的研究上,新结构经济学和主流经济学的研究有两点不同。

首先,由于产业、技术、软硬基础设施等的最适宜结构是内生于各个经济体的要素禀赋结构的,因此,扭曲与否是与自己的"最

---

① 林毅夫.经济发展与转型:思潮、战略与自生能力[M].北京:北京大学出版社, 2008.

适宜"比较而得来的,而非像现在主流经济学文献中的流行做法那样,把凡是与发达国家有差异的都当作扭曲来对待。并且,转型的目标不是发达国家的制度,而是适应自己发展阶段的产业和技术所需要的制度。这方面可以研究的题目很多,我们可以把那些发表在重要杂志上的、有影响力的文章拿来,比较我们定义的"扭曲"和他们定义的"扭曲"的差异,用他们所用的资料重新验证计算,然后比较其结果。

其次,既然扭曲是内生的,那么消除扭曲要达到预期的效果就不能像把扭曲当作外生的一般主流经济学文献那样,认为去掉扭曲就可以。而是必须针对扭曲产生的原因,创造合适的条件以消除那些原因,然后才能水到渠成地去掉扭曲,使结构恢复到最适宜。仔细了解新结构经济学对"休克疗法"和"渐进双轨制"改革的论述,就可以了解把扭曲当作内生和外生的转型方式的结果为何不同。这方面可以做理论和实证研究的题目也非常多,例如,为何"休克疗法"导致经济崩溃而"渐进双轨制"改革却带来经济的稳定快速发展?"华盛顿共识"把取消预算软约束、消除财政赤字以实现"宏观稳定化"作为转型的三大改革内容之一,但是为什么在多数国家实行"休克疗法"的结果却是预算软约束越来越严重,出现恶性通货膨胀,而继续维持预算软约束的国家反而宏观经济稳定,在转型期避免了高通货膨胀?私有化改革在中小国有企业中实行的效果好,在大型国有企业实行的效果差,为何会有这种差异性?多数发展中国家受到主流思潮的影响,在金融结构方面模仿发达国家而不是采取最适宜的结构,金融扭曲如何影响产业结构、经济增长和收入分配?如何消除金融结构扭曲才能维持经济稳定并改善经济绩效,包括经济增长和收入分配?等等。

(三) 经济运行

现代经济学的各个子领域,包括货币、财政、金融、劳动、产业组织、制度、区域、环境、国际发展等,研究的主要内容是经济如何运行。从亚当·斯密开始,这些子领域的研究基本上是基于发达国家的问题和现象的。在将其背后的道理总结为理论时,其理论越简单越好,通常从众多的社会经济变量中"抽象"出几个能够解释观察到的现象的变量,用这几个变量来构建一个具有因果关系的模型,舍象①了其他和这个现象没有直接关系的变量,也就是任何一个理论模型其实是内嵌于(embedded)被舍象的诸多变量之中的,这些没有直接关系的变量就成了这个理论的暗含前提。当这些被舍象的变量发生变化时,适用的理论也就可能发生变化,例如,凯恩斯主义宏观经济学产生于20世纪30年代经济大萧条之时,是内嵌于存在产能过剩和不充分就业的结构环境之中的。到了60年代,产能过剩和不充分就业的情形在美国和其他发达国家基本已经消失,凯恩斯主义的扩张性财政政策和货币政策也就不仅不能带来就业和增长率的增加,而且得到的结果只是滞胀。因此,凯恩斯主义宏观经济学到了20世纪70年代就被反对政府扩张性财政政策和货币政策的理性预期学派宏观经济学所取代。发达国家的主流经济学理论在发展中、转型中国家因为暗含结构差异而不适用的情形可以说比比皆是。例如,西方经济学派,包括理性预期学派,认为提高利率是治理通货膨胀的最优政策选择,其暗

---

① 舍象的含义是将研究对象中其余未被抽取的无穷多的属性放在理论模型之外而暂时不予理睬。

含前提是这个经济体不像社会主义国家或转型中国家那样,存在大量需要低息补贴才能生存,又不能让其倒闭的战略性企业。又比如,新增长理论认为创新等于新知识的产生,只能来自自主研发或从自己工作的经验中获得,并研究其成功的条件和影响,其暗含前提则是这个经济体的产业、技术已经处于世界产业、技术的前沿,但对于有后来者优势的发展中国家,更好的创新机制可能是引进、消化、吸收,不能因为新增长理论只研究自主创新或干中学,发展中国家就只能"依样画葫芦"。总而言之,自亚当·斯密的《国富论》以来,现在的主流经济学理论来自发达国家现象的总结,是内嵌于发达国家的产业、技术、制度、文化的结构之中的,所以,实际上研究的是生产力水平一直处于世界前沿的发达国家的经济运行原理。受到现代经济学训练的经济学家由于缺乏对不同发展程度国家结构差异和差异内生性的认识,会以为适用于发达国家的经济运行理论也适用于发展中国家。因此才会有那么多美国顶级大学的经济学家拿着经济学教科书到处"指点江山",却不知理论的适用性决定于理论的前提条件,在发达国家构建理论时被舍象的许许多多社会经济变量在发展中国家不见得也能被舍象。这些不同的社会经济变量使得理论成立的前提发生了变化,因此把发达国家的经济运行原理运用在发展中国家,会产生"淮南为橘,淮北为枳"的结果也就不足为奇了。

发展中国家和发达国家的经济运行,在一些根本原则上会有"共性",例如,经济发展有赖于创新,金融应该服务于实体经济,财政政策具有反周期的功能,等等。但是,在具体的措施上,由于发达国家和发展中国家的产业、技术等具有内生的差异,其规模、风险特征以及和世界产业、技术前沿的差距有差别,各项"硬"的基础设施的发展水平和需求,以及合适的"软"的制度安排的要求也有差异,因此,在经济运行上也会有"殊性"。例如,同样是以创新推动经济增长,发达国家主要靠自主研发来获得新技术,发展中国家则可以从发达国家购买新的嵌入了更好技术的设备来获得新技术。前者在增长核算中会表现为剩余项或全要素生产率;后者则由于资本的增加而不表现为经济的剩余,但并不代表没有技术创新,并且,其实是以更低的成本和风险获得了技术创新。发达国家在运用财政政策做反周期的基础设施建设时,由于基础设施已经存在,所以大多是挖个洞、补个洞,对提高增长潜力的作用有限,可能出现"李嘉图等价"的问题;发展中国家则可以运用反周期财政政策来消除基础设施的瓶颈,提高增长潜力,破除"李嘉图等价"对财政政策运用的限制。挖掘、探索清楚发达国家和发展中国家的这些结构差异所导致的经济运行的"殊性"是使经济学理论在发展中国家运用时,得以实现"认识世界"和"改造世界"的统一的必要前提,也是新结构经济学的前进方向。

新结构经济学研究者在研究任何发展中国家的经济现象和问题时,不应该像现在学界惯常的做法那样,以发达国家为参照系,把发达国家和发展中国家的差异都认为是可以也应该消除的扭曲,而是应该先问问发达国家和发展中国家从要素禀赋、产业、技术到各种制度安排层面的结构有什么不同;产生这些不同的原因是什么;如何从要素禀赋结构这个最根本的自变量出发推导出内生的产业、技术、软硬基础设施;以及从不同层面结构变迁自发协调的滞后性和政府过去好心干坏事所导致的许多内生扭曲等视角来看问题,与现在主流的观点比会有什么新的认识。凡是以这种方式进行的经济问题研究都属于新结构经济学的研究。

其实，把发达国家和发展中国家结构的差异性和内生性引进现代经济学，等于将现代经济学从以发达国家的结构为暗含结构的"二维经济学"变为不同发展程度的国家有不同结构的"三维经济学"。系统的研究会在各个子领域产生许多新的重要的理论见解，产生新结构货币经济学、新结构财政经济学、新结构金融学、新结构劳动经济学、新结构产业组织学、新结构环境经济学、新结构区域经济学、新结构制度经济学、新结构政治经济学。这也是为什么新结构经济学不仅是发展经济学、转型经济学，而是对现代经济学的一场结构革命，我们现在正处于这场革命爆发的前夕。① 现阶段，在新结构金融学方面已经有了不少研究成果，并逐渐成形。我期盼新结构经济学研究者在自己所属的子领域里都能按照上述建议，在做研究时自觉地把发达国家的结构差异性和内生性，以及存在扭曲时扭曲的内生性等，放在理论模型的构建和实证检验中，这样各位都有可能成为各自的新结构经济学子领域的开创者。

三、怎么做新结构经济学的研究

接下来谈怎么做新结构经济学的研究。应该把结构的内生性引进理论分析，使"二维"的主流经济学变成"三维"的经济学，并以此推动现代经济学的结构革命，其主要有如下几个原则。

第一，一定要从现象出发，而不是从理论模型或是流行的研究

---

① 新古典经济学通过边际革命解决了古典经济学解决不了的价格决定的问题，新结构经济学则在边际革命的基础上通过结构革命解决了新古典经济学解决不了的生产方式决定的问题。

方法出发。理论是"认识世界"和"改造世界"的工具，重要的理论在于揭示了重要现象背后的因果逻辑，使人们能够了解这个现象，进而能够对症下药地去改造这个现象。任何现有的理论都是"刻舟求剑"，都是过去的经济学家总结他所观察到的现象而构建出来的。新结构经济学的研究要从现象出发，而不能从现有的理论模型或者流行的研究方法出发，不能因为对某个理论比较熟悉，就用这个理论去"套"新观察到的现象，或是在这个理论模型上加个变量或减个变量，将其改写成一个新的模型，也不能因为对某种研究方法比较得心应手，就找能使用这个研究方法的问题来进行研究。经过这几天的讨论，我相信大家应该在这点上取得了共识。比如王勇说他去芝加哥看导师罗杰·迈尔森（Roger Myerson）的时候，他们不断讨论的就是现象。我在芝加哥大学读博士时参加各种研讨会，来做报告的经济学家也都是先介绍他要解释什么现象，把现象背后的逻辑讲清楚了才开始介绍理论模型。从现象出发，一定要对现象的来龙去脉，以及谁是这个现象的主要决策者、所要达到的目标、可动员的资源、不可绕过的限制条件等了解清楚，不能雾里看花。大家在做研究时，很多时候也是从现象出发，但可能只看到表层，比如看到了国有企业效率低、国家出现了通货膨胀等，在未深入了解现象的内生性时，就去写模型做实证了。要避免这种误区。

王勇：林老师，我要插一句。我认为"从现象出发"的潜在挑战其实非常大，因为它包含两点：第一点是您讲的，首先要了解这个现象本身背后的过程，即事实是什么样。第二点是必须了解现有理论在做什么，因为要解释一个现象，一定要说明现有的、被大家接受的理论没有很好地解释这个现象，所以表面上是解释一个现象,实际上其是有一个理论背景的,否则什么东西都是现象。那么,如何提出一个大家感兴趣的现象?

林毅夫:我同意要研究有趣的现象,也要了解自己对这个现象的解释和现在大家接受的理论有什么不同。但应该在自己已经想清楚了这个现象背后的逻辑后,再去看既有文献的解释,而不是看到一个现象就先看已有文献上有什么解释,这样做很容易"对号入座",而丧失了提出新理论的机会。所以,我强调的第二点如下。

第二,在面对一个现象时要秉持"常无"的心态。首先,不要以任何现有的理论和经验来看现象,要自己吃透现象,自己把现象背后的因果逻辑想通。发现一个现象后,在自己想通前不去看现有的文献是保持"常无"心态的一个重要法门。否则容易"对号入座",认为这个现象是某个现有的理论所揭示的因果逻辑机制造成的。以"常无"的心态来研究现象有两种可能结果:一是提出的解释和现有文献里的解释不同,那就是提出了一个有原创性贡献的理论;二是提出的解释在现有文献里已经有了,这也无碍,既然对这个现象的因果逻辑已经了解,应该也清楚有哪些资料可用,那么不难写出一篇检验现有理论的实证文章。在学术杂志上发表的文章,其实有原创性想法的应该不到10%,而90%以上的文章都在检验现有理论。

要从现象出发就必须对观察到的现象有兴趣,因为理论都是在解释现象背后的因果机制,如果"两耳不闻窗外事",即使有许多有趣的现象在我们身边发生,我们也不会发现。

其次,要吃透现象,把复杂的现象背后的因果机制用最简单的、最根本的经济学逻辑来解释。我在芝加哥大学时参加研讨会时,那些老师总是先问论文的发表者对研究的问题的经济学直觉

(intuition)是什么？**所谓经济学直觉是指要一眼看穿是收入效应还是相对价格效应影响了决策者的选择，而不是一开始就谈理论模型。**理论模型固然重要，但是理论模型是根据经济学直觉来构建的，只有把经济学直觉搞对了，理论模型才有意义。而要搞对经济学直觉，也就是要把研究的现象是由收入效应还是由相对价格效应导致的弄清楚。一个好的研究者要对现象感兴趣，看到一个有趣的现象要不断地兴高采烈地讲故事，把现象背后谁是决策者，影响他做决策的到底是收入效应还是相对价格效应，以及这个效应如何导致了所观察到的现象的因果逻辑从故事中弄清楚。

大家可以在新结构经济学研究院内部养成讨论真实世界现象的氛围，碰到同行，或是对这个现象可能有了解的人就把自己的看法讲给他们听，和他们讨论，直到自己的经济学直觉很清晰，所讲的故事别人挑不出逻辑的漏洞，根据自己构建的因果逻辑的各种推论也与各种已知事实不矛盾时，才开始看文献，构建理论模型。在观察现象时多找人讨论是很重要的，因为其实每位学者都是"瞎子摸象""雾里看花"。只有多讨论，才能尽可能"吃透"现象，摸清背后谁是真正的决策者，他面临的限制条件是什么，导致他的选择的收入效应或相对价格效应是什么。

王勇：应该讲新结构经济学研究院在讨论现象时有两个优势：第一，我们的兴趣点是集中的，不像其他经济学系，每个领域只有一两个人在研究；第二，我们强调"知成一体"，有许多从事政策实践的同事，他们和现实世界很近，我们要有效地利用好自己的优势。

林毅夫：对，这确实是我们的优势，新结构经济学研究院主张"知成一体"。当然，我并不要求学术团队的每个成员都去参与智库政策研究，但是可以和智库团队的同事多交流，参加一些他们的调研。智库团队的同仁也可以和学术团队的同仁交流在做政策研究时看到的现象或产生的困惑。除此之外，虽然我们每天都在看报纸、听新闻，也在参加各种讨论会，但所谓"内行看门道，外行看热闹"，要养成把所看到的、听到的事都拿来分析，把自己的分析说给别人听，和大家讨论、争论的习惯。例如，这两天我与诸位一直在争论，我不能说我的看法都对，但是对这个现象我是怎么看的，我的经济学直觉是什么，你是怎么看的，你的经济学直觉是什么，大家可以来争辩，直到一方能以理（逻辑）、以事实说服对方。在这个争辩的过程中，大家就可以把这个问题弄得更清楚，逻辑弄得更严谨。在争论时一定要从现象出发，根据事实和逻辑来分析，要避免一看到现象，就找现有理论解释这个现象，而必须以一种"常无"的视角来看问题，要避免"对号入座"。

我们这些一开始就学习了西方主流经济学教科书，在国外受过严格训练回国的人尤其要警惕"对号入座"。中国作为一个发展中、转型中的国家确实存在很多问题，在国外学习到的理论似乎也能把这些问题存在的原因讲得很清楚，于是我们不知不觉就"对号入座"了。例如，看到国有企业效率低就认为是产权的问题，认为私有化就能解决问题，但是这种流行的看法是不是抓住了国有企业效率低这个现象背后最正的原因？有些国内著名的经济学家常批评我的一点是"林毅夫从来不讲私有化"。其实，这种说法并不完全正确，看过《中国的奇迹》和《充分信息与国有企业改革》[①]两

---

① 林毅夫，蔡昉，李周. 充分信息与国有企业改革［M］. 上海：上海人民出版社，1997.

本书和我于1998年、1999年发表在 *American Economic Review* 上有关国企改革和预算软约束的两篇文章的人应该知道，我对中小型国有企业私有化一向是支持的，因为中小型国有企业所在的行业大多符合我国的比较优势，企业具有自生能力，私有化以后所有者和经营者统一也就解决了信息不对称、激励不相容的问题，效率可以提高。我不主张笼统地以私有化来解决问题针对的是大型国有企业。对于大型国有企业效率低，不难从现有的产权理论的逻辑构建一个模型，说明在国有体制下，所有者不是经营者，没有剩余索取权，经营者的积极性和企业的效率就会低。企业亏损了，因为是国有，国家只好承包下来，而有了预算软约束，这样的解释逻辑一环扣一环，似乎很有说服力。然后看到国有企业的经理的积极性果然不高，企业效率果然低，企业有亏损国家不会让其破产而是给予兜底，就"对号入座"，认为国有企业效率低和预算软约束是国有产权造成的。这样的文章因为和主流的理论观点一致，在学术期刊上容易发表。可是，真的是这样吗？要记住：一个理论讲的无非是几个社会经济变量之间的逻辑关系，存在于真实世界的社会经济变量很多，一个现象如果能用一个逻辑自洽的理论来解释，也必然能用由不同的社会经济变量构建的其他逻辑自洽的理论来解释。例如，从新结构经济学视角来看，一个经济体具有比较优势的产业是内生于该经济体的要素禀赋结构的，而大型国有企业一般属于资本密集型产业，这样的产业违背比较优势，在开放竞争的市场中，企业没有自生能力，国家之所以会投资这样的产业中的企业并让其继续经营下去，是因为这些产业关系到国防安全或国计民生，因此这些企业承担了国家赋予的"战略性政策性负担"。有了政策性负担，就会有政策性亏损，政府必须为政策性亏损负起责任,就会有政策性补贴。由于政府不参与经营,对实际政策性负担造成的亏损有信息不对称问题,只能把所有的亏损,包括经理道德风险或是无能、不积极所造成的亏损都包下来,导致了预算软约束现象和国有企业经理人员改善经营的积极性不高等现象。上面两种解释的内部逻辑都是自洽的,但是政策含义完全不一样。如果国有企业的问题是产权造成的,那么通过私有化就可以解决了。① 而从新结构经济学的角度来看,在政策性负担不消除的情况下,私有化反而会造成寻租腐败等更为严重的问题。20 世纪 90 年代初,在苏联、东欧一些国家开始转型时,很多聪明的人,像劳伦斯·萨默斯(Lawrence Summers)和杰弗里·萨克斯(Jeffrey Sachs)等,都支持私有化,因为他们确信国有企业的问题是国有产权引起的。但是,结果怎样呢? 各种实证研究发现,那些大型国有企业私有化以后,如新结构经济学的预测,拿的补贴普遍比过去更多,被利益集团捕获(capture)的程度比原来更严重。所以,看问题的时候,"要避免从现有的理论来看世界",包括自己过去提出的理论,一定要用"常无"的心态直面现象,"从真实世界的现象去探索背后的逻辑",不然很容易"对号入座"。

不从现有的理论来看真实世界,是成为一位具有理论原创性的经济学家的条件,也是抓住这个时代给予我们的机会的必要条件。而且,反过来讲,如果不这样做,我们的研究还可能强化了一些似是而非的流行想法和错误的政策思路。作为一位有社会责任感的经济学家,这其实是一个大是大非的问题。

---

① Lin J Y, Tan G F. Policy burdens, accountability, and the soft budget constraint [J]. American Economic Review,1999,89(2):426-431.

此前王勇与我一起到莫斯科参加会议,发现国内和俄罗斯的经济学界有一个很大的差异。国内的经济学界基本上还是新自由主义的观点当道,俄罗斯的经济学界则对新自由主义有很多反思。我想原因在于俄罗斯推行了新自由主义并深受其害。我国因为没有推行新自由主义,存在的许多问题从新自由主义理论出发大多可以找到一个能自圆其说的解释,人们在缺乏"常无"思维的训练时,很容易"对号入座"地接受了新自由主义的观点。

王勇:在莫斯科的会议上做主旨演讲的谢尔盖·格拉济耶夫(Sergey Glaziev)(截至写作时,其为俄罗斯总统经济顾问),是推行"休克疗法"时的俄罗斯经济部长。他现在非常认同新结构经济学,认为其比新自由主义更有道理。

林毅夫:在波兰也有同样的情形。时任波兰总理的莫拉维茨基(Morawiecki)为我在波兰出版的第二本书《开放经济下的新结构政策》写的序言中提到,波兰过去吃过计划经济的苦,后来又受到新自由主义的害,现在认识到像新自由主义主张的那种唯市场论是不对的,而像计划经济那样一切依靠政府也是不对的,市场和政府都有重要的功能。他执政前就对各种新的理论很关注,找来找去发现唯一能把政府和市场的关系讲清楚的是新结构经济学。因此,他支持新结构经济学,采纳新结构经济学。他的序言写得很到位。

对于怎样以"常无"的心态来观察真实世界的现象并开展研究,我想讲的第三点如下。

第三,应回归亚当·斯密,也就是回归对所要解释的现象的**"本质和决定因素的探索"中**。我常说要回归亚当·斯密,但不是回归《国富论》里提出的各种理论论断,而是回归亚当·斯密得到那些论断的方法。这是"鱼"与"渔"的区别。亚当·斯密研究问题的方法一清二楚地写在他的书的封面上,也就是对国民财富的"本质和决定因素的探索"。亚当·斯密想研究的是国民财富如何增加,整本书讨论的是国民财富的本质是什么,在他所处的时代、所在的社会,其财富水平由什么因素决定,并由此得出他的论断。我们如果想成为有原创性的经济学家,在研究任何现象时,同样要先弄清楚这个现象的本质是什么;在我们所处的时代、所在的社会,其决定因素是什么。

在这一两天的讨论里,对于你们研究的现象,我总是先问:这个现象的本质是什么?只有把要解释的现象的本质了解清楚后,才能去探索它的决定因素是什么。这是抓住时代机遇,成为一个具有原创性的经济学家的一个窍门。也可以说是自1988年开始,我从主流经济学理论的镣铐中解放出来以后一直坚持的思考问题的方法。最近大家看到"伟大时代是我的底气"那篇采访,其中我谈到在1988年时有两件事激发了我的顿悟。其中一件事是,1987年我从芝加哥大学回到国内工作,1988年国内出现前所未有的高通货膨胀,国外学的理论都认为应该提高利率来治理通货膨胀,但是国内推行的是治理整顿,用行政手段砍投资、砍项目,从而压低需求来降低通货膨胀。另外一件事是,我在国内读研究生时学到的理论都说计划经济是社会主义的特性决定的,那年我到印度参加会议,印度不是社会主义国家,是以私有产权和民主宪政为基础的市场经济国家,但是也有计划经济委员会,而且印度计划经济委员会讨论的问题和我国计划经济委员会讨论的问题是同样的。这两件事情让我突然明白,理论的适用性决定于理论的前提条件,以及一个现象可以用一个理论来解释,也可以用其他理论来解释。

一个自洽的、能够解释一个现象的理论不一定就是揭示造成这个现象的真正原因的理论。慢慢地,我把当年顿悟后思考问题的方式归纳为以"一分析、三归纳"的方式来探索问题的"本质和决定因素"的方法。

计划经济的本质是什么?是政府用行政手段来配置资源。放手让市场来配置资源对政府来说不是更省事吗?为什么政府要自找麻烦劳心劳力地去配置资源?政府直接配置资源到某些产业是政府对价格的干预扭曲,会造成供给和需求不平衡,但为什么要扭曲价格?是现在主流文献上说的政府被利益集团捕获所致吗?中国这样的社会主义国家的利益集团和印度那样的资本主义市场经济国家的利益集团显然不同,怎么会有同样的制度安排?仔细思索不难发现,这是因为在第二次世界大战后分别摆脱了半殖民地和殖民地地位以后的中国和印度都想快速追赶发达国家,以致超越阶段去发展违背比较优势的资本密集型产业。这种产业中的企业不具有自生能力,只能靠扭曲各种要素和投入品的价格给予补贴,价格扭曲导致供需不平衡,只有用行政手段根据计划来配置,才能保证廉价的资源要素会被配置到政府所要优先发展的产业中。由此不难理解,产业结构是内生于要素禀赋结构的,不管什么社会性质,若想拔苗助长只能依靠政府对市场的各种干预和扭曲、直接配置资源才能实现。

理论的适用性决定于理论所暗含的前提条件是否存在——这一点我也是在1988年想通的。根据我在芝加哥大学所受过的理论训练,要解决通货膨胀问题,应该提高利率。提高贷款利率,投资成本增加,就会减少投资需求;提高利率也会增加储蓄意愿,减少当前消费。投资和消费减少,总需求下降,通货膨胀率就降下来了。而且这样做的好处在于,好的项目因能付得起高的利率而会被保留下来,坏的项目就会被淘汰了,从而有利于资源的有效配置。由此看来,中国当时不这么做,好像很不理性。但我后来认识到这是因为限制条件不一样,当时中国有许多资本密集型、违背比较优势、缺乏自生能力的国有企业,没有廉价资金的支持,这些企业根本活不了。如果提高利率,它们全部会严重亏损,如果让它们破产,那么社会稳定怎么办?国防安全怎么办?如果不让它们破产,就只能由财政给予补贴,财政赤字就会增加,当时财政和货币是互通的,财政赤字增加只能靠增发货币来弥补,货币供给增加,通货膨胀就又来了。所以,在了解了决策者面临的限制条件以后会发现,看似不理性的选择其实是理性的选择。

在那之后,我就放弃了用现有的理论来了解中国现象的做法。碰到一个现象,自己会想清楚是谁在做决策,所要达到的目标是什么,可动用的资源有哪些,限制条件又是什么,有哪些可供选择的方案,也就是抱着"常无"的心态,根据经济学的"本体",自己分析观察到的现象。如果决策者的选择从现有的理论来看好像"不理性",那一定是我们自己对决策者的限制条件不够了解所致,此时要站在决策者的立场来看问题,进一步下功夫去看决策者有哪些可动员的资源,有哪些不可逾越的限制条件。所以,碰到看似"不理性"现象时要感到兴奋,因为这正是提出新的具有原创性理论的机会。

在《本体与常无》那本方法论对话集里,对于如何秉持理性人的"本体"以"常无"的方式来观察现象,我把它归纳成"一分析、三归纳"。所谓"一分析"就是根据事物的本质,以演绎的方式分析对于所要研究的现象,谁是决策者,要达到什么目标,有什么可动员的资源,又面对什么不可逾越的限制条件,存在哪些可行的选择。"三归纳"则是历史纵向归纳法、当代横向归纳法和多现象综合归纳法。

以计划经济的形成为例。从"一分析"来说,计划经济在本质上是政府用行政手段来配置资源。那么谁是这个体制的决策者?是政府。想要达成什么目标?建立起一套完整的资本密集、技术先进的现代化工业体系。可动员的资源是什么?一穷二白的农业经济。限制条件为何?资本极端短缺。可选择方案为何?市场配置或政府直接配置。在开放竞争的市场中想要建立的目标产业违背比较优势,企业又没有自生能力,企业家不会自发去投资,即使因为信息或决策失误而投资建了工厂,也不会有意愿继续经营下去。所以,显然靠市场配置资源无法把这种产业建立起来。因此,只能靠政府直接动员资源来投资,并给予保护补贴来维持其经营。如果这种产业的规模占 GDP 的比重很低,像发达国家的军工产业那样,那么政府可以采用财政直接补贴的方式来实现其目标,但是在发展中国家,相对于全国的 GDP 而言,所要发展的产业的规模非常大,财政直接补贴受到税收能力的限制,就只能用扭曲价格的方式来暗补。价格扭曲以后,凡是价格被压低的要素和产品都会出现短缺,有短缺就要有计划,只有用行政手段根据计划来配置资源,才能保证有限的资源会被配置于要优先发展的产业,于是形成了《中国的奇迹》那本书里所描述的宏观价格扭曲、资源计划配置、微观企业没有任何自主权的"三位一体"的计划经济体制。

"三归纳"中的第一个方法是历史纵向归纳法。过去计划经济被认为是社会主义性质决定的,然而苏联的计划经济是从 1929 年才开始的,1918—1929 年有 11 年的时间实行的是市场性质的新经济,并没有计划经济,因此社会主义并不一定要推行计划经济。在 1929 年发生了什么变化？斯大林开始推动发展重工业。过去苏联没有优先发展重工业,现在要优先发展重工业,那么计划经济体制必然和重工业的优先发展有关。当时,苏联也是一个资本短缺的农业经济体,因此就像前面分析的那样,只能用计划经济体制实现这个目标。这是历史纵向归纳法。

第二个方法是当代横向归纳法。中国和印度的政治体制不同,怎么会有相同的计划经济体制？再往远一点看,拉丁美洲的资本主义国家在 20 世纪五六十年代的经济管理体制与社会主义国家也很相似,比如都有金融抑制,对投资、金融、外汇都要管制和配给。这些不同社会性质的国家有什么共同的地方？无论是苏联的斯大林模式、印度的重工业优先发展还是拉丁美洲国家的进口替代战略,虽然名称不同,但目的其实都是相同的,都是在资本相对稀缺的条件下优先发展违背比较优势的重工业。所以,可以用这种跨国的大视角来分析思考,这是当代横向归纳法。

第三个方法是多现象综合归纳法。例如,许多发展中国家有政府干预、金融抑制、汇率扭曲,等等,这些干预和扭曲是各自独立的还是相互关联的？背后有无共同的原因？在 20 世纪 70 年代麦金龙(Mckinnon)和肖(Shaw)观察到了金融抑制现象,并形成了一组文献资料[1]。但是他们没有做综合分析,而是把金融抑制当作是独立的、外生的,认为金融抑制不利于发展中国家的发展,于是

---

[1] McKinnon R I. Money and Capital in Economic Development[M]. Washington, DC: Brookings Institution, 1973. Shaw E S. Financial Deepening in Economic Development[M]. New York: Oxford University Press, 1973.

建议进行金融自由化。一些发展中国家按照他们的建议推行金融自由化,结果经济危机不断,为什么?因为有大量资本密集的违背比较优势的产业存在。金融自由化的结果是那些产业根本无法生存。同时金融自由化以后外国资本即使进来,也不会进入违背比较优势的产业,而本国资金反而外逃,经济金融危机也就不可避免。在观察现象时,不能攻其一点不及其余,要把一个经济体同时存在的现象放在一起分析,看这些现象有无共同的决定因素。例如,在计划经济体制下为什么会有那么多干预、扭曲同时存在?归纳起来都与在资本短缺的经济中优先发展违背比较优势的资本密集型产业有关。结果就如前文"三位一体"所分析的那样,一个扭曲成为另外一个扭曲的"因",这个扭曲又会造成其他扭曲,如此循环反复。把同时存在的多个现象放在一起综合分析最有可能找到最根本的"因"。

上述"一分析、三归纳"方法在《本体与常无》一书中有详细的讨论,大家可以再仔细去揣摩一下,根据事物的本质演绎分析其成因,根据一个国家的历史进行纵向归纳,对同一个时代多个国家进行横向归纳,对同一个国家诸多同时存在的现象进行综合归纳。通常不同的国家会有相同的扭曲,扭曲于何时开始产生?一个扭曲会造成另外一个扭曲,这个新的扭曲又会造成其他的扭曲,如此环环相扣,交错在一起。能不能从中理出一个思路来,找到一个初始的扭曲?这个初始的扭曲通常会和问题本质的分析相关,所以,"一分析、三归纳"虽然是分开讲的,但在运用时则需综合运用,相互印证,以找到现象背后最根本的决定因素。

第四,要从特殊到一般进行研究。从现象观察出发,经常会停留在现象的表层,把现象的存在归于特殊原因。尤其在研究中国问题时,能不能从特殊性看到更底层的一般性,是一个非常关键的问题。如果停留在特殊性,那是中国经济学,没有一般意义。新结构经济学固然总结于中国的经验但不是中国经济学。新结构经济学是关于经济发展、转型和运行的一般理论,是对主流经济学的结构革命。从现象出发研究问题,近水楼台先得月,我们一般观察的是中国现象。中国作为一个在共产党坚强领导下的发展与转型中的大国有太多特殊性,不难从特殊性出发构建理论模型来解释中国的现象。例如,中国过去四十年的发展很成功,可以构建一个模型强调党的坚强领导是成功的关键,党的坚强领导确实十分重要,但如果以此来解释中国的成功,那就没有一般意义,因为其他国家很难有像中国共产党那样具有坚强领导力的政党。不过,在改革开放前同样有党的坚强领导,为何那时经济发展绩效欠佳?所以,这样的论断通不过历史纵向归纳。而且,毛里求斯是一个多党制的国家,没有一个坚强的党的领导,经济发展的绩效也很好,因此,上述论断也通不过当代横向归纳。与改革开放前相比,改革开放后最大的改变是从违背比较优势的赶超战略向符合比较优势的因势利导战略的转变。毛里求斯之所以发展得成功,也是因为在20世纪70年代以后从进口替代战略转而开始根据比较优势发展出口导向型的产业。所以,把中国改革开放以后经济发展取得的成功归因于遵循了比较优势来发展经济就有了一般意义。

另外,对于第二次世界大战以后东亚经济体发展的成功,学界的一个流行解释是东亚经济体有儒家文化下的权威型政府。同样可以构建一个理论模型,把东亚经济体的成功归因于此。这种观点和马克斯·韦伯(Max Weber)的文化决定论如出一辙,只不过把韦伯强调的基督新教换成了儒家文化。但从历史纵向来看,东亚经济体一直有儒家文化，但是过去发展却不成功；从当代横向来看，毛里求斯三分之二的人口是印度人，没有儒家文化也没有权威型政府，但和东亚经济体同样成功。所以，儒家文化对东亚经济体的成功也许有贡献，但不是东亚经济体成功的根本原因。如前所述，其根本原因是按照比较优势发展经济。新结构经济学要从现象出发，但要超越特殊性去了解其背后更根本的、更具有一般性的原因。

经济发展成功的经济体，固然各有特殊性，那些特殊性对其成功也许创造了一些有利条件，例如中国所拥有的党的坚强领导、东亚的儒家文化下所形成的权威型政府，但这些都是有利因素而非决定性因素。就像我在谈禀赋时所指出的，社会资本、地理条件等给一个地区的成功提供了有利条件，但是决定成功与否的更根本因素是新结构经济学所强调的：经济发展、经济运行要成功，发展的产业必须要符合比较优势，只有这样才能在企业家的努力和政府的因势利导下形成竞争优势。产业是否符合比较优势与一个经济体的要素禀赋结构相关。要素禀赋结构不同，发展的产业可能不一样，例如，在东部沿海地区发展的加工出口产业中，有的是成衣、有的是制鞋、有的是玩具，这些产业都是劳动密集型产业，符合东部沿海地区在发展早期劳动力多、资本相对短缺的比较优势。所以，符合比较优势就是我们归纳总结出来的具有一般意义的决定性因素。

我们在做研究时首先观察到的通常是现象的特殊性，如果不上升到一般性，研究的贡献就会小得多。研究只有从特殊性上升到一般性才会对人们"认识世界"和"改造世界"具有真正的贡献。要从对特殊性现象的观察飞跃到对一般性原因的总结，其方法是在观察一个现象时,对此现象提出一个暂时的假说,且不要满足于一个假说,要反复用历史纵向、当代横向和多现象综合的归纳法来检验这个假说。只有通过了这三个归纳法的检验,才有可能揭示这个现象背后真正的因果逻辑机制。要运用上述三个归纳法,就必须对古今中外的历史有足够的认识。只有这样,才能随手拈来各种历史的、跨国的现象经验来做比较分析,而不是就事论事而已。这就要求研究者具有"家事国事天下事,事事关心"的胸怀,平常多看、多想、多积累,不是坐井观天,不是"两耳不闻窗外事",也不是临时抱佛脚。

附带说一点,新结构经济学强调"知成一体",但是,做学术研究和做政策研究的方法不完全一样。做学术研究要从特殊性上升到一般性;做智库、政策研究则正好相反,要用一般性原理结合所研究的经济体当地的特殊条件来提建议。每个地方总是有一些当地特殊的有利条件,如要素以外的禀赋,以及特殊的限制条件(如过去的赶超所遗留下来的扭曲等)。要充分利用当地的有利条件,也要充分考虑当地的特殊限制条件,把有利条件动员起来,绕开不利条件去发展符合当地比较优势的产业,从而推动结构的转型升级。

第五,要把将发达国家的结构作为给定结构的"二维"主流经济学变为不同发展程度的国家内生的具有不同结构的"三维"经济学。前面谈到的四点对任何学科或是任何理论流派研究者而言,都是必须共同遵守的。中国经济学家,尤其是要推动新结构经济学的结构革命的经济学家则还需要有一个认识理论创新"金矿"的能力。中国的改革开放取得的成绩是人类历史上不曾有过的奇迹,所谓奇迹就是不能用现有的理论来解释的现象,但是任何现象的产生必然有其道理,把这个道理揭示出来就是一个新的重要的理论。新结构经济学是对现代经济学的一场结构革命,试图把主流的、总结于发达国家经验的、以发达国家的结构为给定的暗含结构的"二维"经济学变为不同发展程度的国家内生的具有不同结构的"三维"经济学,涉及现代经济学的各个领域。这个革命现在还只是"星星之火",尚未"燎原",到处是可以做出具有原创性贡献的研究的机会。我常说"不要坐在金矿上挖煤矿"。什么是"挖煤矿"? 就是只会萧规曹随地跟着国外的热门问题和方法做研究,不会自己找出新的问题、采用新的方法来做研究;或是根据主流文献的理论视角人云亦云地看中国现象,不会提出新的、更到位的视角来分析中国和发展中国家的问题。这样的研究不会有原创性的贡献,是在"挖煤矿",也许会有不少可以发表的成果,但不会对人类知识的增长,尤其对能够帮助人们"认识世界和改造世界"的知识的增长做出贡献。

经济学家都会有"挖金矿"、做出原创性贡献的意愿。之所以不能,一个可能的原因是没有新的现象,另外一个可能的原因则是没有认识新现象的眼光。在发达国家更多的原因可能是前者,因为发达国家的社会经济已经接近稳态,新的、大的社会经济现象,如 20 世纪 30 年代的经济大萧条、70 年代的滞胀,不经常发生,因此绝大多数经济学家只能在一个有原创能力的经济学家提出一个新的理论或方法以后,跟着去做一些注脚性的研究。在我国更多的原因则是后者。我国的经济学者从本科开始就学习、接受了西方主流经济学的理论,不自觉地就会戴着主流经济学理论的"有色眼镜"来看中国的现象,容易"对号入座",难以提出不同于主流经济学理论的新观点。

如何"挖金矿"而不"挖煤矿"？需要知道"金"为何物以及"金"与"煤"有何不同？首先，对分析中国的经济现象而言，最重要的是了解中国作为一个发展中国家，各种结构和发达国家具有内生性的差异，中国作为一个转型中国家也存在各种内生性的扭曲。了解了这两点，就不会简单地以总结于发达国家的经验，以及以发达国家的结构为暗含前提的理论作为参照系，来分析中国的问题。上述两点正好是新结构经济学的精髓所在。所以，要"挖金矿"就要先熟悉新结构经济学的理论框架。其次，要认识到现有的主流经济学理论来自对发达国家的经验现象的总结，是以发达国家的结构为给定结构的"二维"经济学，可以在现代经济学的各个子领域，引入发展中国家的结构内生地不同于发达国家这一事实，使现有的"二维"主流理论变为新结构经济学的"三维"理论，以数理建模深挖理论扩维以后的新视角、新见解，并用中国和其他发展中国家的经验数据来检验这些新视角和新见解。要做到上述两点，既容易也不容易。如果能开悟，知道了"各种结构是内生于禀赋结构的，扭曲是内生于对上述内生结构的偏离"，就能做出许多不同于主流观点的新结构经济学的研究来。但是，真要把上述观点运用自如也不容易，因为主流理论的影响容易如影随形、挥之不去，在思考问题、观察现象时一不小心就会"对号入座"。

禅宗讲"顿悟"和"渐修"，绝大多数人是经由"渐修"而达到"开悟"的，难以像六祖慧能那样只是偶尔听人念了《金刚经》中"应无所住，而生其心"一句就开悟了。对于各位有心要认识和挖掘中国经济和新结构经济学"金矿"的学者，首先要下功夫好好学习新结构经济学的有关论著，全面了解新结构经济学的理论框架。必须有这样的一个全面的框架才能分清何者是"金"、何者是"煤"，才不会看到"金子"却有眼无珠不认识,而把"煤"当作宝贝;其次是要根据自己的领域,不断探索深挖结构的内生性和扭曲的内生性在这个领域的意义和影响,并用中国和跨国的经验数据来检验由此得出的认识。

"磨刀不误砍柴工",我想对于新结构经济学的新的研究者而言,需要下一番苦功夫才能把理论参照系从以发达国家的结构为唯一结构的西方主流经济学理论转换成结构内生的新结构经济学理论。我认为花精力去完成这个人力资本结构的转变是各位挖掘中国经济和新结构经济学理论"金矿"的一个必要条件。我希望大家能够相互勉励切磋,培养和提高认识这个"金矿"的能力,共同挖掘中国经济的"金矿",深化、推动新结构经济学对现代经济学的结构革命。

四、结语

总的来讲,我觉得我们很幸运,生活在这个可以大有作为的时代,让我们有底气放弃"西天取经"式的做学问取向,总结我国的经验进行自主理论创新。从鸦片战争以来,中国的知识界、学界一般崇尚"西天取经"。鲁迅这么伟大的学者倡导的却是拿来主义,主张外国有的、好的拿来用就是。五四运动的那代知识分子倡导的是全盘西化,无非有全盘照搬社会主义的革命道路或是资本主义道路的道路之争,一直到改革开放以后还是这样的情形。直到习近平总书记在 2016 年 5 月 17 日哲学社会科学工作会议上提出"这是一个需要理论也必然产生理论的时代,这是一个需要思想也必然产生思想的时代",我们这代人才有这个文化自信自己去总结中国的经验，形成一个在"指导思想、学科体系、学术体系、话语体系等方面充分体现中国特色、中国风格、中国气派"的理论体系。

新结构经济学可以说是开了国内自主理论创新的先河。要引领时代的新思潮，就必须有敏锐的眼光，也要有敢为人先的勇气。在一个引进国外先进理论还处于主流的时代，沿着主流理论做研究容易发表文章，而且沿着主流理论做研究也容易获得社会的掌声。作为发展中、转型中国家总有许多不尽如人意的地方，用发达国家的理论作为武器来批判政府，批判社会的黑暗面会让群众认为你是有道德勇气；而总结自己国家成功的道理，掌握理论和话语权的声音却不容易被国际主流学界所接受，在国内也容易被人误解为"歌德派"。但是，根据中国的现象进行理论创新是我们的机遇也是我们的责任。

俄罗斯在20世纪90年代推行"休克疗法"，前面提到的格拉济耶夫是当时的执行者之一，他今天已经承认自己是错误的。但是在20世纪八九十年代用"休克疗法"来进行经济转型是主流的社会思潮，这个思潮是怎么形成的？它固然与杰弗里·萨克斯（Jeffrey Sachs）等美国经济学家的鼓吹有一定的关系，但是，更重要的是俄罗斯自己的学者接受了这个想法，并大力鼓动宣传才形成了这个被社会上大多数人接受的思潮。从新结构经济学的视角来看，"休克疗法"的失败是直接照搬西方主流理论，对结构的内生性和扭曲的内生性缺乏认识的结果。"休克疗法"方案的主要制定者是莫斯科大学经济系的系主任叶戈尔·盖达尔（Yegor Gaidar），后来我和他见过多次面。他与其他俄罗斯的知识分子一样，是爱国的、充满民族自豪感的学者。当时他确实对"休克疗法"深信不疑。今天我们已经认识到了缺乏结构的西方主流经济学的局限性,如果还去推波助澜,不仅将辜负时代给予我们的理论创新的机会,而且还将违背作为知识分子所应该承担的推动国家社会进步的责任。我们应该有"岂因祸福避趋之"的道德担当。

从亚当·斯密以来,世界的经济中心就是世界经济学的研究中心。随着中国的发展,世界经济学的研究中心也必然会逐渐转移到中国来。这是因为,重要国家的经济现象就是重要的经济现象,解释重要现象的理论就是重要的理论。作为在中国工作的经济学家,尤其是中国的经济学家,我们有"近水楼台先得月"之先机,因此,不应该把这个推动理论创新、引领时代思潮的机会,让给在外国工作的经济学家。理论创新从提出到被学界和社会接受,每一步都是一个艰难的历程,但最难的是第一步——发现有趣的现象,并真正"吃透"现象背后的因果逻辑。我鼓励在新结构经济学研究院内部形成一个关心真实世界的现象、讨论真实世界的现象的氛围。大家看到一个有趣的现象,不要"对号入座",拿现成的、自己熟悉的理论来解释,而要秉持"常无"的心态,根据"一分析、三归纳"的方法,从特殊性深入到一般性,去了解背后的道理。在思考发展中国家的现象时,要谨记发展中国家和发达国家结构的差异性和内生性,在分析扭曲的影响以及做改革建议时,也要记得扭曲的内生性。我相信只要掌握好新结构经济学的理论框架,沿着上述方式来做研究,就可以做出很好、很有创见的新结构经济学的学术成果来,不仅能够推动学术进步,也能使理论的"认识世界和改造世界"的功能统一起来,为社会进步做出贡献,达到"知成一体"的目标。

新结构经济学的理论溯源与进展

——庆祝林毅夫教授回国从教 30 周年*

2016 年 5 月 17 日,习近平总书记在主持召开哲学社会科学工作座谈会时作出了应该以理论创新繁荣哲学社会科学的重要指示。在这个座谈会上,著名经济学家林毅夫教授作为代表发言。他重点以经济学为例,提出中国的学者应该逐渐从单纯的"西天取经"式的研究转换到理论自主创新的建议,该建议受到习近平总书记的高度肯定。由林毅夫教授首倡的新结构经济学,作为第三代发展经济学理论,即为这种自主理论创新的尝试。新结构经济学

---

* 本文删减版曾发表于《财经研究》2018 年第 44 卷第 9 期(作者:赵秋运、王勇)。作者作为林毅夫先生的弟子,谨以此文庆祝恩师回国从教 30 周年。本文曾在北京大学"未名经英学术论坛"等会议上宣读,并且作为 NSE 工作论文(No. C2018007)已经公布在北京大学新结构经济学研究院的官方网站和官方微信上。作者感谢林毅夫教授的悉心指导,同时感谢华秀萍、陈曦、付才辉、赵祚翔、颜建晔、沈艳、丁靖、朱兰、胡巧玉、吴景峰、孙艳峰、戴维等人的评论和建议。当然,文责自负。

以马克思历史唯物主义思想为指导,运用新古典经济学的现代研究方法,在全面总结中国本土以及其他发展中国家的发展经验与教训的基础上,更加全面系统地突出"经济结构"的重要性。具体而言,新结构经济学重点研究处于不同发展阶段的经济体的经济结构的内生性、差异性与动态性,总结与弥补现有经济学理论基于主要发达国家经验所形成的缺陷与不足,旨在进一步丰富与发展现代经济学。目前,新结构经济学已经逐渐成为第三代发展经济学理论。

新结构经济学由林毅夫教授首创。林毅夫1952年出生于中国台湾省宜兰县,1982年获北京大学经济学硕士学位,1986年获美国芝加哥大学经济学博士学位。随后,他在耶鲁大学完成一年的博士后研究,并于1987年毅然回国,成为改革开放以来第一位从欧美名校获得经济学博士学位便立即返回祖国大陆工作的经济学家。[①] 1994年,林毅夫教授与几位志同道合者正式创办北京大学中国经济研究中心(China Center for Economic Research,简称CCER)[②],并担任创始主任。

2008年,林毅夫教授受聘担任世界银行高级副行长兼首席经济学家,成为世界银行历史上第一位担任此要职的来自发展中国家的经济学家。2008年10月,在CCER的基础上,北京大学国家发展研究院(National School of Development,简称NSD)成立,林毅夫教授担任名誉院长。2012年林毅夫教授从世界银行卸任,重

[①] 回国后,林毅夫教授一方面在国务院农村发展研究中心发展研究所担任副所长,继续从事农业经济学、发展经济学、中国经济发展与改革的学术研究,另一方面在北京大学经济学院兼职担任副教授,开始致力于中国现代经济学教育,培养经济学人才。

[②] 这是中华人民共和国成立以来,中国内地第一个所有教职人员都毕业于海外名校的现代经济学教学、理论研究和政策研究机构。

返北京大学,致力于总结来自中国和其他发展中国家改革与发展的经验,倡导和推动第三代发展经济学——新结构经济学的理论创新。2015年12月,作为创始主任,林毅夫教授创立了北京大学新结构经济学研究中心(Center for New Structural Economics,简称CNSE),该中心于2017年12月升格为新结构经济学研究院(Institute of New Structural Economics,简称INSE),以深化新结构经济学理论体系的研究、运用与推广,倡导"唯成乃真知"的"知成一体"的学风。2016年,在习近平总书记的直接关怀下,北京大学南南合作与发展学院(简称南南学院)成立,林毅夫教授担任院长,致力于培养其他发展中国家发展方向的专业人才。[1]

2017年是林毅夫教授回国从教30周年。从教30年来,林毅夫教授以一以贯之的学术理论和"知成一体"的治学理念进行经济学研究,同时也一直为中国的改革开放建言献策。近年来,林毅夫教授更是频繁地为很多发展中国家提供关于经济发展的国际政策咨询。[2]

值此林毅夫教授回国从教30周年之际,作为林先生的弟子与新结构经济学的研究者,我们希望重点结合林毅夫教授的学术发展经历,对新结构经济学的核心学术主张的形成过程进行一次比较全面的整理,同时对新结构经济学的当前进展也做一个整体性

---

[1] 同时,林毅夫教授在国内外的主要社会兼职达18项之多(包括国务院参事,全国工商业联合会副主席,第十三届全国政协常委及第十、第十二、第十三届全国政协经济委员会副主任,世界银行顾问,十四五规划专家委员会副主席,"一带一路"国际合作高峰论坛咨询委员会主席等)。

[2] 林毅夫教授被法国奥弗涅大学(Université d'Auvergne)、英国伦敦政治经济学院、英国诺丁汉大学、美国福坦莫大学、比利时鲁汶大学以及加拿大不列颠哥伦比亚大学等10所高校授予荣誉博士学位,膺选英国科学院外籍院士和发展中世界研究院院士(原第三世界科学院院士)。

的介绍。①

本文共分为六个部分。第一部分为引言,主要将林毅夫教授倡导的新结构经济学的孕育与发展过程划分为早期萌芽、初步成型、系统阐释、深化提升以及拓展运用五个阶段,对相关的研究成果及经济理论的发展脉络进行概述。第二部分按照这五个阶段的顺序对新结构经济学做详细的理论溯源,以期清楚阐述新结构经济学的来龙去脉。第三部分阐述新结构经济学作为第三代发展经济学理论的诞生的历史背景、与前两代发展经济学理论的区别,以及相关的学术争论。第四部分着重介绍新结构经济学作为中国基于本土经济发展的伟大实践以及总结其他发展中国家经验的自主理论创新,与当前西方主流经济学理论在一些重要问题上的不同分析视角与观点。第五部分讨论新结构经济学践行"知成一体,以成证知"的理念,介绍它在政策实践上具体的新框架与新主张。第六部分是总结。

一、引言

为了完整地阐释新结构经济学理论的孕育与发展的全过程,我们根据林毅夫教授个人在不同时期的研究领域、研究成果以及实践活动,将其分为五个阶段:早期萌芽阶段(1979—1982年)、初步成型阶段(1983—1993年)、系统阐述阶段(1994—2007年)、深化提升阶段(2008—2012年)以及拓展运用阶段(2013年至今)。详见表1和图1。

---

① 本文最早成文于2017年。

表 1　林毅夫经济理论的发展脉络

阶段	时间	时期	主要研究领域	主要研究成果
早期萌芽阶段	1979—1982年	北京大学攻读硕士研究生期间	马克思主义政治经济学、历史唯物主义	《社会主义有计划的商品经济中社会劳动按比例分配规律的表现形式》(1982)
初步成型阶段	1983—1993年	从赴美留学到回国在国务院发展研究中心工作期间	农业经济问题、制度变迁、重新解释"李约瑟之谜"、反思经济发展战略	"The household responsibility system in China's agricultural reform: A study of the causes and effects of an institutional change"(1987);《论制度与制度变迁》(1988);《论中国通货膨胀及出路》(1989); "An economic theory of institutional change: Induced and imposed change"(1989); "Collectivization and China's agricultural crisis in 1959—1961"(1990); "Prohibition of factor market exchanges and technological choice in Chinese agriculture"(1991); "Rural reforms and agriculture growth in China"①(1992);《制度、技术与中国农业发展》②(1992); "The Needham puzzle: Why the industrial revolution did not originate in China"(1995);《中国农业科研优先序》③(1996); "Technological change and agricultural household income distribution: Theory and evidence from China"④(1999)

① 2000年获美国科学信息研究所(Information Sciences Institute,简称ISI)颁发的经典引文奖,并获美国明尼苏达大学国际粮食和农业政策研究中心1993年度最佳政策论文奖(每年一篇);也成为引用率最高的论文之一。从而获得 Institute of Scientific Information 的"经典论文奖"。
② 获1992年度孙冶方经济科学著作奖。
③ 获1996年北京市第五届科研著作奖一等奖。
④ 获 Australian Journal of Agricultural and Resource Economics 1999年度最佳论文奖,林毅夫教授因此论文获澳大利亚农业与资源经济学会约翰·克劳夫爵士奖(每两年从全球农业经济学家中选出一位获奖)。

（续表）

阶段	时间	时期	主要研究领域	主要研究成果
系统阐述阶段	1994—2007年	创建北京大学中国经济研究中心并担任主任期间	对经济发展战略的独创性研究，自生能力，潮涌现象，最优金融结构理论，反思发展经济学中国家宏观经济学研究方法的创新	《中国的奇迹：发展战略与经济改革》①（1994）；《充分信息与国有企业改革》②（1997）；《发展战略，自生能力和经济收敛》（D. 盖尔·约翰逊年度讲座）（2001）；《自生能力，经济转型与新古典经济学的反思》（2002）；《与林老师对话：论经济学方法：修订版》（2005，2012）；《经济发展与转型：思潮，战略与自生能力》（马歇尔讲座）（2007，2009）；《潮涌现象与发展中国家宏观经济理论的重新构建》（2007）
深化提升阶段	2008—2012年	担任世界银行副行长兼首席经济学家期间	提出体系论述新结构经济学理论	《新结构经济学：反思发展问题的一个理论框架》（库兹涅茨获奖讲座）（2011）；《新结构经济学：反思经济发展与政策的理论框架》③（2012）；《从西潮到东风，我在世行四年对世界重大经济问题的思考和见解》（2012）；《繁荣的求索：发展中经济如何崛起》（2013）
拓展运用阶段	2013年至今	重返北大，筹建新结构经济学研究院（中心）至今	GIFF 模型框架，产业政策甄别，有效市场与有为政府	《超越发展援助：在一个多极世界中重构发展合作新理念》（2016）；"Endowment structures, industrial dynamics, and economic growth"（2015）；《新结构经济学新在何处》（2016）；《战胜命运：跨越贫困陷阱，创造经济奇迹》（2017）；"Remodeling structural change"（2019）

---

① 获1996年北京市第四届哲学社会科学科研著作奖一等奖。
② 获1998年北京市第五届哲学社会科学科研著作奖二等奖。
③ 2012年获中国世界经济学会浦山世界经济学优秀论文奖，2014年获第三届中国出版政府奖图书奖。

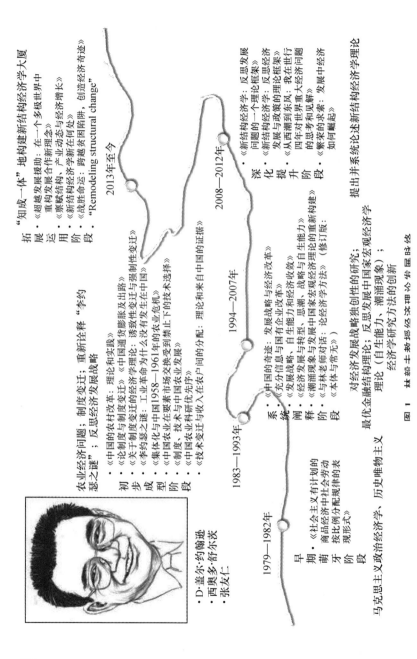

图 1　林毅夫数理经济理论分析发展路线

林毅夫于 1979 年 9 月起在北京大学经济学系攻读政治经济学专业硕士研究生,硕士学位论文为《社会主义有计划的商品经济中社会劳动按比例分配规律的表现形式》。在这一阶段,林毅夫主要研究马克思主义政治经济学和历史唯物主义(也即早期萌芽阶段)。1980 年 11 月,林毅夫巧遇 1979 年诺贝尔经济学奖得主、芝加哥大学教授西奥多·舒尔茨,并应其邀请在 1982 年 3 月提前于北京大学毕业,后赴芝加哥大学攻读经济学博士学位(1982 年 4 月至 1986 年 6 月),博士论文为 "The household responsibility system in China's agricultural reform: A study of the causes and effects of an institutional change"(中文译为《中国农村改革中的家庭联产承包责任制:一个制度变迁原因与效应的研究》)。1986 年 9 月至 1987 年 6 月,林毅夫在美国耶鲁大学经济发展中心从事博士后研究工作。

1987 年 9 月至 1993 年 9 月,林毅夫先后在国务院农村发展研究中心及国务院发展研究中心任发展研究所副所长、农村部副部长,兼北京大学经济系副教授。从林毅夫赴美留学到在国务院发展研究中心工作,这段时间为新结构经济学主要思路的前身——比较优势战略的初步成型阶段。在这一阶段,林毅夫主要关注中国的农业问题,形成对农业经济学和制度经济学(制度变迁)的基本观点,重新阐释"李约瑟之谜",并逐步形成关于要素禀赋结构、发展战略和经济体制研究的雏形。这一阶段的主要研究成果包括:"The household responsibility system in China's agricultural reform: A study of the causes and effects of an institutional change"(1986)、《论制度与制度变迁》(1988)、"An economic theory of institutional change: Induced and imposed change"(1989,中文译为《关于制度变迁的经济学理论:诱致性变迁与强制性变迁》)、"Collectivization and China's agricultural crisis in 1959—1961"(1990,中文译为《集体化与中国 1959—1961 年的农业危机》)、"Prohibition of factor market exchanges and technological choice in Chinese agriculture"(1991,中文译为《中国农业在要素市场受到禁止下的技术选择》)、"Rural reforms and agricultural growth in China"(1992,中文译为《中国的农村改革及农业增长》)、《制度、技术和中国农业发展》(1992)、"The Needham puzzle: Why the industrial revolution did not originate in China"(1995,中文译为《李约瑟之谜:工业革命为什么没有发生在中国》)、《中国农业科研优先序》(1996)、"Technological change and agricultural household income distribution: Theory and evidence from China"(1999,中文译为《技术变迁和农业家庭收入分配:理论和来自中国的证据》)。这些学术成果系统地研究了农业经济学和制度经济学;同时,林毅夫通过对中国通货膨胀的思考,开始反思西方主流经济理论的适用性问题,这主要体现于其论著《论中国通货膨胀及出路》之中。

从 1994 年 8 月创建北京大学中国经济研究中心到 2008 年 5 月被任命为世界银行高级副行长兼首席经济学家这段时间,林毅夫教授主要提出了比较优势发展战略(新结构经济学核心思路的前身),并进行系统阐释,这一阶段也是新结构经济学雏形的形成阶段。在这一阶段,林毅夫教授进一步反思发展中国家的宏观经济学理论,并对经济发展战略进行独创性研究,提出了"自生能力"(Viability)、"潮涌现象"(Wave Phenomena)、最适宜金融结构理论等重要概念与学术主张。这一阶段的主要研究成果包括《中国的奇迹:发展战略与经济改革》(1994)、《充分信息与国有企业改革》(1997)、《发展战略、自生能力和经济收敛》[①](2001)、《自生能力、经济转型与新古典经济学的反思》(2002)、《与林老师对话:论经济学方法》(修订版《本体与常无》)(2005,2012)、《经济发展与转型:思潮、战略与自生能力》[②](2007,2009),以及《潮涌现象与发展中国家宏观经济理论的重新构建》(2007)等。其中,《中国的奇迹:发展战略与经济改革》形成了新结构经济学的雏形,而 2001 年 D. 盖尔·约翰逊年度讲座上的演讲是林毅夫教授对其多年经济理论的阶段性总结。尤其是在 2007 年的马歇尔讲座上,林毅夫教授将其比较优势发展战略理论进一步加以国际化拓展,进行了更加系统的整理和总结。

从 2008 年 5 月至 2012 年 12 月,即林毅夫教授担任世界银行高级副行长兼首席经济学家期间,是其经济理论的深化提升阶段。正是在这一阶段,林毅夫教授首次明确提出新结构经济学,标志性事件是 2011 年林毅夫教授在耶鲁大学所做的库兹涅茨讲座。该讲座的主要内容后来以《新结构经济学:反思发展问题的一个理论框架》为题发表于 2012 年的 *World Bank Research Observer* 杂志。林毅夫教授在该阶段的其他学术成果还包括《从西潮到东风:我在世行四年对世界重大经济问题的思考和见解》(2012)和《繁荣的求索:发展中经济如何崛起》(2013)等。

从 2013 年至今,这一时期为林毅夫教授经济理论的拓展运用

---

① 该文是作者 2001 年 5 月 14 日在美国芝加哥大学所做的 D. 盖尔·约翰逊年度讲座的讲稿。
② 2007 年 10 月 31 日和 11 月 1 日,林毅夫教授应邀在英国剑桥大学马歇尔讲座上做了 2007—2008 年度讲演,该文是在此次讲演的讲稿基础上形成的。

阶段。在这一阶段,林毅夫教授建构了新结构经济学的理论大厦,在北京大学建立了新结构经济学研究中心(2015年)、南南合作与发展学院(2016年)和新结构经济学研究院(2017年)。全面深化新结构经济学研究,"知成一体"与全方位、多角度地拓展深化和阐释新结构经济学理论,并且致力于将新结构经济学理论运用在国内外的政策实践中。这一阶段的主要研究成果包括《超越发展援助:在一个多极世界中重构发展合作新理念》(2016)、"Endowment structures, industrial dynamics, and economic growth"(2015)、《新结构经济学新在何处》(2016)、"Remodeling structural change"(2019)以及《战胜命运:跨越贫困陷阱,创造经济奇迹》(2017)等。

二、新结构经济学的理论溯源

接下来,我们按照前文所述的五个阶段的顺序来对新结构经济学的孕育与发展过程做更为详细的阐述。

(一) 早期萌芽阶段

这一阶段,林毅夫主要集中于马克思主义政治经济学的学习与研究,并深受历史唯物主义方法论和马克思列宁主义政治经济学基本原理的影响。其在北京大学的硕士毕业论文题为《社会主义有计划的商品经济中社会劳动按比例分配规律的表现形式》,指导老师为张友仁教授。林毅夫教授(2018)曾撰文提及:"他(张友仁教授)教导了我马克思主义政治经济学,尤其是历史唯物主义所揭示的经济基础决定上层建筑,上层建筑反作用于经济基础的道理。新结构经济学从一个经济体每一时点的要素禀赋出发来探讨决定生产力水平和生产方式的技术和产业的内生选择,并进而探讨适应于产业和技术的软硬基础设施的思路是源于马克思主义经济基础决定上层建筑的历史唯物主义。"① 在这一时期,林毅夫还运用马克思主义政治经济学理论来解释金融市场(林毅夫,1984),研究发现金融市场中的交换也必须遵循等价交换和价值规律,即在交换中左右两边的商品所凝结的抽象劳动数量也应该相等;而且这种交换是在不同时间内相同价值量的交换,但随着社会劳动生产率的变化,金融市场中的价值规律要求在交换中具有不同的使用价值量。② 后来,新结构经济学的提出也正是基于中国以及世界的发展实践经验,以国际通行的新古典经济学研究方法继承和发扬了马克思主义政治经济学,而且为丰富马克思主义政治经济学的理论内核提供了新的范式突破口。③

(二) 初步成型阶段

在该阶段,林毅夫的研究主要集中在农业经济学方面,主要是运用现代主流经济学方法研究中国的农业生产制度改革、技术变迁、农业现代化以及农业合作化运动等对中国农村经济发展的影

---

① 引自林毅夫.我在经济学研究道路上的上下求索[J].经济学(季刊),2018,(2).
② 参见林毅夫.论正常利息与价值规律在金融市场上的作用[J].金融研究,1984,(11).
③ 参见付才辉.构建我国自主创新的新结构经济学学科体系——综述、架构与展望[J].制度经济学研究,2015,(4).

响,[①]同时关注制度变迁和重新解释"李约瑟之谜"。关于比较优势发展战略的研究雏形也初见端倪。林毅夫在芝加哥大学的博士论文题目为"The household responsibility system in China's agricultural reform: A study of the causes and effects of an institutional change",这应该是林毅夫经济学研究的发轫之作。他毕业后延续了农业经济学方面的研究(Lin,1987;Lin,1988)。至今,国内外经济学界许多人仍称林毅夫教授为农业经济学家。林毅夫教授研究农业经济学是具有一定时代背景的。20世纪80年代初期,中国开始由集体生产队逐步向家庭联产承包责任制改革,中国农村经济发展较快,而且获得连年丰收。但是,当时主流经济学界以Ward(1958)、Domar(1966)以及Sen(1966)为代表的既有文献认为集体经济下的农民生产积极性较高,且资源配置也是有效的。然而,上述主流文献很难解释中国农村改革取得的成功、农业的增产、农民的增收。林毅夫的博士论文则通过构建理论模型和实证研究证明,在农业生产过程中劳动投入难以监督的前提下,家庭农场为最佳的农业生产组织,而且20世纪70年代末中国农村改革的农业增产之中约有1/2归结于由集体性质的生产队向家庭农场性质的家庭联产承包责任制的改革所带来的农民积极性的提高。国内外经济学界普遍认为,上述研究成果为人们从深层次理解中国经济体制改革发轫点的农村制度改革与变迁提供了崭新的分析视角,为中国农业和农村经济政策的制定提供了比较系统严谨的

[①] 根据陈昕于2015年的回忆,1991年林毅夫曾向其介绍了自己的研究工作,彼时其主要精力已放在研究中国的发展战略与经济改革上。由此可见,这一阶段林毅夫的研究关注点已经由中国农业发展向中国发展战略与经济改革过渡。

理论基础和可靠的经验证据,被舒尔茨教授称为新制度经济学的经典之作。基于其博士论文的研究,林毅夫 1992 年在 *American Economic Review* 第 82 卷第 1 期上发表了论文"Rural reform and agricultrual growth in China",该文获得了美国明尼苏达大学国际粮食和农业政策研究中心 1993 年度最佳政策论文奖。

改革开放以来,中国的农村经济快速增长,从集体农场向家庭农场的改革伴随着农业的增产。但是,20 世纪 50 年代初中国在完成了土地改革和农业合作化运动之后,虽然农业生产在期初有所增加,但在 1959—1961 年却出现了导致数千万人非正常死亡的"大饥荒"。这种农业合作化早期带来农业增产,而后导致农业生产下滑、停滞的现象在苏联和其他发展中国家也曾经出现过。

为了解释这个重要现象,林毅夫(1990)的论文"Collectivization and China's agricultural crisis in 1959—1961"通过构建博弈论模型证明,在农业生产劳动存在监督困难的条件下,农业合作化运动的推行有赖于农民的自我监督,而农民自我监督的前提条件是农业合作社的社员必须拥有退出权。当其他社员偷懒(不自我约束)导致农业减产时,勤劳的社员可用退社来保护自己,并使偷懒者丧失集体的规模经济所能带来的好处。但是,合作化运动初期的成功,容易使热衷于合作化运动的人误认为退社的勤劳社员是反对合作化运动的"坏分子",从而剥夺了社员的退出权。这样一来,当某些社员偷懒时,那些勤劳的社员无法行使退出权以自保,所以就会跟着偷懒,最终导致合作社的生产积极性和产出全面大幅下滑(Lin,1990a)。该文于 1990 年在 *Journal of Political Economy* 上发表。后来,鉴于此篇论文的影响力,*Journal of*

Comparative Economics 曾在 1993 年第 17 卷出版专辑(一期共 6 篇论文)专门讨论退出权假说和导致农业合作化运动的失败原因(Lin,1993)。后来,林毅夫进一步解释了 1959—1961 年导致大量非正常死亡的饥荒为何集中于农村(Lin, 1998; Lin 和 James, 2003)。他研究发现,这主要源于 1953 年中国所推行的重工业优先发展战略。为了支持不具有比较优势的重工业发展的赶超战略,政府以统购统销的方式将农村剩余转移至城市,以支持工业化运动和保证城市居民的农产品供给。在粮食大幅减产而供给不足的情况下,政府采用行政手段保证城市居民的农产品配给而导致农村缺粮更加严重,因此非正常死亡的"大饥荒"发生在农村而非城市。后来,林毅夫与杨涛(2000)针对 Sen[①](1996)提出的食物获取权与饥荒之间关系的影响假说进行研究,在 *Economic Journal* 上发表了题为"Food availability, entitlements and the Chinese famine of 1959—1961"的论文。这是第一篇以严谨的实证检验来验证食物获取权对饥荒影响的论文。

在 20 世纪 90 年代,林毅夫教授就农业现代化问题在国际主流学术期刊上发表了 12 篇论文,主要研究气候和地质条件的差异对农业技术的影响,认为包括中国在内的发展中国家要想实现农业现代化就应该建立由国家财政所支持的分权化农业科研及其推广体系(Lin 等,1989; Lin 等,1990; Lin,1990a; Lin,1991b; Lin, 1991c; Lin,1991d; Lin,1991e; Lin,1992a; Lin,1992b; Lin,1994; Lin,1995b; Lin 和 Wen,1995; Lin,1996)。林毅夫教授(1996)在对中国各省、市及其区与地市等一级农业科研机构调研的基础上

---

① Sen 为 1998 年诺贝尔经济学奖获得者。

出版了《中国农业科研优先序》这一重要著作。这一著作从总体上论证了农村要素市场、耕作制度、教育体制以及信贷制度对农业现代化技术推广的影响机制。上述研究基本上是以中国的经验数据来检验国际主流经济学的观点,尤其是 1991 年以 "Prohibition of factor market exchanges and technological choice in Chinese agriculture" 为题目发表在 *Journal of Development Studies* 上的文章。在该文章中,林毅夫(1991a)通过构建理论模型研究发现,计划经济体制下农村生产要素市场的存在与否,以及要素相对丰富程度的变化皆会影响要素相对价格和要素边际生产率的变动,进而也会诱致替代稀缺要素的技术变迁(Lin,1991a;Lin,1999)。该篇论文进一步以中国的数据实证检验了文中所提出的命题假说。文章还拓展了 Hayami 和 Ruttan(1985)提出的市场经济条件下由要素相对稀缺性变动引起的诱致性技术变迁假说,将其适用范围延伸至计划经济,乃至缺乏市场的农业社会。

1992 年林毅夫教授将自己多年来研究农业经济的论文汇集成册,以《制度、技术与中国农业发展》为题由上海人民出版社出版。该著作中的 10 篇论文是关于中国农业经济发展与改革的经验分析,重点分析了农业技术和制度变迁对经济发展的影响。当时,该著作被誉为研究中国经济学问题的最具国际视野的学术成果,并获 1993 年孙冶方经济学著作奖。另外,林毅夫教授(1999)的论文 "Technological change and agricultural household income distribution: Theory and evidence from China" 获得 *Australian Journal of Agricultural and Resource Economics* 年度最佳论文奖。2000 年,林毅夫教授的第二本农业经济学研究方面的著作——《再论制度、技术与中国农业发展》①由北京大学出版社出版。该著作将制度和技术当作经济体系的内生变量来研究新制度经济学,是林毅夫教授继1992年《制度、技术与中国农业发展》之后,又一部使用规范的主流经济学研究方法来探讨中国农业、农村与经济发展中制度和技术问题的专著,它将主流经济学方法、制度经济学理论与中国改革和发展的实践密切结合,弥补了制度经济学缺乏实证分析的缺陷。

与此同时,林毅夫关于要素禀赋结构、经济发展战略和经济体制的学术观点也已逐渐呈现。他在1988年分析经济发展战略时曾指出,随着日元、新元等币种的升值,这些国家或地区的劳动力成本会逐步上升,这会促使其将劳动密集型产业转移至劳动力相对便宜的国家或地区,这就为中国利用国内丰富且廉价的劳动力而发展劳动密集型产业提供了一个有利的契机。为此,中国应该抓住这个难得的国际机遇以促使国民经济的进一步发展。②

另外,林毅夫对新制度经济学的系统研究始于1986—1987年其在耶鲁大学经济发展中心做博士后期间。③ 当时国内的改革开放正如火如荼地开展,为了让自己能更好地了解改革的原因,林毅

---

① 该书获得教育部第三届中国高校人文社会科学优秀成果奖一等奖、2000年北京市哲学社会科学最佳著作奖一等奖和2002年教育部哲学社会科学最佳著作奖一等奖。
② 参见林毅夫. 本体与常无:经济学方法论对话[M]. 北京:北京大学出版社,2012;林毅夫. 本土化、规范化、国际化——庆祝《经济研究》创刊40周年[J]. 经济研究,1995,(10):13-17.
③ 林毅夫教授对制度经济学的研究始于其攻读博士学位期间。芝加哥大学有一个不成文的传统,就是鼓励外国学生的博士论文写自己祖国所发生的问题。鉴于中国农村改革所取得的巨大成功,林毅夫的博士论文选题为"The household responsibility system in china's agricultural reform: A study of the causes and effects of an institutional change"。

夫阅读了大量当时盛行的新制度经济学文献,撰写了一篇题为"An economic theory of institutional change: Induced and imposed change"的学术文章,并于 1989 年发表于 *Cato Journal* 的卷首,中文稿则以《论制度与制度变迁》为题发表于《中国:改革与发展》1988 年第 4 期。这篇文章在相当长的时间里是国内引用率最高的论文之一。该文将国外的新制度经济学理论引进国内,而且将制度变迁区分为两类,即强制性变迁(Imposed Change)与诱致性变迁(Induced Change),前者指由政府采用行政权力和立法手段推动而直接产生的变迁,后者指人们在追求由制度不均衡引致的获利机会对自发产生的变迁。① 制度具有公共品的属性,其中诱致性制度变迁是强制性制度变迁的基础,而自发的诱致性制度变迁通常会导致新制度的供给不足。这样,政府在弥补制度供给不足方面也就具有非常重要的作用,这一理论贯穿于林毅夫教授后来的许多论著、与学界的争论和新结构经济学的理论体系之中。受这篇文章的影响,North Holland 出版社在组织出版经济学界最重要的工具书系列之一 *Handbook of Development Economics*② 时,邀请林毅夫教授与杰弗里·钮金特(Jeffrey Nugent)教授合写了一章"Institutions and economic development"。新制度经济学是以新古典的方法来研究制度的决定及其变迁的理论,而制度及其变迁是新结构经济学的重要研究对象之一。在新结构经济学中,关于制度决定及其变迁的许多论述虽然同属于新制度经济

---

① 参见林毅夫. 潮涌现象与发展中国家宏观经济理论的重新构建[J]. 经济研究,2007a,(1):126-131.
② 通常只有在一个领域或专题上被认为是素有成就的经济学家才会受到邀请为 Handbook 写专章,这对刚拿到博士学位不久的林毅夫而言是一个很高的荣誉。

学的范畴,但不同的是,新结构经济学还研究产业、技术和软硬基础设施的决定及其变迁的机制。

在这一阶段,林毅夫教授还重新诠释了"李约瑟之谜"。[①] 在历史上,中国曾经是四大文明古国之一,而且中国古代的科学、技术以及经济发展的成果卓绝,总体上领先于世界各国一千多年,13世纪就具备了工业革命的种种条件,而这些条件正是许多史学家所提到的促使英国在18世纪中叶爆发工业革命的各种条件。但是,为何工业革命并没有发生在中国,且此后中国逐步落后于西方国家?李约瑟(Joseph Needham)在其编著的《中国科学技术史》中正式提出此问题,这个问题后被称为"李约瑟之谜"(Needham,1969)。马克斯·韦伯进一步质疑:为何明朝中后期已经出现了资本主义萌芽,而资本主义生产关系并未在中国得到深化?[②]

对于"李约瑟之谜",林毅夫(2007b)研究发现技术发明方式的差异性是导致"李约瑟之谜"出现的主要原因。首先,前现代社会的技术发明主要以劳动者在生产过程中的偶然发现为主。中国自古以来地大物博,地理气候条件优越,能够养活的人口多,劳动者也相对较多,因此当时中国出现技术发明的概率明显高于西方国家。但是,现代社会的技术发明主要以研发人员在实验室里所进行的可控实验为主,因此人口数量的重要性也就不再那么突出。其中,这种发明方式的转变主要基于15—16世纪的科学革命,而科学革命的产

---

① 关于"李约瑟之谜"解释的文章,其思考和写作可能是林毅夫教授所有文章中历时最长的。在读初中的时候,他就对中国历史与发展感兴趣,并一直在思索这样一个谜题:为什么中国的科学与技术在古代曾遥遥领先于世界诸国,但到了近现代却变得如此落后了呢?后来林毅夫教授才知道,这个问题就是著名的"李约瑟之谜"。
② 参见林毅夫. 以理论创新繁荣哲学社会科学[J]. 新湘评论,2016c,(11):14.

生则以先天对自然现象具有好奇心的人掌握了后天学习得来的数学和可控制实验的能力为前提。当时,中国缺乏对具有强烈好奇心的高智商人群学习数学和可控实验的激励。因为中国的科举制度使得那些对自然现象具有先天好奇心且具有高智商的人乐于通过熟读"四书五经"参加科举考试,以进入统治阶层而获得高回报,所以科学革命及其以后的工业革命也就难以在中国自发产生。对于韦伯的疑问,林毅夫教授认为资本主义生产关系无法深化的主要原因在于,在前现代的中国没有发生工业革命,进而使得中国生产技术的资本密集度与规模经济也难以得到提高,资本主义所需要的企业雇佣人数也就难以增加,最终导致资本主义萌芽并未真正深化。最后,林毅夫教授将这些观点整理成文,以"The Needham puzzle: Why the industrial revolution did not originate in China"(中文译为:《李约瑟之谜:工业革命为什么没有发生在中国》)为题发表在 *Economic Development and Cultural Change* 杂志 1995 年第 43 卷第 2 期上。① 值得一提的是,该文不仅通过建立一个技术发明模型来说明技术变迁方式差异可以解释"李约瑟之谜",并且还进一步探究了中国未能成功地将技术变迁的方式转变为依靠近代科学来加以指导的原因。2006 年,林毅夫教授在"世界经济发展:澳大利亚和亚洲主要经济体的过去、现在和未来"研讨会②上发表关于"自宋以来中国

---

① 虽然该论文发表于 1995 年,但该文的主要观点却形成于林毅夫在芝加哥大学攻读博士学位期间。在博士毕业前的一次聚会上,舒尔茨教授向林毅夫问及这个谜题时,林毅夫随口回答,是因为科技创新方式不同所致。舒尔茨教授觉得此观点甚有新意。后来,林毅夫又多次谈及这个观点,然而,直到 1993 年秋天,林毅夫在加州大学洛杉矶分校讲授"中国经济发展"课程时才将上述观点整理成文字。
② 该研讨会是为麦迪逊(Maddison)教授 80 岁生日而举办的,参会者由麦迪逊教授亲自邀请。对林毅夫教授而言,这是向世人阐释"李约瑟之谜"的绝佳机会。

长期经济发展"的主题演讲。在该讲座中,林毅夫教授将其对"李约瑟之谜"问题的研究与比较优势发展战略理论加以整合,第一次把对"李约瑟之谜"和"韦伯疑问"的解释与对"中国奇迹之谜"的解释逻辑一致地整合在技术变迁和发展战略的统一分析框架之中(林毅夫,1995a;Lin,2008)①。2017年10月27日,林毅夫教授应邀在英国剑桥李约瑟研究院做第二届李约瑟年度纪念讲座,主题为"李约瑟之谜和中国的复兴"。在这次讲座中,林毅夫教授进一步使用新结构经济学的理论框架和视角来分析和解答"李约瑟之谜"。

在这个阶段,尽管林毅夫教授的研究主要集中于农业经济学,但是他也在不断反思宏观经济学理论。当时,对于1988年出现的高通货膨胀,根据主流经济学的理论,本应该采取提高名义利率的办法来进行治理,而当时的政府却以"砍投资""砍项目"的行政办法来治理整顿(这被现代主流经济学理论认为是非理性的和无效的)。正是对这个问题的认真思考,促使林毅夫教授逐渐开始尝试放弃从现有西方主流经济学理论体系框架为出发点来思考问题,转而从现象本身出发来提出理论。后来,林毅夫教授在自我总结时说,在1988年以前,他和大多数知识分子一样是以西方主流经济学理论的现成观点来观察、解释出现在中国的经济社会现象,认为他自己在农业经济学上所做的工作就是例子,因为绝大多数的研究以中国的实证资料来验证主流经济学现有的理论假说,或者在此基础上根据中国的实际情况做了一点延伸性的工作。他甚至认为,这一阶段即使说他自己有独创的见解,如退出权假说等,那

---

① 该文的中文稿发表在《北京大学学报(哲学社会科学版)》2007年7月第44卷第4期上,英文稿则发表在 *China Economic Journal* 2008年第1卷第1期上。

也只是一些"零敲碎打"的观点。但自从他真正理解了1988年中国政府对通货膨胀看似不合理的治理方式的合理性以后,林毅夫教授开始扬弃凡事皆从现有西方主流理论出发的分析方法,在面对中国和其他发展中国家经济发展与转型的诸多现象时,换之以"常无"的心态,先想清楚现象背后谁是主要决策者、决策者所要达到的目标、可动员的资源、面临的约束条件、可选择的方案、为达成目标如何做出最优选择,即理性分析的"本体",再来分析与总结现象背后的因果机制。利用这个方法,林毅夫教授通过研究许多发生在中国和其他发展中国家的现象和问题,进而提出新结构经济学。为此,我们认为初步成型阶段至关重要。从此以后,林毅夫教授的研究视野逐步从中国农村扩展至中国传统计划经济体制的形成、中国经济改革和转型领域。

(三)系统阐述阶段

在这个阶段,林毅夫教授开始对要素禀赋结构、发展战略和经济体制等深层次问题进行独创性研究,并在研究"中国奇迹"的过程中不断反思发展经济学理论和发展中国家的宏观经济学理论。据林毅夫教授自己回忆,对1988年中国经济过热的思考以及出访印度的经历[①]使其彻底摒弃了计划经济体制只是一种意识形态的看法。通过对中国经济现象的深入洞察和分析以及与各种不同性质的发展中国家的比较,林毅夫教授(1994)认识到:"导致中国和其他社会主义以及非社会主义发展中国家选择政府主导的资源计

---

① 作为资本主义国家的印度,计划经济的成分并不比中国少,而且印度也有计划经济委员会,且性质和工作方式与中国的计划经济委员会相似。

划配置体制,并造成这些国家经济绩效低下的根本原因,是这些国家在资本稀缺的要素禀赋结构下,实行了资本密集型的重工业优先发展的赶超战略。在此战略下,优先发展产业中的企业在开放竞争的市场体系中缺乏自生能力,因而,为了推行这个战略,政府只能实行扭曲各种价格信号、资源计划配置、剥夺企业自主权甚至实行国有化的'三位一体'的计划经济体制。"①

在1988年秋召开的一次研讨会上,林毅夫对上述思路进行了系统阐释。② 其后,林毅夫根据上述思路,与蔡昉、李周开展了一系列的相关合作研究,最终的成果之一就是1994年由上海人民出版社出版的《中国的奇迹:发展战略与经济改革》。该著作是林毅夫教授学术生涯中一部具有开山立派意义的里程碑著作。在这部著作中,林毅夫教授与蔡昉、李周两位合作者建立了从要素禀赋结构作为切入点来分析经济发展战略及其影响的发展经济学理论分析框架,核心就是后来林毅夫教授研究经济问题所遵循和坚持的"比较优势"的概念及其分析逻辑。该著作首次系统地对其长期思考的要素禀赋结构、比较优势、发展战略选择进行诠释,③从要素

---

① 引自林毅夫,蔡昉,李周.中国的奇迹:发展战略与经济改革[M].上海:上海人民出版社,1994:55.其中,"三位一体"是指,在资本稀缺的农业经济中,一旦选定了重工业优先发展战略,就会形成相应的扭曲价格的宏观政策环境、以计划为基本手段的资源配置制度和没有自主权的微观经营制度。这三者构成了"三位一体"的传统经济体制。

② 1988年,中国出现了1949年以来最严重的通货膨胀,政府高层和经济学家纷纷讨论通货膨胀的起因、形成机理和治理对策。林毅夫和蔡昉、李周一起参加"中国经济如何走出困境"的课题研究,试图解释中国传统计划体制的形成逻辑、改革中出现的"治乱"循环和旷日持久的难点问题,提出解决难题的改革路径和战略。

③ 1994年上海人民出版社出版了《中国的奇迹:发展战略与经济改革》一书。此书出版后,在学界获得了一定的肯定,张曙光教授写了一篇高度评价的书评。除香港中文大学出版社出版了英文版外,日、俄、法、韩、越、阿拉伯地区的出版社也翻译出版了相应语言的版本,并且该书成为许多海外大学中国经济课程的教科书。

禀赋及其结构和发展战略的矛盾出发,详细剖析了中国传统经济体制中"三位一体"模式形成的内在机理[①](见图2),指出一个国家所选择的发展战略是否与该国要素禀赋结构的特性相一致是决定这个国家经济体制模式以及经济绩效的关键。这部著作试图回答如下几个重要问题:赶超战略与传统计划经济体制之间的内在机制是什么?为何改革开放之前中国的经济发展缓慢,而改革开放之后经济则得以迅速发展?经济绩效与发展战略的关系表现在哪些方面?何为中国经济改革的经验?为什么中国经济改革与发展进程中会出现"治乱"循环?解决"治乱"循环的改革路径是什么?中国经济转型、改革与发展的道路是否具有普遍意义?

围绕上述问题,这本著作在以下几个方面做出了理论贡献:第一,第一次对"中国奇迹"做出研判。在此之前,人们津津乐道的是亚洲"四小龙"的"东亚奇迹",而林毅夫等(1994)在认真研究1978年以来的20年间中国国内生产总值年均9.7%的增长实绩以及改革成果的基础上指出,一个人口多、底子薄、处于转型和发展期的国家取得如此快速的发展,这在人类经济史上实属罕见,堪称"中国奇迹"。第二,该著作准确地预测了中国经济未来的增长速度、潜力以及可能达到的规模。该书预测,如果按2005年购买力平价(Purchasing Power Parity,简称PPP)计算,中国的经济规模会在2015年赶上美国,按当时的汇率计算,中国则会在2030年超过美国。这些预测后来都被事实所证明:2015年,世界银行和国际货币基金组织都曾公布统计数据,结果显示,中国的经济规模在2014年(按PPP计算)已超过美国,成为全球第一大经济体。第三,

---

① 从经济学角度探讨经济体制的内生性,这在经济学界尚属首次。

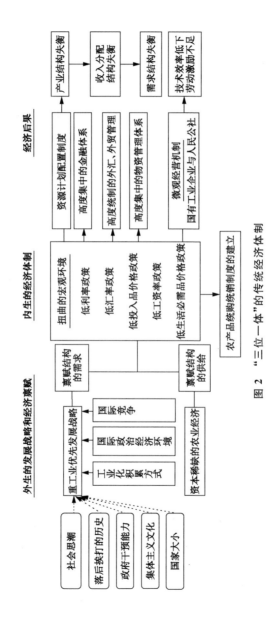

图 2 "三位一体"的传统经济体制

基于比较优势的理论分析框架,从要素禀赋及其结构与发展战略选择之间的矛盾出发,分析了中国传统计划经济体制形成的逻辑,并将这种分析方法及其结论扩展至其他转型与发展中国家和地区,研究发现经济发展战略的选择跟要素禀赋及其结构的比较优势是否一致是决定经济体制模式并进一步决定经济发展绩效的根本因素。第四,阐释了比较优势战略与赶超战略之间的成本差异。该著作对中国改革开放之前 30 年实行赶超战略时的经济政策给出了一个符合新古典经济学的"理性"诠释,让西方主流经济学界耳目一新。第五,该著作对中国和苏联、东欧两种转型路径进行了科学系统的比较,并指出"渐进双轨制改革"与"休克疗法"式的激进改革相比,更有利于避免持续性的社会动荡,实现国民经济的持续快速增长、市场经济作用范围扩大和经济绩效的改善。第六,按照中国经济改革自身所表现出的逻辑顺序总结了改革的历程、阶段以及各个阶段的内容,切实地提出了未来改革的选择路径与主要任务。而改革开放以来,中国经济改革的实际进程与该著作当时提出的改革任务基本吻合。

现在,我们回顾这部二十多年前出版的专著,其逻辑框架、理论观点、分析思路以及经济预测大部分经受住了历史的检验。但是,在该著作 1994 年出版时以及此后相当长的一段时间里,林毅夫教授及其合作者在书中所展现的逻辑、分析与预测皆曾遭到学术界和舆论界的多方质疑,被批评为过度乐观。正如林毅夫教授在《中国的奇迹:发展战略与经济改革》的再版序言中所说:"不仅许多人认为说'中国奇迹'为时过早,而且,多数学者看到中国经济在转型过程中存在许多体制的扭曲,中国的转型并未按当时占主流的新自由主义经济学所主张的最优转型路径,也即华盛顿共识

(Washington Consensus)所倡导的'休克疗法',一次性地消除各种扭曲,而是采取了从主流经济理论来看最糟的渐进双轨的方式来进行转型。因此,主流经济学界认为中国即使能一时取得经济的快速增长,也必然要为这种体制的扭曲付出代价,中国经济的崩溃必然不可避免。"①

在这个阶段,林毅夫教授非常重视经济学研究方法的探索和传习。首先,他在北京大学开设"中国经济专题"这一课程②。这是面向本科生的一门课程。该课程始设于 1994 年,原为研究生课程,1996 年中国经济研究中心设立本科生双学位课程以后,转为本科生课程。③ 到 2008 年林毅夫教授去世界银行任职前,该课程累计听

---

① 林毅夫. 论外向型经济发展战略[J]. 经济社会体制比较,1988a,(4):24-30. 不过,当年(1994 年)这部著作刚出版时,在学界引起的反响更多的是质疑,不仅认为提"中国奇迹"为时过早,经济预测过于乐观;而且更多的是对中国"渐进双轨制"改革路径的否定,认为扭曲的体制会影响中国经济的未来发展。这在当年为这部著作举办的为期两天的出版座谈会上经济学家的争论中可见一斑。不过,令林毅夫教授自豪的是,中国经济在此书出版后的二十余年里却基本沿着该书所预测的增长轨迹前进。日后,林毅夫教授谈到,我们的预测之所以准确是因为这是根据经济的竞争力和增长的本质以及发展中国家在产业升级和技术创新中的后来者优势所作的分析而得出的。我们很高兴看到中国过去近三十年的改革基本按照这本书所分析的路径进行,增长的绩效也正如该书预期的那样。
② 在每个星期五晚上的课程中,五百多个座位的教室总是座无虚席,甚至连教室的过道和阳台上都坐满了听课的学生,可见林毅夫教授的"中国经济专题"课程多么深受学生喜欢。
③ 《中国经济专题》一书是林毅夫教授在北京大学教学课程的一个小结,就像其在前言中所说的:"盼望此书的出版能和已上过这门课的同学们重温当时上课的情景,也盼望能通过《中国经济专题》和未能上这门课的同学们进行理论的交流。"虽然事务繁忙,林毅夫教授却从不吝惜自己和学生在一起的时间。姚洋教授曾说:"林老师特别喜欢讲课,他可以连续讲 4 个小时,不停顿地,如果不是学生饿了的话,他可以从下午一直讲到晚上。"林毅夫教授言传身教的不仅仅是他的学识,还有他的理想。林毅夫教授希望学生有高远的抱负,有胸怀天下的志向。林毅夫教授说,在与学生的交流中,可以看到国家民族复兴的希望。所以,其在书中有这样的感叹:"得天下英才而教之,其乐陶陶!"

课学生数已上万,以其本土化、规范化和国际化的完美结合而深受广大听课者好评,被评选为北京大学精品课程。"中国经济专题"表面上看是专题,本质则为对中国过去、现在与未来经济发展机遇和挑战的一个较为系统的阐释与解读。该课程系统总结了中国和其他发展中国家或地区改革发展或转型的成功经验和失败教训,提出了一个系统分析经济发展和转型的一般化的理论框架,并基于此探讨分析了中国改革、转型与发展中的成就及其所面临的经济社会问题,深刻剖析了背后的原因和解决的办法。2008年,林毅夫教授将"中国经济专题"课程的讲稿整理成书,题为《中国经济专题》[①],并获得多位诺贝尔经济学奖获得者的高度赞扬与推荐。[②]

其次,林毅夫教授将自己从事经济理论研究的方法论归纳为"常无"与"本体",强调理论的内部逻辑严谨性以及理论推论和外部现象之间的一致性,并以此作为评判理论好坏的依据,鼓励学生们勇于提出不同于学术界通行理论的新观点。针对学生们经常不自觉地套用现有理论来看待中国经济生活中的新现象和新问题的

[①] 2012年英国剑桥大学出版社翻译出版了该著作的英文版,并改名为 *Demystifying Chinese Economy*(《解读中国经济》),在国外获得了很好的评价。

[②] 詹姆斯·赫克曼(James Heckman)称:"此书在很多层面都取得了成功。它以宏大的历史视角展示了中国经济实力的两千多年来的跌宕起伏和戏剧性复兴。它以具有分析性的资讯,解读了中国经济增长的源头以及未来增长的前景。林毅夫教授以他富有见地的比较优势战略观点将中国注重实效的经济发展提升到理论的高度。这本书向很多传统的新古典理论的信条提出了挑战,并解释了在现实中照搬这些原理是如何对转型国家造成灾难性后果的。"罗杰·迈尔森(Roger Myerson)称:"这本书探讨了中国从一个贫困的发展中国家向一个现代经济增长的全球领导者进行巨大转变时的一些根本性问题。这些问题属于我们这一时代最为关键的问题。林毅夫教授是最有资格帮助我们理解这些问题的人。在书中他向我们提供了一个看待中国以及世界现代经济发展前景的全部而重要的视角。"埃德蒙·菲尔普斯(Edmund Phelps)称:"这本书对中国过去的落后根源以及后来的超凡成功进行了清晰而有见地的研究,对任何想要了解中国经济发展的人来说,这都是一部必读的著作,一部早就应该出现的重要著作。"

现象,林毅夫教授主张"授人以鱼"不如"授人以渔",所以特别重视经济学方法论的传授,不厌其烦地将自己的心得体会反复与学生们分享。林毅夫教授对经济学研究方法论的探讨最早见于1995年应《经济研究》创刊40周年而写的祝贺文章。他在文中提出,经济学的理论创新源于对新的经济现象的观察、思考与总结。经济学理论的重要性取决于其所解释现象的重要性。发生在最重要的国家的现象就是最重要的现象,而中国有可能在21世纪再度成为世界上最大、最重要的经济体,所以出现在中国的经济现象与问题就将成为最重要的经济现象与问题。而中国经济学家在观察与理解中国经济现象时有"近水楼台先得月"之便。因此,林毅夫教授倡导以国际经济学界通用的规范方法来研究中国问题,对国内学术界提出"规范化、本土化、国际化"的倡议,并大胆预测21世纪有可能迎来世界级的经济学大师在中国辈出的时代。[①]

2000年中国社会科学院经济研究所邀请林毅夫教授前去做关于经济学方法论的讲座。在该讲座上,林毅夫教授提出了用"本质特性分析法、当代横向归纳法、历史纵向归纳法、多现象综合归纳法"来观察、分析和总结经济学现象,进行理论创新(林毅夫,2001)。这个讲座的文稿后来被整理成文章,以"经济学研究方法与中国经济学科的发展"为题发表于《经济研究》。[②] 林毅夫教授对经济学研究方法论最集中的论述是2003年在课堂上以对话的

---

① 参见林毅夫.发展战略、自生能力和经济收敛[J].经济学(季刊),2002a,(1):269-300.
② 参见林毅夫.繁荣的求索:发展中经济如何崛起[M].北京:北京大学出版社,2012.该书系统阐释了林毅夫教授对于如何用规范的现代经济学方法研究中国经济问题,进而对现代经济学的发展做出贡献的看法。

形式和学生进行的,2005年这些对话被整理成书稿《论经济学方法》,并于2012年改名为《本体与常无:经济学方法论对话》(分别由Cengage出版社与北京大学出版社出版英文版与中文增订版)。在该著作中,林毅夫教授始终强调任何理论都是刻舟求剑,这就要求我们在观察和解释一个经济现象时,不要从既有理论出发,而应该直接去观察现象、了解现象、分析现象,以此来发现现象背后的决策者所要达到的目标、所面临的约束、所拥有的可能选择集合,以此揭示现象产生的真正原因,提出解决问题的办法。林毅夫教授主张秉持现代经济学的"本体"(即理性人假说,其内涵是一个决策者在做决策时,在他可以选择方案中,总会选择他认为最优的方案),以初生婴儿的双眼那样不带任何过去理论和经验的"常无"心态来观察世界。①这样才能将自己真正培养成既能正确运用现有理论,又能进行理论创新的经济学家。林毅夫教授认为,在中国的经济发展与转型过程中,有许多用既有的西方主流经济学理论难以解释的现象,这些将会是经济学理论进行研究创新的"金矿"。

在这个阶段,林毅夫教授对新结构经济学的前身,即以要素禀赋结构为出发点,从是否遵循比较优势发展战略的角度来分析一个经济体的经济发展绩效的"比较优势学说",通过以下三次国际性的学术讲座加以不断深入发展,并做了世界性的推广:D.盖尔·约翰逊年度讲座(2001年)、马歇尔讲座(2007年)和库兹涅茨讲座(2011年)。

2001年芝加哥大学经济系设立D.盖尔·约翰逊年度讲座,

---

① 林毅夫教授经常引用《老子》中的"前识者,道之华,而愚之始"来告诫学生们,在学习现有理论时必须秉持"常无"的心态。

每年邀请一位经济学家前往演讲。林毅夫教授于当年 5 月应邀做该讲座的首讲,题目为"发展战略、自生能力和经济收敛"。① 这是林毅夫教授首次将"自生能力"放入讲座标题。自生能力指的是一个具有正常管理水平的企业在开放竞争的市场中获得社会可接受的利润率水平的能力,其前提是企业所生产的产品与所使用技术的资本密集度要与整个经济体的要素禀赋结构所决定的比较优势相匹配。自生能力是林毅夫教授关于经济发展和转型理论提出的一个核心概念,于 1999 年发表于 *American Economic Review* 上的"Policy burdens, accountability, and the soft budget constraint"(中文译为《政策性负担、责任归属和预算软约束》)一文中首次正式提出。② 将自生能力作为微观分析的基础,林毅夫教授不仅对要素禀赋结构和发展战略与经济体系之间的关系进行了细致的分析,还进一步研究了发展战略与金融、贸易、宏观稳定、收入分配之间的关系,从而初步建立了一个涉及经济发展各领域的理论框架。在实证上,林毅夫教授通过构建"技术选择指数"(Technology Choice Index)来度量发展中国家的赶超程度,并利用跨国数据对发展战略与经济收敛的关系进行了实证研究。回归分析所得到的结果进一步支持了该理论(Lin,2003)。2000 年诺贝尔经济学奖获

---

① 后来,该讲稿发表在 *Economic Development and Cultural Change* 杂志 2003 年第 51 卷第 2 期上,中文稿则发表在《经济学(季刊)》2002 年第 1 卷第 2 期上。
② "预算软约束"这个概念由匈牙利经济学家科尔奈(János Kornai,1986)提出。他认为社会主义计划经济中的国有企业的预算软约束是由国有产权的性质决定的。新结构经济学则认为国有企业承担了国家赶超战略的政策性负担,或者由于提供就业的社会性政策负担导致预算软约束,并认为在政策性负担不消除的情况下,国有企业的私有化会加剧预算软约束而不减轻预算软约束;因此,国有企业改革的成功应以消除社会性和战略型政策性负担为前提。对苏联、东欧国家的大量实证研究也证实了新结构经济学对预算软约束原因的分析和私有化效果的预测。

得者詹姆斯·赫克曼在听完讲座后给出了如下的评价:根据林毅夫教授的研究,过去15年出现的新发展理论是无用的……包括许多芝加哥大学的教授所做的研究都是无用的。①

林毅夫教授于2007年应邀在剑桥大学做了马歇尔讲座。马歇尔讲座始于1946年,每年从全世界著名的经济学家中选一位担任主讲人。迄今为止,马歇尔讲座的六十多位主讲人中已有15位获得了诺贝尔经济学奖。2007年10月31日和11月1日,林毅夫教授应英国剑桥大学的邀请去做一年一度的马歇尔讲座,成为走上这个世界顶级经济学家讲坛的第一位华人,也是第二位来自发展中国家的经济学家。在讲座中,林毅夫教授根据自己对中国改革发展以及众多发展中国家、转型国家的改革发展成功与失败原因的认识与理解,完整地提出了一套新的发展经济学和转型经济学理论体系。该理论体系通过构建一个三部门的数理模型来揭示要素禀赋结构、发展战略、制度扭曲和发展绩效之间的逻辑关系,②而且使用1962—1999年101个国家(地区)的跨国面板数据对各项理论命题及其推论进行实证检验,经验研究基本符合理论预期,完整地提出了一套新的发展经济学和转型经济学的理论体系(Lin,2009)。该理论体系还阐释了"要素禀赋结构→比较优势→发展战略→企业自生能力→制度结构→发展绩效"的内在联系和逻辑。此讲座内容之后被整理成书,并由英国剑

---

① 詹姆斯·赫克曼的评价原文刊登于讲座后第二天的芝加哥大学校报 *Chicago Maroon* 上。新发展理论即20世纪八九十年代非常盛行的"内生增长理论",这是芝加哥大学罗伯特·卢卡斯教授1995年获得诺贝尔经济学奖的主要贡献之一。

② 本质上是以《中国的奇迹:发展战略与经济改革》中提出的经济体制内生于发展战略的理论框架为基础构建一个数理模型,用第二次世界大战以来发展中国家的经验数据对这个理论模型的各个推论进行经验检验。

桥大学出版社于2009年出版,题为"Economic development and transition: Thought, strategy, and viability"(中文译为《经济发展与转型:思潮、战略与自生能力》)。这本著作在国内外经济学界引起了广泛关注,有五位诺贝尔奖经济学奖获得者为该著作写了推荐序,创下了剑桥大学出版社的纪录。① 该书的思考与写作过程也为林毅夫教授后来作为世界银行高级副行长兼首席经济学家更系统地思考国际层面的经济发展与政策问题提供了坚实的理论准备。

在这个阶段,林毅夫教授还提出了"潮涌现象"这一重要概念,进一步反思发展中国家的宏观经济学理论。从2003年开始,中国经济出现了"煎焦的冻鱼"的现象,即一条刚从冷冻箱里拿出来的冻鱼放在平底锅上煎,一面已经焦了,另一面还冻着的现象。这种现象在经济上则表现为,一方面投资、增长过热,另一方面国民经济呈现通货紧缩。"煎焦的冻鱼"现象促使林毅夫教授对转型和发展中国家的宏观经济学理论进行深入的思考。现有宏观经济学理论主要总结于发达国家的现象,其暗含前提是产业结构升级时企业对于下一个有前景的产业缺乏社会共识。但是,由于发展中国家有后来者优势的存在,其企业对下一个有前景的产业更容易产

---

① 加里·贝克尔写道:"林的观点是有争议的但是发人深思的。"罗伯特·福格尔(Robert Fogel)则说:"林不仅影响了中国政府和企业界的理论,而且影响了美国和西欧的经济分析。"道格拉斯·诺斯(Douglass North)指出:"林的马歇尔讲座不仅提供了一个难得的机遇去了解东亚经济体过去几十年波澜壮阔的崛起,而且对经济学家关于经济发展的标准解释投以质疑的眼光。"迈克尔·斯宾塞(Michael Spence)评价:"这是一本在多个方面来讲都非常重要的书……他的分析以贸易理论和比较优势为基础,但是,将其转化为自成体系的增长战略和政策的动态分析则是一个重要的成就。"约瑟夫·斯蒂格利茨(Joseph Stiglitz)则称赞:"这是一本充满智慧的、具有革命性意义的书,解释了为何一些发展中国家取得成功而其他国家却失败了。"

生社会共识,因此在投资上容易出现"潮涌现象",伴随着"潮涌现象"的发生也会出现产能过剩及一系列相关的问题。因此,需要放松现有宏观经济学理论的暗含前提,重新构建一套发展中国家的宏观经济学理论体系,系统研究"潮涌现象"对发展中国家的财政、物价、货币、就业、金融、经济增长以及周期波动的影响,作为政府制定宏观经济管理政策的依据和参考,以促进发展中国家经济持续、稳定、快速和健康的发展(林毅夫,2007a)。面对经济周期波动,诸多经济体都出现了产能严重过剩的现象。以中国为例,20世纪90年代家电产业以及后来出现的钢铁、水泥、煤化工、电解铝和光伏产业的投资过热及其产能过剩就是例子。关于上述经济现象背后的逻辑机制,林毅夫教授首次在2007年提出,并于2010年在和巫和懋、邢亦青合作的论文中通过构建博弈论理论模型进行了说明(林毅夫等,2010)。

最后,林毅夫教授还对国有企业问题产生的根源和出路进行了研究。为了对国有企业改革进行分析,林毅夫、蔡昉和李周又合作出版了《充分信息与国有企业改革》一书。该著作从探讨现代企业制度的内涵出发,结合中国国有企业问题,提出现代企业制度的核心是公平竞争的市场能够产生关于企业经营绩效的充分信息,从而降低经营者与所有者之间的信息不对称。林毅夫教授认为,当时中国国有企业面临的主要问题在于背负了沉重的政策性负担,其中既包括违反要素禀赋结构所决定的比较优势的战略性政策负担,也包括为了社会稳定而承担的吸收大量冗员的社会性政策负担。为此,政府必须为政策性负担承担责任,因而产生了政策性补贴。另外,政府作为所有者和企业作为经营者之间存在信息不对称,使得企业能以政策性负担为理由，要政府为其经营不善和道德风险所导致的所有亏损买单，从而产生了预算软约束。林毅夫教授认为只要政策性负担存在，任何所有制形式的企业都会产生预算软约束和经营的低效率(Lin 和 Tan,1999)，因此国有企业改革的方向是消除政策性负担，积极创造公平竞争的环境。而一味地强调产权及其相关的委托人和代理人之间的道德风险是不能解决国有企业问题的，尤其是大型国有企业的问题(林毅夫等,1994)。林毅夫教授认为，享有剩余索取权的所有者和经营者要统一起来，只有在产权集中的中小企业才能做到，股权分散的大型企业不管国有还是民营都面临着"委托-代理"问题。国有企业改革只有从消除国有企业面临的不对等竞争条件入手，创造公平的竞争环境，形成能够反映企业经营绩效的充分信息指标，才能逐步形成有效的内部治理结构，消除责、权、利不对等现象，最大限度地避免经营者的机会主义行为，实现所有者与经营者的激励相容，这才是国有企业的出路所在。

(四) 深化提升阶段

2008 年 6 月，林毅夫教授成为第一位来自发展中国家的世界银行高级副行长兼首席经济学家，这被视为经济学家在国际上的最高职位。该职位此前均由来自发达国家的大师级经济学家担任。[①] 自此，林毅夫教授所提出的以比较优势发展战略为核心的经济理论进入深化提升阶段。正是在此阶段，林毅夫教授首次明

---

① 参见林毅夫.两历奇迹，一生求索[N].企业家日报,2014-9-28.

确提出"新结构经济学"这个概念,将之前的比较优势发展战略学说升华为一个系统的理论。而新结构经济学诞生的时代背景则是2008年国际金融与经济危机,这是继1929—1933年美国大萧条以来最为严重的一次经济危机。[①]

在世界银行就任之初,作为首席经济学家的林毅夫就遇到了由美国次贷危机引发的全球金融与经济危机。全球金融与经济危机和世界银行的工作促使林毅夫教授对现有发展经济学与转型经济学的理论和实践进行更加深刻的反思。关于2008年全球金融与经济危机,美联储前主席伯南克(Ben Shalom Bernanke)认为这次危机来源于全球经济失衡,而解决这种失衡的措施则是再平衡政策,也即要求包括中国在内的发展中国家减少投资和提高消费;反之,发达国家则需要提高投资和降低消费。国内外大多数经济学家基本上持类似的政策观点。但是,推行伯南克"再平衡"政策的国家(美国、日本以及欧洲在内的发达国家)纷纷陷入更加萧条和基本停滞的状态。然而,林毅夫教授力排众议,提出"新马歇尔计划"[②],主张发达国家应该增加对发展中国家的基础设施的投资,通过增加发展中国家的出口以提高发达国家的消费需求,这是发达国家走出危机的最佳办法。林毅夫教授(2012)在《从西潮到东风:我在世行四年对世界重大经济问题的思考和见解》对上述观点进行系统的诠释,体现了全球化的视角和新的分析框架。

---

① 1929—1933年的那次大萧条催生了强调"有效需求"不足的凯恩斯主义宏观经济学,对传统的市场理论提出了尖锐的质疑与挑战。
② 时任世界银行高级副行长兼首席经济学家林毅夫提议,为了扫除金融危机给全世界带来的阴影,应建立一个富有"马歇尔计划"精神的全球恢复基金。

理论方面,林毅夫教授在其原有研究①的基础上,提出了"新结构经济学"这一第三代发展经济学的框架。"新结构经济学"这个名词第一次被正式提出是在 2009 年 6 月 2 日举行的世界银行发展经济学部第四次高级经济学研讨会②上。此次研讨会上,林毅夫教授做了题为"新结构经济学:重构发展经济学的框架"的报告,第一次明确提出了"新结构经济学",并将其视为第三代发展经济学。后来,该文的英文稿于 2011 年发表于 *World Bank Research Observer* 的第 26 卷第 2 期,成为新结构经济学的纲领性奠基之作。更确切地说,新结构经济学是在反思第二次世界大战以后发展经济学成为一门独立的子学科以来的理论进展和发展中国家转型与发展的成功经验和失败教训,以 1994 年出版的《中国的奇迹:发展战略与经济改革》(基于中国经验的新结构经济学雏形)和 2007 年出版的《经济发展与转型:思潮、战略与自生能力》(基于全球视角的新结构经济学雏形)的理论框架为基础,指出作为第一代发展经济学的"结构主义"主张建设和发达国家相同的产业结构,重视政府的作用而忽视市场的作用;批判作为第二代发展经济学的"新自由主义"主张采用跟发达国家相同的市场制度安排,重视市场而忽视政府的作用;进而提出以"新结构经济学"作为第三

---

① 林毅夫教授在 20 世纪 90 年代初与其合作者蔡昉、李周基于中国经验所提炼的著作《中国的奇迹:发展战略与经济改革》解释了中国增长的奇迹,奠定了新结构经济学的理论雏形;在 2001 年 D. 盖尔·约翰逊年度讲座上提出的新结构经济学的关键性概念"自生能力",则并将其理论进一步总结。在此基础上,在 2007 年马歇尔讲座上,林毅夫教授基于世界经验所提炼的著作《经济发展与转型:思潮、战略与自生能力》将其理论进一步模型化。

② 这是林毅夫教授出任世界银行高级副行长兼首席经济学家一周年的一个内部研讨会。

代发展经济学,强调经济发展本质上是一个产业、技术、"硬"的基础设施、"软"的制度环境等结构不断变迁的过程,而这个过程既需要"有效市场",也需要"有为政府"。

林毅夫教授担任世界银行高级副行长兼首席经济学家之后,先后赴非洲、亚洲、拉丁美洲等地的数十个发展中国家考察,其中尤其青睐非洲,用新结构经济学理论的分析框架来重新审视这些国家的改革、发展与转型过程,并结合这些国家经济发展与转型的实践经验,在理论和政策层面进行更深入的思考与探索。2011年3月,林毅夫教授应邀到耶鲁大学进行著名的库兹涅茨讲座,以"新结构经济学:反思发展问题的一个理论框架"为题系统地阐释了新结构经济学理论的主要分析观点和基本理论框架,这就向经济学界正式宣告了新结构经济学的诞生。新结构经济学的理论既获得了包括十余位诺贝尔经济学奖得主在内的国际经济学界的高度评价,也受到众多发展中国家政策界和实践界的重视。此外,林毅夫教授将其在世界银行工作的经验与访问非洲等发展中国家的所思所见相结合,在卸任世界银行首席经济学家之际出版了《新结构经济学:反思经济发展与政策的理论框架》和《繁荣的求索:发展中经济如何崛起》这两本重要著作,前者获得了包括迈克尔·斯宾塞、约瑟夫·斯蒂格利茨在内的诺贝尔经济学奖得主的高度赞扬,[①]而后者则得到乔治·阿克尔洛夫(George Akerlof)、罗伯

---

① 迈克尔·斯宾塞称:"《新结构经济学》是一部真正重要且富有雄心的作品……将成为全球学者和政府制定者的重要参考,在发展中国家如此,在发达国家中也将得到越来越多的重视。"约瑟夫·斯蒂格利茨称:"世界银行一直致力于实现一个没有贫困的世界。在这部杰出的著作中,其首席经济学家林毅夫,勾画了一个让这个梦想成为现实的经济路线图……林毅夫教授的观点已经激起了讨论和争辩,这本书的贡献将确保他的观点在发展政策的反思中继续成为焦点。"

特·福格尔以及托马斯·谢林(Thomas Schelling)的赞扬。①

如今,林毅夫教授所提出的新结构经济学已经在世界上引起了重要反响,受到学术界、理论界、政策界、实践界以及众多国际组织机构越来越多的重视(Lin,2012a)。例如,欧美主流经济学界的一些学术期刊出版专辑讨论新结构经济学,对于国内学者所提出的理论而言,有如此高规格的学术待遇尚属罕见。*Development Policy Review* 杂志2011年第29卷第3期刊登了关于"增长甄别与因势利导"(growth identification and facilitation framework,以下简称GIFF)的9人参与的讨论集(Lin 和 Monga,2011)。另外,2012年国际经济学会分别在美国华盛顿和南非约翰内斯堡召开了产业政策研讨会,该会议的论文成果"Industrial policy revolution I: The role of government beyond ideology"和"Industrial policy revolution II: Africa in the twenty-first century"由斯蒂格利茨和林毅夫教授共同编辑成专辑出版。*Journal of Economic Policy Reform* 在2014年第18卷第2期刊发了"Transition economics meets new structural economics"的专辑。由于引用率高,该杂志在2016年的影响因子提高了0.6,在国际经济学杂志中的排名跃升了121位。林毅夫教授在该专辑中发表了题为"Washington consensus revisited: A new structural economics perspectie"的论

---

① 乔治·阿克尔洛夫称:"在这部著作中,林毅夫教授将他研究东亚起飞中获得的智慧,与250年来的经济理论组织在一起。他为我们提供了一个视角:在全球范围内终结贫困是可能的。不会再有别的经济学家能写出比这更优秀、更重要的作品了。"罗伯特·福格尔则称:"《繁荣的求索》是一部重要的著作。全书写作上充满热情且条理清晰,折射出作者对全球经济议题的深刻理解。同时还提出了务实的解决方案。"托马斯·谢林称:"这确实是一部令人振奋的作品……林毅夫教授提出了一个令我信服的新结构经济学。"

文,成为该杂志连续两年引用率最高的文章。

2012年9月17日,北京大学国家发展研究院举行了首届新结构经济学研讨会,来自全世界多所大学与研究机构的知名经济学者,就新结构经济学理论从发展经济学的传承与创新、中国经济学的责任与道路等多个角度展开讨论。在此次研讨会上,林毅夫教授认为经济学家应该回到亚当·斯密在《国富论》一书中所用的探索现象本质和决定因素的方法,以此研究我们这个时代所出现的重要经济现象,而不是套用《国富论》一书或其他现成的理论和观点来解释出现在我们这个时代的新现象。

新结构经济学认为,经济发展的表象是收入和人民生活水平的不断提高,其本质则是产业、技术、"硬"的基础设施以及"软"的制度环境等结构不断升级的过程;在这个过程中,有效市场和有为政府共同起作用才能使结构变迁得以顺利进行。新结构经济学将"结构"引进现代经济学的理论框架中,从要素禀赋结构出发将产业技术和"硬"的基础设施、"软"的制度安排内生化,这种研究范式拓展了马克思历史唯物主义所提出的"经济基础决定上层建筑,上层建筑反作用于经济基础"的观点,是在对新制度经济学、发展经济学、转型经济学、政治经济学、新自由主义等不同学派加以批判继承的基础上发展并形成的第三代发展经济学理论(见图3)。把不同发展阶段国家的结构差异性引入以后,也扩展了现代经济学中涉及经济运行的各个分支学科,包括宏观经济学、财政经济学、金融经济学、劳动经济学、产业组织经济学等,提高其在发展中国家"认识世界、改造世界"的能力。

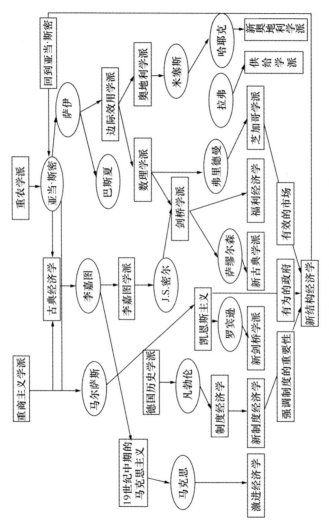

图 3 新结构经济学理论的形成与演化

(五) 拓展运用阶段

2012年6月,在世界银行的4年任期结束后,林毅夫教授返回北京大学,筹备创办北京大学新结构经济学研究中心,继续推动新结构经济学的学科建设和国家高端智库建设,这就开启了其拓展运用阶段。北京大学新结构经济学研究中心筹备组成立于2012年10月15日,正式成立于2015年12月14日。该中心致力于总结中国和其他发展中国家的发展经验,进行理论的自主创新,"知成一体"地引领国际学术发展思潮和建构世界一流的旗舰型高端智库。该中心建立的目的在于深化、推广和运用与新结构经济学相关的基础理论研究,并在学术交流、队伍建设、人才培养、数据库建设、智库建设等方面做出探索和创新。对于中国和其他发展中国家的专家学者、青年学子以及迫切希望推动本国长期经济发展的政府官员和知识精英,该中心希望引导他们尽早摆脱基于西方发达国家的主流经济学理论的束缚,系统掌握和运用新结构经济学的理论,探索出一条符合本国自身特点的现代化经济发展之路。

习近平主席在2015年9月26日的联合国大会上的发言强调:"各国要根据自身禀赋特点,制定适合本国国情的发展战略。"同时,习近平主席在联合国南南合作圆桌会上指出,各国"要发挥各自的比较优势"。这些正是新结构经济学分析问题的核心理念和切入点。由林毅夫教授担任院长的南南合作与发展学院于2016年4月29日成立。南南合作与发展学院开设"新结构经济学与政策实践"和"发展理论与政策"等课程,旨在分享治国理政经验,帮助其他发展中国家培养高端政府管理人才,共同探索多元化的发展道路。

2014年6月,新结构经济学研究中心举办首届夏令营,向来自中国和其他发展中国家的青年学者推广介绍新结构经济学。2015年12月,近百名来自海内外的优秀华人青年经济学家和学子参加第一届新结构经济学专题研讨会(冬令营)。《新结构经济学新在何处:第一届新结构经济学冬令营头脑风暴集》为首届研讨会头脑风暴的精彩结集。该著作旨在勾画出新结构经济学的核心要点、主要创新和发展前景。新结构经济学研究中心举办的一年一度的夏令营和冬令营有效地促使全社会对新结构经济学有了更深的认识。

2016年8月21至22日,"产业政策:总结、反思与展望"学术研讨会在复旦大学举办,这次会议由北京大学新结构经济学研究中心与复旦大学经济学院联合主办,促使学界对新结构经济学、产业政策进行系统的了解与反思。在此次研讨会上,林毅夫教授做了题为"避免中等收入陷阱的产业政策:新结构经济学的方法"的演讲。顾名思义,这是从新结构经济学的角度对产业政策问题的一次系统性论述。这也是在新结构经济学的框架中,对"有为政府"与"有效市场"应该如何互相促进的一次具体运用。从学理的角度,"有效市场"与"有为政府"两者都是要尽量争取达到的目标,而并不是说现实中政府总是有为的和市场总是有效的(王勇,2016)。同时,新结构经济学主张,"市场有效"以"政府有为"作为前提,而"政府有为"则以"市场有效"作为依归。具体到当下中国的情形,如果强调"有效市场"的重要性,即如何进一步完善市场,如何增强市场在资源配置中的决定性作用,如何进一步推进市场化改革,那么学术界基本上对这些问题的共识超过分歧;但如果强调"有为政府"的必要性,包括产业政策的重要性,那么各种争议就要远远大得多。① 事实上,就在林毅夫教授于此次复旦大学会议做关于产业政策的重要性与必要性的发言后不久,张维迎教授就在另一个企业家论坛上明确表示反对一切形式的产业政策。之后引发了全国性的持久性的大辩论,英国 Economist 等世界级媒体都对此争论做了报道。2016 年 11 月 9 日,在北京大学朗润园举办了张维迎和林毅夫两位教授之间的产业政策思辨会——"我们到底需不需要产业政策"。这场讨论让人们对新结构经济学的主张有了更加广泛与深入的了解。以此辩论为基础形成的《产业政策:总结、反思与展望》(林毅夫等,2018)一书于 2018 年 3 月由北京大学出版社正式出版。

在拓展运用阶段,新结构经济学在学术和实践两个方面协同推进。

首先,新结构经济学的理论建模取得重要突破。鞠建东、林毅夫、王勇发表于 2015 年 Journal of Monetary Economics 的 "Endowment structures, industrial dynamics, and economic growth"(以下简称 JME 模型)一文构建了一个易于处理的动态结构模型,刻画了要素禀赋结构如何决定产业结构的理论机制(Ju 等,2015),为新结构经济学的理论发展奠定了一个模型基础。该文对文献的贡献主要有两点:其一是在实证上整理了产业构成与发展的四个定量的特征性事实;其二是构建了一个包含无穷多个产业的内生增长模型,刻画了随着资本的积累、要素禀赋结构

---

① 参见林毅夫. 中国的奇迹:发展战略与经济改革[M]. 上海:上海人民出版社,2014a.

的变化,微观层面的产业构成如何内生地演变,其中每一个产业的生命周期动态又如何进行。该模型能够同时解释关于产业动态的特征性事实。该论文建立了宏观经济增长与微观产业结构之间通过要素禀赋结构的渠道所发生的动态内生的逻辑联系,这是新结构经济学的一个基础模型。从新结构经济学的视角对诸如产业政策等政府行为与政策干预进行学术研究,一种可能的有效方式就是在上述JME模型基础上引入各种更加现实的市场不完美和结构性摩擦。林毅夫教授与王勇等合作者目前还做了一系列基于上述JME模型的拓展(Ju等,2011;王勇,2018;王勇和沈仲凯,2018),包括讨论存在马歇尔外部性时的产业政策、大国开放与贸易条件下的产业升级、非竞争性市场结构下的产业升级等。由于产业结构会随着要素禀赋结构发生内生的动态变化,因此新结构经济学的理论模型中经常出现总量生产函数的函数形式随时间内生变化的情况。在分析技术上,这个特点就使得求解动态优化问题时常常会出现状态方程发生内生切换的问题。对于这些新的理论进展以及数理建模方面的技术问题,林毅夫和王勇(2017)为 *Oxford Handbook of Structural Transformation* 专门撰写了一章,题为"Remodeling structural change",做了解答和总结。

其次,在新结构经济学实践方面。2016年,由林毅夫和王燕合著的《超越发展援助:在一个多极世界中重构发展合作新理念》出版。该著作(林毅夫和王燕,2016)在新结构经济学的理论分析框架下,超越传统的北南发展援助来研究南南发展合作,拓展其在国际发展经济学、国际援助以及南南合作领域中的应用,加深对以南南合作促进南方国家结构转型、消除贫困、实现联合国新近达成的可持续发展目标的重要意义的认识,以通俗易懂的语言和实例,阐释国际发展经济学的新理念、新观点,同时提出改进南南合作与全球治理方面的新建议。该著作首次指出,发展中国家为了实现结构转型和产业升级,必须超越发展援助,甄别发展中国家的潜在比较优势和增长瓶颈,运用南北和南南发展合作将贸易、投资优惠贷款与商业贷款相结合,将资源开发与基础设施融资相结合,以多管齐下的方法,消除增长瓶颈,推动结构转型和产业升级,从而创造就业,减少贫困,实现包容性的可持续发展和互利共赢。2017年由林毅夫教授和塞勒斯汀·孟加(Celestin Monga)所著《战胜命运:跨越贫困陷阱,创造经济奇迹》向我们展示了一条前进的道路。该著作(林毅夫和孟加,2017)不是固守华盛顿共识的"改革"方案,而是向我们阐述政府、产业政策和其他措施在帮助企业实现增长和创造就业中所能发挥的积极作用。新结构经济学认为要素禀赋及其结构决定产业结构、技术结构,以此为基础提出了"增长甄别与因势利导"(GIFF)的产业政策制定框架,目的在于帮助一个具有体制扭曲和增长瓶颈的发展中国家推动产业升级及其多样化。2016年9月16日至17日,包括弗朗索瓦·布吉尼翁(Francois Bourguignon)、考希克·巴苏(Kaushik Basu)、约瑟夫·斯蒂格利茨以及林毅夫4位前世界银行首席经济学家在内的13位顶级经济学家,在瑞典斯德哥尔摩举行了为期两天的会议,讨论当今经济政策制定者面临的挑战。会议结束后,与会者发布了他们达成的共识,即"斯德哥尔摩陈述"——被视为"华盛顿共识"关于政策制定原则的替代版。而林毅夫教授正是"斯德哥尔摩陈述"的起草者之一。

作为国家首批高端智库建设试点单位之一,北京大学新结构经济学研究院致力于将新结构经济学的理论、模型和诊断工具应用到不同国家和地区的实践中。

国外实践方面,林毅夫教授所倡导的新结构经济学理论广泛应用于埃塞俄比亚、卢旺达、乌干达、吉布提、不丹、尼日利亚、尼泊尔、巴基斯坦、科特迪瓦、乌兹别克斯坦等国家。从2011年开始,林毅夫教授利用GIFF框架,积极推动埃塞俄比亚、卢旺达和尼日利亚等非洲国家试行建立工业园区、经济特区与提升出口加工区等一系列经济发展方案,消除软硬基础设施的约束和增长瓶颈,采用一站式服务改善"软"的制度环境,通过招商引资来发展具有潜在比较优势的产业。上述一系列措施取得了立竿见影的效果,在一定程度上改变了人们对于非洲那些落后国家基本上不可能成为现代化制造业的加工出口基地的普遍看法,为非洲和其他发展中国家增加就业,减少贫困,推动产业升级及其多样化,实现包容性可持续的工业化、现代化提供了一条崭新的路径。为此,新结构经济学在非洲及其他发展中国家受到越来越多的青睐。[①] 2016年,时任波兰副总理莫拉维茨基代表政府推出被视为"莫氏计划"的"波兰长期发展规划",明确提出这个发展规划以新结构经济学作为理论基础(Lin和Nowak,2017)。根据世界银行的划分标准,波兰属于高收入国家,而且是东欧剧变后转型最成功的国家。新结构经济学在该国深受重视,实属意义非凡。

国内实践方面,北京大学新结构经济学研究院也发起了国

---

① 参见林毅夫,沈明高,周皓.中国农业科研优先序[M].北京:中国农业出版社,1996;林毅夫.论制度和制度变迁[J].中国:改革与发展,1988c,(4):8-11.

家首批高端智库服务地方经济转型升级的旗舰项目"新结构(理论)转型升级(企业)省/市/县(政府)论坛"[1]，其主要功能是运用新结构经济学，围绕各地在转型升级中面临的主要问题，集结当地政府与业界实践者，系统总结各地转型升级的成功经验和现实挑战，为地方发展提供智库咨询与培训服务，为中央及部委推广各地的成功经验，为教学研究提供标准化案例，以期推动中国各地成功实现转型升级，提升成功经验与失败教训的理论意义，围绕研究报告促进各地开展招商引资以及跨国、跨区域合作。迄今为止，北京大学新结构经济学研究院已与吉林省、西藏自治区，以及广东省中山市、河北省河间市、新疆维吾尔自治区和田地区、山西省晋城市和大同市等地建立智库联系，发布的《吉林省经济结构转型升级研究报告(征求意见稿)》《中山市转型升级案例研究》《西藏特色产业发展调查报告(征求意见稿)》以及《河间案例》等一系列智库实践报告皆具有一定的影响力。同时，《新结构经济学案例汇编第一辑:方法与应用》(林毅夫等，2017)和《世界经济结构转型升级报告:新结构经济学之路》(林毅夫和付才辉，2017)已由北京大学出版社出版。此外，河北、西藏、新疆、吉林、上海、广东、江苏、云南、湖北等地已与北京大学新结构经济学研究院进行深度合作，新结构经济学研究分中心也逐步在各地"开花"。[2]

---

[1] 该论坛是集调查诊断、理论研究、案例研究、数据库建设、政策咨询、政策培训、政策讨论、人才培养以及促进跨国跨地区交流合作于一体的国家高端智库旗舰平台。

[2] 目前，清华大学、浙江大学、武汉大学、吉林大学、华中科技大学、西藏大学、中南财经政法大学、江苏大学、云南财经大学、宁波诺丁汉大学等高校已建立新结构经济学研究分中心。此外，还有近十所大学在积极筹备建立新结构经济学分中心。

三、新结构经济学理论与学术争论

（一）新结构经济学与前两代发展经济学理论之间的区别

第二次世界大战以后，许多发展中国家纷纷取得民族独立，急于快速追赶发达国家。在此背景下，作为第一代发展经济学——结构主义应运而生。它主张这些经济落后的发展中国家在资本短缺的要素禀赋结构条件下尽快建立与发达国家相同的资本密集型现代化产业结构。但是，这样的企业在开放竞争的市场中缺乏自生能力，所以主张政府采取"大推动"的政策，克服市场失灵，优先发展这些现代化大产业。由于这些产业违反比较优势，在实践中，政府就必须给予这些企业保护补贴，同时依靠各种要素价格的扭曲对市场进行干预，实施进口替代的赶超战略，结果导致资源错配和寻租行为，政府干预过多，经济绩效普遍不理想。这些都证明结构主义发展经济学理论的失败。

20世纪七八十年代之后，逐渐形成以新自由主义为代表的第二代发展经济学理论。其主张发展中国家应该取消政府干预，尽快建立与发达国家同样的经济与政治制度，强调"私有化、自由化与市场化"。对于先前由赶超战略所导致的缺乏自生能力的企业，它们则主张在转型过程中用"休克疗法"，一次性地取消各种保护补贴而迅速地全面私有化和市场化。然而在现实中，实施"休克疗法"的效果却并不理想，反而引起社会动荡，经济不稳定，导致经济绩效低下，与西方国家之间的差距进一步拉大。事实上，20世纪末大部分转型国家都出现了经济崩溃、危机和停滞。最终，第二代发展经济学理论——新自由主义也以失败收场。

与这两代发展经济学的主张不同,中国、毛里求斯、老挝、越南以及柬埔寨采用"渐进式双轨制"改革。其一,转型发展过程中,对于部分因违背比较优势而缺乏自生能力的企业依旧提供一定的保护,特别是给予那些转型期需要保护补贴的国有企业;其二,政府局部改善工业园区和加工出口区的基础设施("硬")和制度环境("软"),以使那些符合比较优势但又受到抑制的民营企业和外资企业进入,政府发挥因势利导的作用以促进符合比较优势的产业发展。

这种"渐进双轨制"改革在当时被主流经济学理论认为是最糟的改革方案,却被实践证明是一个务实的和正确的转型发展战略,因为这样做可以避免转型经济体由"休克疗法"带来的社会动荡与经济崩溃,能够更好地促进经济体的稳定有序发展。

在这些观察的基础上,新结构经济学作为第三代发展经济学,其主张既不同于作为第一代发展经济学的结构主义,因为后者过于忽略或贬低市场的作用;也不同于作为第二代发展经济学的新自由主义,因为后者过于忽略或贬低政府的作用。新结构经济学既重视市场的决定性作用(有效市场),也主张充分发挥政府的因势利导作用(有为政府)。

此外,新结构经济学以要素禀赋及其结构作为出发点来探究决定一个经济体生产力水平和生产方式的技术和产业的内生性,并进一步探究与产业和技术相匹配的基础设施("硬")和制度环境("软")。上述思路来源于马克思历史唯物主义的观点,即经济基础决定上层建筑。因此,新结构经济学既在一定程度上深化了马克思主义政治经济学,敢于跨越"雷池",将历史唯物主义的分析方式和新古典的分析方法有机结合;又在一定程度上拓展了西方主流经济学,弥补了现有主流理论模型所忽视的不同发展程度国家的结构差异及其原因和影响分析。两者之间的这种结合与拓展主要表现在以下两个方面。

第一,新结构经济学认为生产力水平的高低主要取决于一国的主要产业(产业结构)。一个经济体如果以土地等自然资源或劳动密集型产业为主,则生产力水平较低;如果以资本密集型产业为主,则生产力水平较高。但是,最适宜的产业结构取决于该国的要素禀赋结构。当一国经济发展水平较低时,资本相对短缺,自然资源或劳动力较多,因此发展资源密集型或者劳动密集型的产业具有比较优势。由于生产力水平较低,而且工人或农民的工资水平低,距离生存线近,因此其谈判能力较低,在生产关系中处于不利地位;随着资本的积累,一国进入发达国家的发展水平时,劳动力和自然资源相对短缺,此时具有比较优势的是资本密集型产业,生产力水平较高,而且工人和农民随着收入水平的提高,距离生存线越来越远,和资本家、地主的谈判能力也随之增强,在生产关系中的地位也随之提高。新结构经济学将要素禀赋及其结构变迁与新古典经济学分析方法相结合,分析要素禀赋结构如何决定具有比较优势的主要产业(产业结构),进而决定生产力水平和生产关系,这是对马克思历史唯物主义在分析现代经济问题上的一个拓展与应用。

第二,新结构经济学理论与现有主流经济学理论之间的本质差别在于:首先,当前的西方主流经济学理论以发达国家的结构为唯一的结构,而忽视了不同发展程度国家结构的差异性;其次,当前的西方主流经济学与马克思主义政治经济学之间基本上不存在相互的有效对话与促进功能,而新结构经济学恰好可以弥补这一缺失。西方主流经济学缺乏结构,或者说西方主流经济学以发达国家的结构为唯一参照系,这就导致西方主流经济学理论仅仅是新结构经济学的一个特例。这主要源于新结构经济学与西方主流经济学理论的本质区别:西方主流经济学理论来源于西方发达国家的经验和现象,以最发达国家或地区作为参照,为发展中国家或地区"查漏补缺",以此来帮助发展中国家建立完备的类似发达国家的工业体系,或类似发达国家的制度安排;而新结构经济学则完全颠倒过来了,强调从发展中经济体的经验和现象出发,总结其自身经济发展和运行的规律,根据发展中国家或地区自身的要素禀赋及其结构,按照比较优势把现在能够做好的产业做大做强,渐进式地实现追赶与发展。

新结构经济学的目标是建立自成一体的理论体系,其范畴涵盖了经济发展过程中经济结构及其变迁规律的各个方面,核心理论主要围绕经济体发展与转型以及市场和政府在其中的作用展开:(1) 在发展问题上,新结构经济学以现代经济发展的本质为切入点。以一个经济体在每个时点给定而又随时间可变的要素禀赋结构作为分析的切入点,探讨一个国家的产业、技术、"硬"的基础设施、"软"的制度环境等结构不断升级和完善的规律;(2) 在转型或改革问题上,新结构经济学以自生能力为切入点,指出自生能力的缺乏主要源于其所在行业并不符合比较优势。这些新结构经济学的基本主张与原理事实上在重构与拓展发展经济学、转型经济学、制度经济学、金融经济学和马克思主义政治经济学,并以此为突破口,试图更一般地、系统地运用现代经济学的方法将结构全面引入缺乏"结构"的主流理论体系之中,包括经济学的各个子领域,诸如经济增长、产业经济学、金融经济学、劳动经济学、区域与空间经济学、国际经济学、宏观经济学、制度经济学、人口资源环境经济学、政治经济学等。所有这些领域都可以沿着新结构经济学的视角进行深入拓展,从而构成整个新结构经济学完整的学科体系。

(二) 与新结构经济学有关的几次学术争论

任何一个新的理论体系的建立和发展都是在不断地切磋和争论中渐趋成熟的。当然,林毅夫教授所倡导的新结构经济学理论也不例外。与新结构经济学相关的学术争论应该至少包括以下几次:一是20世纪初林毅夫教授与杨小凯教授之间关于后发优势和后发劣势的争论;二是林毅夫教授与张维迎教授之间关于国有企业改革和产业政策的辩论;三是林毅夫教授与田国强教授之间关于"有为政府"与"有限政府"的学术争论。这些学术辩论有助于人们更好地理解新结构经济学理论的独特之处,同时也有助于新结构经济学本身博采众长。这里,我们对这些争论做一个回顾,具体情况如下。

首先,关于后发优势与后发劣势的争论。这次争论被认为是改革开放以来,就战略级别上关于中国经济改革和发展所进行的最具原创性洞见,也最具理性精神的论辩。1999年12月11日,杨小凯教授在北京大学中国经济研究中心发表演讲,介绍了西方研究中国经济的两类差异性观点。之后,在杰弗里·萨克斯(Jeffrey Sachs)、胡永泰和杨小凯2003年合作的一篇论文中(Sachs等,2003),他们提出最好的制度是英国和美国的共和宪政体制,并指出中国作为一个后发国家,尽管在改革开放后的二十多年里经济发展很成功,但并未进行根本的宪政体制改革,而俄罗斯虽然当时看起来在经济发展方面比中国失败,但由于其进行了根本的宪政体制变革,因此俄罗斯的成就将来会超过中国。2002年12月,杨小凯在北京天则经济研究所的一个讲座中提出了"后发劣势"的观点,认为后发国家模仿发达国家的技术容易,而模仿发达国家的制度难;后发国家倾向于模仿发达国家的技术和管理而不去模仿发达国家的制度,这样后发国家虽然可以在短期内获得经济的快速增长,但是会强化制度模仿的惰性,给长期增长留下许多隐患,甚至长期可持续发展是不可能的。因此,杨小凯认为后发国家具有"后发劣势"。[①] 其实,林毅夫与杨小凯的争论主要是关于"激进式改革与渐进式改革孰优孰劣"之争。到底是应该采取"休克疗法"的激进式改革将各种制度体制扭曲皆一次性消除掉之后,再发展经济以克服"后发劣势",还是应该利用"后发优势"来加速经济发展,边发展经济边改革完善制度?[②] 对此,杨小凯主张落后国家在改革转型过程中应该由难而易,在进行较易的技术模仿前,要先完成较难的制度模仿而克服"后发劣势",先推行共和宪政的改革,并推行"休克疗法"一次性地把各种扭曲消除掉,等到建设理想的制度体制之后再发展经济才能避免"后发劣势"。但是,现实并非如此。例如,苏联和东欧国家不仅没有实现类似中国的经济持续快速增长,还出现了比中国更加严重的腐败和收入不平等问题。

[①] 杨小凯所谓的"后发劣势"不是指发展中国家所拥有制度的落后性或扭曲性,而是指发展中国家不先学习先进的制度,而先去利用与发达国家技术差距的"后发优势"发展经济,延后制度学习。他将此种情形称为"后发劣势",因为他认为,如果不先进行制度变革,将导致国家机会主义,经济的最终崩溃也就不可避免。

[②] 王勇(2015)构建了一个内生制度改革的动态增长模型刻画"休克疗法"与渐进式改革孰优孰劣的条件,并首次严格模型化了中国渐进式改革的倒逼机制。

与杨小凯主张后发国家应该先推行共和宪政,[①]等宪政建立起来以后再发展经济以克服"后发劣势"的观点不同,林毅夫教授认为从理论和经验的角度来看,后发国家固然在经济发展过程中有必要不断地对现有的经济、社会体制进行改革,但一个后发国家并非要先完成宪政体制改革以后才能去发展经济。林毅夫教授认为经济发展表面上看是人均收入的提高,而本质则是劳动生产率的持续提高和产业的不断升级及其多样化的结构变迁过程。一个发展中国家可以利用与发达国家的技术差距所形成的后来者优势来加速经济发展,并在发展的过程中逐步改革和完善制度。林毅夫教授同时认为,由于过去的赶超发展战略,转型中的国家有许多资本密集、违反比较优势,且在开放竞争的市场中缺乏自生能力的大型国有企业,因此在转型过程中以渐进双轨的方式来改革,既要保留适当的扭曲,给予违反比较优势的产业中没有自生能力的企业必要的保护补贴(转型时期),又要放开原来受抑制的、符合比较优势的产业准入,这样经济在转型期才能取得稳定和快速的发展,并创造条件改革各种制度扭曲,最终建立起有效的竞争性市场。林毅夫教授在强调发挥"后来者优势"来加速发展经济的同时,也强调在经济发展过程中要创造条件,审时度势,推进制度改革,把旧体制中的各种扭曲消除掉,以建立完善、有效的市场。而中国在

---

① 对此,Sachs 等(2003)认为英美的共和宪政是最好的体制。他们认为日本在 20 世纪 90 年代出现金融危机就是没有先进行共和宪政改革的后果。但是,美国在 2008 年也爆发了金融与经济危机。同时,世界上许多国家没有实行英美式的宪政体制,而在发展水平、社会公平、政府清廉等方面同样出色。并且,斯密在《国富论》中记载了英国 18 世纪触目惊心的腐败现象,哈佛大学 Glaeser 和 Saks(2006)的研究也发现 19 世纪末 20 世纪初美国的腐败普遍化程度不比当今中国的低。这些事实证明,杨小凯认为英美式共和宪政是最优制度安排的看法是理想化的,而在现实中是站不住脚的。

取得快速的经济发展的同时出现了腐败等一系列问题,也不能证明"后发劣势"观点的正确性。根据世界银行和欧洲开发银行等机构的研究发现,在那些先进行共和宪政改革并推行"休克疗法"试图一次性地把各种扭曲消除掉的苏联和东欧国家中,广受诟病的腐败、收入分配恶化等一系列问题也同样存在,而且和中国相比,有过之而无不及。① 上述观点曾在《中国的奇迹:发展战略与经济改革》《充分信息与国有企业改革》《后发优势与后发劣势——与杨小凯教授商榷》《解读中国经济》《繁荣的求索:发展中经济如何崛起》以及《新结构经济学:反思经济发展与政策的理论框架》等一系列学术论文和著作中进行过相关论述。

其实,林毅夫和杨小凯的核心争论在于:第一,共和宪政是否为最优的制度安排?对于此,杨小凯和杰弗里·萨克斯等(2003)认为英美的共和宪政是最好的体制,他们认为日本在20世纪90年代出现金融危机就是没有先进行共和宪政改革的后果。但是,美国在2008年也爆发了金融危机。同时,世界上许多国家没有采行英美的宪政体制,发展水平、社会公平、政府清廉等方面同样出色。并且,《国富论》中斯密记载了英国在18世纪时触目惊心的腐

---

① 在《中国的奇迹:发展战略与经济改革》和《解读中国经济》等著作中,林毅夫教授分析、预测到,由于中国推行了"渐进双轨制"改革,以压低各种要素价格或市场垄断的方式给予那些违背比较优势、不具有自生能力的资本密集型大型国有企业以保护和补贴,那么就会创造制度租金,就会有腐败、收入分配恶化等问题。这些问题是双轨制改革引起的,解决这些问题的"釜底抽薪"的办法是在条件成熟时深化市场改革,把各种要素扭曲消除掉。虽然苏联、东欧国家进行了共和宪政的改革并采用了"休克疗法",但是,为了避免私有化以后的大型企业破产倒闭造成的大量失业和社会政治不稳,或者,因为这些企业是国防安全和国家现代化需要的而不愿让其破产,在"休克疗法"消除了旧的补贴以后,又引进了新的更大、更隐蔽的补贴,结果,寻租、腐败和收入分配不均的现象也就比中国还更严重。因此,腐败、收入分配恶化的问题不在于有没有共和宪政改革,而在于有没有保护补贴所形成的制度租金。

败现象,哈佛大学 Glaeser 和 Saks(2006)的研究也发现 19 世纪、20 世纪初美国的腐败普遍化的程度不比中国现在低。这些事实证明,杨小凯认为英美共和宪政是最优制度安排的看法只是理想条件下的臆想,在现实中是站不住脚的。第二,是应该采取"休克疗法"把各种制度扭曲都一次性消除掉,再来发展经济以克服"后发劣势",还是应该利用"后发优势"来加速经济发展,边发展经济边改革完善制度?对此,杨小凯主张在转型过程中先难后易,先推行共和宪政的改革,并推行休克疗法一次性地把各种扭曲消除掉,等建设理想的制度体制后再发展经济才能避免"后发劣势"。但是,实际的结果如何?现在回头来看,苏联、东欧国家不仅没有中国经济的稳定和快速发展,而且,如前所述,根据世界银行、欧洲开发银行的许多研究,出现于中国的腐败和收入分配不均的问题在这些国家和地区同样存在,而且有过之而无不及。

其次,林毅夫与张维迎之间关于国有企业改革的争论。[1] 这次争论最早可以追溯至 1995 年的"北京大学交火事件"。[2] 该争论的本质在于国有企业问题产生的根源和出路。其中,张维迎借助现代企业理论,从企业剩余索取权与控制权对称安排的重要性出发,认为负责经营决策的人理应享有剩余索取权和控制权,让真正承担风险的资产所有者选择经营者,优先成为企业家,这样才能保证真正有经营能力的人占据经营者岗位。为此,国企改革的出路是私有化,将企业中的国有资本变成债权、非国有资本变成股权。

---

[1] 林毅夫. 论有为政府和有限政府——答田国强教授[EB/OL]. (2016-11-07)[2019-12-12]. https://www.sohu.com/a/118357551_330810.

[2] 1995 年 6 月 6 日,在北京大学中国经济研究中心,林毅夫与张维迎就国有企业改革问题展开了一场激烈的辩论,被外界称为"北京大学交火事件"。

林毅夫教授(1997)则认为国有企业问题的关键是委托人和代理人之间所产生的道德风险问题。国有企业(尤其是大型国企)是在违背比较优势的赶超战略环境中设立的,其背负着缺乏自生能力的战略性政策负担,以及解决就业和养老等社会性政策负担。在具有政策性负担的情况下,政府无法摆脱给予企业保护补贴的责任,形成了预算软约束。这样,任何有关公司治理的改革都难以奏效,尤其当国有企业私有化后,所有者以政策性负担为借口进行寻租的积极性会更高,效率会更低。同时,林毅夫教授认为,享有剩余索取权的所有者和经营者要统一起来,只有中小企业才能做到,大型国有或民营企业都同样面临委托-代理问题,要避免代理人利用信息不对称产生道德风险,侵蚀所有者的利益,必须依靠公平竞争的市场使企业盈利状况成为企业经营好坏的充分信息,并据此来制定经理人员的奖惩,以使代理人和委托人的激励相容。即使垄断的大型民营企业也无法解决委托-代理的道德风险问题。因此,国有企业改革的起点应在于剥离战略性政策负担和社会性政策负担,以"硬化"预算约束,创造公平竞争的市场环境。在此公平竞争的市场环境基础上,中小型国有企业以私有化为宜,以达到所有者和经营者的统一(Lin 等,1998;Lin 和 Li,2008);而大型的企业,不管国有或民营,如果经营得好,都可以发展,如果经营得不好,则都可能被其他所有制的企业兼并,甚至破产。① 基于此,林毅夫教授主张

---

① 林毅夫教授主张对于大型国有企业的改革,创造公平竞争的环境比简单的私有化更重要,但是这并不是主张把所有大型企业都国有化。从实践来讲,中国在"抓大放小"的思路下,中小型国有企业基本上已经私有化,大型国有企业没有进行大规模的私有化,而是按照现代公司治理的思路进行了改革,建立了董事会、监事会,有不少还成为上市公司。并且,由于三十多年的快速发展,资本迅速积累,许多原来不符合比较优势的大型装备、汽车等产业在中国已经符合比较优势,在国内外市场有了竞争优势。

消除双轨制改革遗留下来的以金融抑制和体制性制度扭曲方式对大型国有企业的"暗补",放开生产要素市场,建立与完善公平竞争的市场环境,允许民营企业进入,在市场上让各种所有制的企业公平竞争。① 对于极少数与战略性国防产业相关、资本技术较为密集的国有企业,虽然违背中国的比较优势,但政府应该跟发达国家一样,由财政拨款进行直接补贴。②

再次,林毅夫与张维迎关于产业政策的争论。这场争论至少可以追溯至 2014 年暑期在复旦大学召开的"纪念杨小凯逝世十周年学术追思会"。2016 年 8 月,由北京大学新结构经济学研究中心与复旦大学经济学院联合举办的"产业政策:总结、反思与展望"学术研讨会上,林毅夫教授做了"避免中等收入陷阱的产业政策:新结构经济学的方法"的主题发言,强调了产业政策的重要性。而张维迎教授(2016)则在另一个场合针对产业政策做了非常不同的

---

① 从"垂直结构"的角度,王勇(2017)指出了中国的国有企业主要集中在上游产业并且垄断,而下游产业以民营企业为主而且接近完全竞争。如果单纯地将上游国企私有化而不改变其行政垄断,则无法实质性推进整体经济及绩效的改善。因此,降低上游产业的市场准入壁垒,引入更多市场竞争更为重要。参见王勇."垂直结构"下的国有企业改革[J]. 国际经济评论,2017(5).

② 苏联和东欧国家的实践与张维迎的主张一样,除了波兰、白俄罗斯、斯洛文尼亚和乌兹别克斯坦等少数国家外,基本上按现代企业理论的政策建议,把国有企业私有化了。但是,结果和改革预期达到的目标正好相反。根据世界银行、欧洲开发银行和其他许多国外学者的实证研究,除了在私有化过程中出现许多低价甩卖国有资产造成分配不均和寡头垄断的情形外,大型企业的情形就像二十多年前林毅夫教授(在和张维迎争论时)所预测的那样,目前它们从国家拿到的补贴比在国有时期更多而不是更少了,效率是更低而不是更高了。并且,就经济整体表现而言,在东欧国家中表现最好的波兰以及斯洛文尼亚,以及在"独联体"国家中表现最好的白俄罗斯和乌兹别克斯坦共和国则都没有实行大规模私有化。

论述,认为应该废除一切形式的产业政策。① 这逐渐引发了包括学术界在内的社会大讨论。2016 年 11 月 9 日,林毅夫教授与张维迎教授在北京大学举行"产业政策思辨会",主要围绕政府是否应该实施产业政策而干预经济发展进行辩论。其中,林毅夫教授强调在产业结构升级过程中,市场失灵是必然存在的,政府应该积极发挥因势利导的作用,以克服市场失灵。张维迎教授则认为市场本身不会存在失灵,经济发展应该依靠企业家的"企业家精神",政府的作用只会使原本不会失灵的市场出现失灵。产业政策的争论焦点为产业政策的定义和产业政策是否应该实施,这涉及有为政府、市场失灵、比较优势以及企业家精神等方面。

第一,在产业政策定义争论方面,②林毅夫认为产业政策是中央或地方政府为促进某种产业在该地区的发展而有意识采取的政策。而张维迎则从相对狭义的产业政策定义出发,认为产业政策是政府出于经济发展或其他目的,对私人产品生产领域进行的选择性干预和歧视性对待,其手段包括市场准入限制、投资规模控制、信贷资金配给、税收优惠和财政补贴、进出口关税和非关税壁垒、土地价格优惠等。

第二,在产业政策是否应该实施方面,林毅夫认为经济发展应该按照要素禀赋结构所决定的比较优势发展,有效市场是发挥比

---

① 2016 年 8 月 19 日,张维迎在第十三届中国汽车营销首脑风暴上发表"企业家精神与中国经济增长方式的转型"主题演讲,提出了"废除任何形式的产业政策"的观点。参见张维迎. 我主张废除任何形式的产业政策[EB/OL].(2016-8-20)[2019-12-12]. https://news.hexun.com/2016-08-20/185621729.html.

② 参见冯彪,周程程. 林毅夫 PK 张维迎:我们到底需不需要产业政策?[EB/OL].(2016-11-10)[2019-12-12]. https://news.hexun.com/2016-11-10/186817900.htm.

较优势的前提条件，但是在技术进步和产业升级中必然会有市场无法解决的外部性和软硬基础设施完善需要协调的问题，因此政府应该按照具有比较优势的产业发展需要来克服市场失灵。张维迎则认为产业政策是"穿着马甲的计划经济"，人类的认知能力基本不能预判技术进步的未来方向和创新点，对特定产业扶持的产业政策并不能起到产业升级的作用；相反，产业政策不但会扭曲激励机制，还会导致企业家对政府官员的寻租行为。为此，张维迎主张"废除任何形式的产业政策""政府不应该给任何产业、任何企业吃偏饭"。林毅夫则认为产业升级并非不可认知，根据与世界技术前沿的差距，可将像中国这样的发展中国家的产业分成追赶型产业、领先型产业、转进型产业、换道超车型产业和战略型产业。对于前四类产业，企业家都已经进入，政府能够帮助企业家解决自身所不能克服的软硬基础设施协调失灵的外部性问题；而第五类产业因为违反比较优势，企业家在没有政府补贴的情况下自己不会进入，但其发展方向是清楚的，因此政府可以根据国防安全和国家整体发展的需要来选择。

第三，张维迎认为即使没有国家战略引导，企业家仍能够在市场中自发找到核心竞争力。林毅夫则认为即使在发达国家，企业家自发寻找的核心竞争力也只是表现在可以申请专利的新产品和新技术的开发方面，但是，企业家缺乏积极性去进行开发新产品和新技术所需的基础科研。可是，没有基础科研的突破，新产品、新技术的开发将是无源之水。然而，由于政府可以支持基础科研的经费有限，政府对基础科研支持的配置就决定了发达国家的产业和技术发展方向，也就是企业家所能在市场上自发找寻的核心竞争力方向,因此,发达国家其实也是有产业政策的。① 这场关于产业政策的争论,有力地促进了中国知识界和政策界对于产业政策的研究与认识,同时也有助于澄清社会大众与学术界对新结构经济学的产业政策主张的种种误解。

最后,与田国强教授之间关于"有为政府"与"有限政府"的学术争论。新结构经济学中的"有为政府"主张政府积极有为,其与第二代发展经济学理论的主张不同。基于此,有人批评"有为政府"就是在一味地为政府的所有干预进行"背书"和发声,这其实是不符合事实的误解。其中,反对"有为政府"的一位代表性的经济学家是田国强教授,他(2016)不断批评"有为政府"没有限制政府干预的边界,批评"有为政府"的理念会动摇甚至阻碍中国的市场化改革大方向,进而提出应该提倡"有限政府"。同时,田国强教授(2016)对新结构经济学中的"有为政府"的含义与外延,以及相关理论逻辑也提出学术性的批评与质疑。林毅夫教授(2016d)和王勇(2016)分别撰文予以回应,认为这些批评主要是因为对"有为政府"的概念和内涵不了解,甚至望文生义,没有理解清楚在新结构经济学中"有为""乱为"和"不作为"之间的逻辑关系。林毅夫教授对有效市场和"有为政府"关系的表述如下:因为市场失灵的存在,所以市场有效以政府有为作为前提,但是,因为政府也可能越界,所以政府有为则以市场有效作为依归;如果存在市场失灵,政府不去克服,则是政府"不作为",如果政府的干预超过了"市场有效",

---

① 相关讨论的细节可以参考林毅夫.新结构经济学:反思经济发展与政策的理论框架[M].北京:北京大学出版社,2012.

则是成了"乱为"(王勇,2016;王勇,2017a;王勇,2017b)。①

四、新结构经济学的自主理论创新

2016年5月17日,习近平总书记主持召开哲学社会科学工作座谈会。会上,林毅夫教授提出以理论自主创新繁荣哲学社会科学的建议。② 林毅夫教授指出,改革开放近40年来,中国经济持续快速健康增长,出现了中国经济增长的奇迹;1978年,中国是一个人均国内生产总值不足非洲国家平均水平1/3的贫穷落后的农业国家,现在已经成为世界第二大经济体和第一大贸易国家。在中国经济的奇迹式增长的背后,作为一个转型与发展中的国家必然存在各种制度上的体制与机制等问题。但是,国内有不少人仅看到这些体制与机制上的问题而对中国的道路和制度缺乏信心,只看到中国跟发达国家之间的差距。③ 在巨大成绩面前,出现上述认识上的偏差,其原因是多方面的,但与中国哲学社会科学界缺乏能够解释中国社会经济现象的自主理论创新是有一定关系的。长期以来,西方主流经济学理论认为,计划经济向市场经济转型必须按激进式的"休克疗法",一次性地消除各种制度体制扭曲,实行

---

① 后来,王勇和华秀萍于2017年在《经济评论》上发表文章,对此做了详细的澄清与系统阐述。参见田国强. 再论有限政府和有为政府[EB/OL]. (2016-11-8)[2019-12-12]. https://www.sohu.com/a/118410983_522929.

② 参见林毅夫,塞勒斯汀·孟加. 战胜命运:跨越贫困陷阱创造经济奇迹[M]. 北京:北京大学出版社,2017.

③ 国内有部分学者常常以西方主流经济学理论作为参照系来认识出现在中国的各种社会经济现象,甚至把改革开放以来社会经济中存在的一切问题都归结于没有按照西方主流经济学理论来进行改革。

"私有化、市场化和自由化"。按照上述理论进行转型的国家大多出现经济崩溃、停滞,甚至危机不断,少数在转型中取得稳定和快速发展的国家,推行的却都是被西方主流理论认为是最糟的双轨渐进的改革。① 中国的改革开放也没有照搬西方主流的新自由主义所倡导的"休克疗法",而是以双轨渐进的务实方式不断深化改革,逐步建立起中国特色社会主义市场经济体制。

缘何少数实现成功转型和发展的国家都违背了西方主流经济学理论?新结构经济学认为其根源在于发展中国家与发达国家之间的经济基础和经济条件存在差异。西方主流经济学理论以发达国家的经济基础和经济条件为暗含前提,如果拿到发展中国家来用,则会出现"淮南为橘,淮北为枳"的缺憾。作为转型与发展中国家的中国,与其他发展中国家具有较为相同的经济基础和经济条件,面临相同的机遇和挑战。中国的经济理论创新不仅能为中华民族实现伟大复兴的"中国梦"做出贡献,还将为其他发展中国家摆脱"贫困陷阱"和"中等收入陷阱"贡献中国理念、中国智慧和中国方案,实现"百花齐放春满园"的愿景。

新结构经济学是林毅夫教授及其团队与其所引领的学术界同行在过去二十多年来研究中国和其他发展中国家经济发展和转型成败经验而总结出来的,正在逐步充实完善,渐趋形成一个新的关于发展、转型、市场和政府作用的发展经济学理论体系。② 下面举

---

① 在发展问题上也是如此。第二次世界大战以后,发展中国家普遍推行进口替代战略,少数几个经济发展成功的经济体(如日本和一些东亚经济体)推行的则是出口导向战略,但这种发展战略当时被认为是错误的。

② 参见林毅夫. 我到底和杨小凯、张维迎在争论什么[EB/OL]. (2014-10-21) [2019-12-12]. http://finance.china.com.cn/roll/20141021/2739636.shtml.

例说明新结构经济学与当前主流经济学理论在一些重要问题上的差异性和创新性之处。

首先,最适宜金融结构理论[①]是新结构经济学在反思现代金融理论基础上提出的(林毅夫等,2009;Lin等,2013)。要素禀赋及其结构决定具有潜在比较优势的产业,而这种产业所需要的资本规模与生产活动的风险特征具有差异性。发展金融的目的在于更好地服务实体经济,不同的要素禀赋决定了不同的产业结构和技术结构,最终决定最适宜的金融结构。现代金融理论是基于发达国家的现实而非发展和转型国家的现实而发展起来的,是以发达国家为基础参照系建立起来的金融制度安排。根据新结构经济学理论,要素禀赋及其结构在一定时点是不变的,但是随着时间是可以变化的,其所决定的最适宜产业结构也是可以变化的,最适宜产业结构的变化会形成对金融结构服务的特定需求;而适合金融结构的安排在规避风险、动员储蓄乃至分散风险等方面具有一定的优势和劣势。例如,作为间接融资的地区性中小银行更适合收入较低的阶段,而大银行和资本市场更适合高收入阶段。为此,最适宜的金融结构内生于产业技术结构及其要素禀赋结构,发展中国家的金融结构应该根据发展中国家的产业结构来设计,而不能一味地照搬发达国家的金融结构或金融制度。最适宜金融结构理论的提出在主流金融学界起到了一定的扭转作用,改变了国际主流金融学界只重视金融深度而忽略金融结构的看法。目前,国际

---

① 最适宜金融结构理论是林毅夫教授关于比较优势、自生能力和经济发展战略思考的一个自然延伸。适当的经济发展战略需要促进具有比较优势的产业发展和具有自生能力的企业成长。而金融体系及其运行对于资源配置的途径和效率具有极为重要的影响。

上已经有著名的金融经济学家用经验数据来实证检验此命题(Demirgü-Kunt 和 Levine,2001)。

其次,关于"超越凯恩斯主义"的理论。当前主流的宏观经济周期理论中,凯恩斯主义的理论主张政府在经济衰退和萧条时期应该采取积极的财政政策[①]以熨平经济周期;而理性预期理论认为政府所实施的扩张性财政政策最终并不能增加总需求,而只能提高政府的赤字,也不能真正地熨平经济周期,出现所谓的"李嘉图等价",因此理性预期学派反对在经济衰退或者萧条时采取积极财政政策。在总结经济周期和增长理论的基础上,林毅夫于 2009 年 2 月开始提出"超越凯恩斯主义"的财政政策,也即进行全球协同的、反周期的、消除增长瓶颈的基础设施建设。发展中国家的产业结构更新换代的周期较短,基础设施需要大规模的建设,在经济衰退和萧条期,政府更有责任投资基础设施以消除增长的瓶颈,这样短期能够提高总需求和就业,长期则可以提高经济增长率,弥补政府在衰退或萧条时采取扩张性财政政策所导致的赤字,这是一个多赢政策(Lin,2009b;Lin 和 Doemeland,2012)。如今,这个观点正在被包括劳伦斯·萨默斯在内的众多国际著名经济学家,以及政府部门与国际机构所接受。[②] 除财政政策之外,在货币政策方面,主流经济学理论认为在深陷"流动性陷阱"的国家,货币政策的作用非常有限,这主要源于发达国家的产业处于世界的前沿,这导致衰退或萧条时的发达国家经常会伴随产能过剩,因此推行低

---

① 例如,支持投资和消费。
② 譬如,国际货币基金组织在 2014 年的《世界经济展望》中指出,经济下滑是基础设施建设最好的时机。

利率的货币政策只能影响通货膨胀和刺激资产泡沫。①而新结构经济学则认为发展中国家能够避免"流动性陷阱",这主要源于发展中国家的产业结构升级在持续进行,即使在出现产能过剩的情形下降低利率也能够促使企业投资和产业结构由低端向中高端升级。因此,相对于发达国家而言,发展中国家的货币政策作为一种宏观调控工具比发达国家运用得更广泛。此外,主流宏观经济学认为货币具有中性效应,即货币对长期经济增长是没有作用的。而新结构经济学则认为非中性的宽松货币政策(如低利率政策)能够刺激企业家不断地进行技术创新和产业结构由低端向中高端升级的积极性,长期而言是有利于经济增长的(Lin 和 Zhang,2011)。

最后,对"卢卡斯谜题"的新阐释。主流宏观经济学理论从资本回报率的角度分析了资本由发达国家流向发展中国家的缘由,认为这主要在于发展中国家的资本短缺,资本的回报率较高;但诺贝尔经济学奖获得者罗伯特·卢卡斯则发现现实中资本却是由发展中国家流向发达国家的(Lucas,1990)。对此现象,新结构经济学从发展战略的角度提供新的阐释:如果一个发展中国家采取了违背比较优势的发展战略,其产业政策存在较多的扭曲,同时国内的资本回报率也会较低,这样资本较容易外逃到发达国家(Lin 和 Hartley,2014)。是否应该开放资本账户?主流的金融理论主张资本账户开放,使资本在各国间得到更好的配置。但是,发展中国家资本账户开放的结果是更加频发的金融危机。新结构经济学则将资本区分为实体资本和金融资本,外国直接投资带来发展中国家实体资本的增加和生产力水平的提高,而且,为了获利,大多会

---

① 2008 年全球性的金融危机以后出现的情形即为如此。

投资于符合发展中国家具有比较优势的产业,有利于发展中国家的发展,所以,应该开放外国直接投资。短期的金融资本流动则通常是流向具有投机性质的股市和房市,带来资产泡沫,对实体经济生产力水平的提高没有帮助,而且,当资本流动逆转时,则会出现泡沫破灭,以及因为期限不配套和货币不配套而发生金融经济危机,所以,对短期资本流动应该管制。现在国际货币基金组织的最新政策主张和新结构经济学的看法一致,认为发展中国家有必要管理短期资本的流动。此外,新结构经济学认为,由于发展中国家在开放前普遍推行结构主义的进口替代战略,存在了许多因违反比较优势而缺乏自生能力的企业,如果采取华盛顿共识的"休克疗法",这些企业无法生存,就会出现经济崩溃,而且,政府对新产业的发展不发挥因势利导的作用,就会出现经济发展停滞的情形。反之,如果在开放过程中采取务实的"渐进式双轨制"转型,给予原先违反比较优势的产业必要的转型期保护补贴,同时因势利导地发展符合比较优势的产业,则资本账户开放会带来经济的稳定和快速发展。

五、新结构经济学从理论到实践

马克思曾在《关于费尔巴哈的提纲》中提出:"哲学家们只是用不同的方式解释世界,而问题在于改变世界。"理论的作用也是如此。唯有真正帮助我们改造世界的理论才能够称得上是帮助我们认识世界的理论。王阳明提出"知行合一"的哲学,主张"知为行之始,行为知之成"。林毅夫教授在此基础上,进一步提出"知成一体"。他认为,社会科学中单纯的"行"尚不够,并不足以称为"成",而是只有当"行"(根据理论所采取的行动)能够取得预期的效果,把事情做"成",才能说这个理论("知"),真正帮助我们认识了世界,所以是"知成一体"。从而更加明确地提出,包括新结构经济学在内的新发展理论体系的目的在于让我们帮助家庭、企业和政府等决策者理性行动而实现改造世界的预期目标。

理论上讲,作为第三代发展经济学的新结构经济学体现了从比较优势到产业政策再到有为政府这一较为严谨的逻辑体系,在实践上则基于对世界各国的实践和案例的系统总结而提炼出了GIFF框架和五类产业因势利导方法,这对发展中国家的目标产业选择和产业升级方式具有显著的现实指导意义。GIFF框架指出,有为政府在因势利导产业升级时要针对具有潜在比较优势的产业,完善"硬"的基础设施和"软"的制度环境,消除具有潜在比较优势产业的增长约束。这主要源于以下两个方面的原因:一方面,由于基础设施的差异性,不同行业所要求的基础设施是不同的,具有专用性和非专用性基础设施之分,而政府需要解决非专用型基础设施这一部分;另一方面,发展中国家存在一定的要素扭曲或制度体制的不健全,政府需要建立工业园区或开发区以创造良好的制度软环境,最终发展符合本国要素禀赋结构所决定的比较优势产业。[①]

在实践应用中,根据后发国家现有产业和国际前沿技术的差距以及新技术的特性,新结构经济学提出了一个可以直接应用的

---

① 参见王勇. 论有效市场与有为政府:新结构经济学视角下的产业政策[J]. 学习与探索,2017a,(4):98-104.

"五类产业因势利导方法",以指导不同类型产业的产业政策制定。第一类是追赶型产业,一方面可以根据现有产业和国外发达国家相同产业的技术差距来识别这类产业,帮助国内已经进入这些产业的企业克服其在并购、设立研发中心或购买专利等引进、消化与吸收技术上的瓶颈与障碍,另一方面也可以分析后发展国家从发达国家进口的产品,从中选择适合当地生产的产品,然后以招商引资或培育当地企业的方式来发展该产业;第二类是领先型产业,这类产业的技术已经处于或接近世界前沿,其发展只能依赖自主生产和技术研发,这就需要政府通过设立科研基金、设立共性技术平台、政府采购和协助其开拓海内外市场等形式,支持企业保持其在该产业的技术领先地位;第三类是转进型产业,即已经失掉比较优势的产业,政府可以协助企业向"微笑曲线"两端延伸,或帮助其"抱团"转移至符合自身比较优势的地区;第四类是换道超车型产业,即以人力资本投入为主,产品和技术的研发周期相对较短的产业,对于此类产业,政府应该在保护产权、鼓励风险投资、人才引进优惠政策等方面发挥帮助作用;第五类是战略型产业,此类产业研发周期长、资金投入大,尚不具有比较优势,但关系国防安全或是未来的产业技术走向,应由中央政府承担起补贴的责任,但地方政府也可以创造有利条件争取在当地落地,以带动当地配套产业发展。

新结构经济学倡导以南南合作为基础的超越发展援助。第二次世界大战以后,成立了各种多边、双边国际组织或机构,目的在于帮助发展中国家实现可持续发展,摆脱"贫困陷阱"。其间经历了从帮助发展中国家建立与发达国家相同的现代化大工业的早期援助到重点帮助发展中国家建立现代化市场制度的中期援助,再到重视教育、健康等人道主义的后期援助。上述北南合作援助项目并未让受援助国真正实现经济的持续和健康发展,而且还有部分受援助的发展中国家尚处于"贫困陷阱"之中。其原因在于援助国总是以自身的发展经验作为参照系来设计援助项目。相反,21世纪伊始,中国、巴西、印度以及其他在结构转型方面有所超前的新兴经济体所提供的无偿或有偿的援助项目,其目的在于帮助受援助的发展中国家消除结构转型中的瓶颈,按照受援助国的要素禀赋结构所决定的比较优势来助力产业结构升级,完善"硬"的基础设施和"软"的制度环境,真正实现经济可持续发展,摆脱受援助国的"贫困陷阱"。这种南南合作的援助模式是以新结构经济学为理论基础的,其思路是主要以发展中国家为参照系(以要素禀赋及其结构为切入点),先关注自己所拥有的(寻找与发展具有潜在比较优势的产业),在其基础上寻找其能够发展的路径,从而最终帮助发展中国家做大做强,实现结构转型和产业升级。

  有两本新结构经济学的著作对新结构经济学的上述思路做了详细论述。第一本是《超越发展援助:在一个多极世界中重构发展合作新理念》。该著作以新结构经济学为理论分析框架,既探讨了北南合作援助投入巨大而收效甚微的原因,也分析了南南合作实现多赢的经济基础,提出了南南合作与改进国际双边、多边援助的建议。此书首次提出为了实现发展中国家的可持续发展和产业结构的不断升级,必须实施超越发展援助的南南合作,通过对发展中国家潜在比较优势和增长瓶颈的甄别与消除,运用北南合作或南南合作将贸易、投资、各种贷款相结合,将完善"硬"的基础设施和

"软"的制度环境相结合,多管齐下,消除产业结构升级的瓶颈,推动经济的可持续发展和产业结构的持续升级,从而摆脱"贫困陷阱",实现互利共赢以及包容性的可持续发展。第二本著作名为《战胜命运:跨越贫困陷阱,创造经济奇迹》,该书以充满诗意的语言和富有寓意的故事回顾了近代以来世界范围内的经济发展历史,并通过扎实的研究得出结论:即使在物质和人力资本匮乏、制度基础薄弱的条件下,经济增长与转型也有可能发生。这一结论颠覆了以往关于成功发展总是基于一定先决条件的传统经济发展理论。在此基础上,新结构经济学为整个发展中世界提供了实现繁荣的"路线图"。

目前,在北京大学新结构经济学研究院内部,有一支专门从事国内和国际政策研究的智库队伍,旨在运用新结构经济学的研究方法与分析框架,包括之前提到的 GIFF 与五大产业分类处理方法,为国内各部委、各地区以及国际上各个不同国家提供产业升级、结构转型与经济发展等方面的政策建议,真正践行"知成一体"的学术理念。

六、结语

"天下兴亡,匹夫有责",这是中国的知识分子历来的家国情怀。自 1840 年鸦片战争以来,中国的知识分子始终在探索中华民族复兴的路上。从第一代知识分子(以曾国藩、李鸿章、左宗棠等为代表)所推动的以学习西方技术为主要内容的"洋务运动"到推动君主立宪和民主体制的第二代知识分子(以康有为、梁启超等为代表),从高举民主与科学的第三代知识分子(以陈独秀、李大钊和胡适等为代表)到"五四运动"时期进入大学而在毕业后参加抗战和内战的第四代知识分子,从中华人民共和国成立后进入大学和参与社会主义建设的第五代知识分子再到1978年改革开放后进入大学而后参与改革开放事业的第六代知识分子,每一代知识分子都在努力为中华民族的复兴而探索和奋斗。

第二次世界大战后,众多发展中国家纷纷摆脱殖民统治或半殖民地地位,开始追求自己国家的工业现代化;但绝大多数发展中经济体长期未能摆脱"贫困陷阱"或"中等收入陷阱"。[①] 到目前为止,尚未有根据西方主流经济学理论制定政策而成功的发展中经济体。而发展成功的经济体中,日本和亚洲"四小龙"在20世纪五六十年代推行的是出口导向的传统劳动密集型产业优先发展,而非当时主流的结构主义所主张的优先发展进口替代的资本密集型现代化大产业;根据主流经济学理论制定发展政策的发展中国家则在早期投资拉动的快速增长后,出现增长停滞,并危机不断,最终陷入所谓的"迷失的二十年"(Easterly,2001;Lin,2015;Ostry等,2016)。20世纪八九十年代在转型中取得稳定和快速发展的中国、越南、柬埔寨、老挝、毛里求斯等国家,采取的是双轨渐进式的改革,而不是以"休克疗法"推行主流的新自由主义所主张的"华盛顿共识",按"华盛顿共识"推行改革的转型国家则出现经济崩

---

① 在第二次世界大战以后的二百多个发展中经济体中,到目前为止,仅有中国台湾和韩国从低收入变成高收入的经济体,中国大陆到2025年可能成为第三个。在1960年的101个中等收入经济体中,到2008年也只有13个变成高收入经济体,其中8个是原本差距就不大的欧洲国家或石油生产国,其余5个是日本和亚洲"四小龙"。

溃、停滞,而且危机发生的频率比转型前更高。理论来自于现象,理论的适用性决定于前提条件的相似性,套用来自于发达国家的理论难免有"南橘北枳"的困境。为此,只有根据中国国情和成败经验与现象所总结的理论才能真正推动中国基本实现现代化和中华民族的伟大复兴。鉴于发展中国家条件的相似性,总结于来自中国的理论创新能够对其他发展中国家具有较高的参考价值。因此,唯有这样的理论创新才能真正地提升中国的文化自信和谱写中华文化新史诗,也有利于构建人类命运共同体,实现共享和共赢!

在2016年5月17日哲学社会科学工作座谈会上,习近平总书记指出:"社会大变革的时代,一定是哲学社会科学大发展的时代。"改革开放40年来,中国经济持续、快速、健康发展,实现年均增长率接近10%的高速增长,脱贫人口达7亿人,这是了不起的成就和人类经济发展史上前所未有的奇迹,这与林毅夫教授运用新结构经济学研究方法在早年所做的预测是一致的。[①] 作为转型、转轨、发展以及开放大国的中国,出现了许多现有理论无法解释的现象,且随着中国经济地位的提升,这些现象的重要性也越来越大。由林毅夫教授及其团队倡导与发展的新结构经济学以对中国和其他发展中国家经济现象的观察与研究为根基,以马克思主义基本原理为基石,运用现代经济学的分析方法,以要素禀赋结构

[①] 林毅夫教授早在中学时代就有强烈的报效民族和国家的愿望,后来从事经济学研究也是为了探索中国富强之路。林毅夫教授曾多次说过,只要中国坚持改革开放,完全可能在不久的将来再度成为世界上最强大的国家,这样的话,中国"将成为世界上唯一的一个经历了由盛而衰,再由衰到盛的大国"。拳拳赤子之心跃然纸上。其实,细心的人们从林毅夫教授一系列著作和演讲中都可以感受到其始终如一的报国之情。

作为分析的切入点,以企业自生能力为微观基础,突出不同发展阶段经济结构的内生差异性与重要性,正在逐渐形成一个新的理论体系。同时,我们必须清醒地意识到,任何理论都是刻舟求剑,而社会是在不断进步的。新结构经济学研究团队,未来将继续怀着"常无"的心态,坚持开放和包容并举,秉承"知成一体"的理念,不断探求经济新现象、新情况和新问题,以求不断完善、深化、丰富新结构经济学的理论与实践,为实现中华民族的伟大复兴而奋斗。

对话篇

关于新结构经济学禀赋内涵的探讨*

发言人

（按发言顺序排名）

林毅夫（北京大学新结构经济学研究院院长）
王勇（北京大学新结构经济学研究院学术副院长）
鞠建东（清华大学五道口金融学院紫光讲席教授）
王歆（北京大学新结构经济学研究院助理教授）

---

* 本文根据王勇副教授组织的北京大学新结构经济学研究院内部研讨班（2018年9月25日）上的对话整理，并在此基础上做了进一步补充。该文为新结构经济学"老三篇"学习文献之三。

黄　斌(北京大学新结构经济学研究院研究员)
江深哲(北京大学新结构经济学研究院助理教授)
王　城(复旦大学数学系特聘教授)
巫和懋(中欧国际工商学院荣誉退休教授)
平新乔(北京大学经济学院教授、博士生导师)

对话内容

林毅夫：经济学研究的目的不仅是帮助我们认识世界，更重要的是帮助我们改造世界。但目前我观察到的情况是，还没有任何一个发展中国家按照来自发达国家的主流经济学理论制定政策能够发展成功的。发达国家的主流理论在帮助发展中国家改造世界方面存在不足，我们作为来自发展中国家的经济学家有责任改变这种现状。怎样改变呢？那就要知道现在的主流经济学理论的缺陷在哪里。我想主流经济学理论最主要的缺陷是忽视了发展中国家和发达国家之间的结构差异。

以经济增长为例。无论是发达国家还是发展中国家，经济要增长，收入水平要提高，都要提升劳动生产率水平，劳动生产率水平的提高来自现有产业的技术创新和新的附加值更高的产业的涌现。发达国家现在的劳动生产率水平高，意味着拥有的产业附加值高，也应用了最好的技术，在这种状况下要进行技术创新、产业升级，就必须自己发明新技术或进入新产业。与发达国家不一样，发展中国家收入水平和劳动生产率水平较低，产业附加价值也比较低，所运用的技术不是最好的，要进行技术创新和产业升级，除了自己发明新技术、发展新产业，还可以利用后来者优势，引进、消化、吸收发达国家成熟的技术,发展发达国家成熟的产业。这样技术创新和产业升级的成本和风险就不一样,而且所需要的金融资本和人力资本的条件也很不一样。当然主流经济学界有很多人在研究创新,包括有名的菲利普·阿吉翁(Philippe Aghion),但他们很少注意发展中国家和发达国家之间的差异性。

发达国家和发展中国家之间的这种差异性是外生的吗?我想应该不是外生的,而是内生的。这正是新结构经济学想研究的问题,即研究各种发展程度不同的国家在发展过程中的结构以及结构变迁背后的决定因素和影响。现在主流经济学对结构差异和结构变迁产生的影响的研究很少,对结构和结构变迁的内生性的研究就更少了,以至于主流经济学的研究对发展中国家有许多误导。比如,现在经济增长方面的研究很关注全要素生产率(Total Factor Productivity,TFP)。发达国家为什么关注全要素生产率?在回归分析中,等号左边是产出,等号右边是投入,全要素生产率是余项。投入包括资本和劳动,全要素生产率衡量的是不能用资本和劳动增加来解释的增长,这种增长被认为来自技术创新。发达国家的技术创新是天上掉下来的吗?不是的,靠的是 R&D(research and development,研究与开发),需要很多投入。但是,R&D 投入都是不计入资本也不计入劳动的,所以全要素生产率其实是 R&D 投入产生的结果。在研究发展中国家的增长时,许多经济学家也重视技术进步并用 TFP 来对其进行衡量,那么在发展中国家因为技术进步重要而重视全要素生产率到底对不对?这个问题很少有人讨论。发展中国家的技术创新有后来者优势,如果利用这个优势去引进技术,该怎么引进呢?一般的技术是固化在作为资本的机器设备里的,引进新的、体现了更好技术的机器设备就能有更高的生产力水平,但这反映在 K(资本)上,而不反映在全要素生产率上。[1] 1994 年,克鲁格曼写了一篇文章,说东亚奇迹是"纸老虎",不可持续,因为东亚经济发展没有全要素生产率的推动,都是资本和劳动力的增加所推动的,他认为没有如发达国家一样的全要素生产率来推动的经济增长是不可持续的。1997—1998年东亚发生危机以后,很多人都认为保罗·克鲁格曼料事如神。记得 2000 年新加坡开了一个国际研讨会,保罗·克鲁格曼和李光耀在同一个讨论会上讨论了这个问题。李光耀就问保罗·克鲁格曼:你说我们的经济增长因为没有技术进步而不可持续,但新加坡储蓄率这么高,达到 50%,而且一直维持在这个水平,可是资本的投资回报率一直没有下降。如果一个经济体长期维持 50% 的储蓄率,资本的投资回报率没有下降,能说没有技术创新、技术进步吗?[2] 按照新结构经济学五种类型产业的划分,发展中国家在领先型、换道超车型和战略型产业上需要自主创新,但是在追赶型产业上有大量引进新技术的机会。如果只计算全要素生产率,在研究上可能低估发展中国家的技术进步,在政策上则可能误导发展中国家政府,使其忽视以低成本和低风险取得技术进步的机会。

这些问题都是需要讨论的。新结构经济学就是想研究这一类问题,想把结构的差异和结构变迁内生化,去了解发达国家与发展中国家的产业、技术、制度等结构为何不一样。我们很快就能想

---

[1] 米歇尔·博尔德林(Michele Boldrin)与大卫·列维(David Levine)的相关研究就很好地刻画了这一点:新一代资本比旧一代资本包含了更先进的技术。——王勇注

[2] 谢长泰(Changtai Hsieh)曾经用要素价格的对偶法(dual approach)重新估算"亚洲四小龙"的全要素生产率,发现新加坡全要素生产率的增速要比阿尔文·杨(Alywn Young)的估值高很多,阿尔文也曾认为新加坡的全要素生产率增速不高,其经济的高增长主要靠要素投入驱动。——王勇注

到,发展中国家的产业、技术与发达国家不一样是因为两者的比较优势不一样。为何比较优势不一样?因为要素禀赋结构不一样,资本和劳动的可获得性在每一个时点上都不一样,要素禀赋在每个决策时点是给定的。我在刚开始提出新结构经济学的时候特别强调过这一点,因为要素禀赋及其结构不一样,所以最适宜产业和最优技术不一样。因为发展中国家的资本比较少,通常发展劳动密集型的产业,而这种产业一般在发达国家已经发展过了,已经比较成熟了,所以发展中国家在技术创新和产业升级上可以有后来者优势。给定产业和技术后,发达国家和发展中国家的产业规模和风险特性不一样,所需要的基础设施、金融服务和法律也不一样。我们应从要素禀赋及其结构去推导产业结构和技术结构,再从产业结构和技术结构去推导金融结构和法律需求,以及这些产业的生产和实现价值所需要的基础设施应该是什么样的,等等。

上述只是比较粗略地谈禀赋,如果我们把禀赋的定义推广为:对决策者在做决策时有影响、需要考虑的,但是给定的、不可变的因素,那么可以称为禀赋的因素就不仅是要素禀赋,现有的基础设施是一种禀赋,人力资本的存量是一种禀赋,过去生产活动所积累下来的知识也是一种禀赋。人力资本在前沿的技术创新上,也就是发明上很重要,对于这一点在文献里已经有长期大量的研究,大家都知道。过去生产活动积累下来的知识、所形成的人力资本对学习相关产业的技术有帮助。里卡多·豪斯曼(Ricardo Hausmann)称之为隐性知识(implicit knowledge)。同样,由于长期的生产和交易活动,人与人接触所形成的信赖和网络被称为社会资本(social capital),它也是一种禀赋,这种禀赋对需要克服信息不对称的某些市场活动的开展,例如,使用金融交易(例如犹太人的做法)和通过相互赊欠来帮助开拓市场(例如温州人的做法)很有利。还有,不同文化所形成的价值观的差异会对某些行为或生产活动产生影响,例如犹太人从长期的被人驱赶和剥夺中发现只有知识是不可被没收和带走的,所以特别重视教育和学习,这样文化也可以作为一种禀赋。以此类推,地理位置、自然环境等也都可以纳入禀赋的范畴。另外,用马克思的话来说,经济基础决定上层建筑,上层建筑反作用于经济基础。上层建筑在任何一个时点上都是给定的,所以属于上层建筑范畴的因素也都属于禀赋。

新结构经济学把产业、技术结构以及影响产业、技术的生产力释放的"硬"的基础设施和"软"的制度安排等结构的决定因素作为研究的重点。最适宜的结构内生于做决策的那个时点对决策者有影响,但决策者不可改变的因素,即新结构经济学中的禀赋。所以,禀赋对新结构经济学理论体系的构建来说,处于逻辑起点的关键位置。此前的研讨会中,鞠建东老师提议我们把什么是禀赋搞清楚,会上得出一些结论,并整理为一个纪要。我觉得可以将禀赋归纳为如下几类:先是要素禀赋(资本、劳动、自然资源);除要素禀赋外,学界关注比较多的是人力资本、社会资本,新经济地理理论关注的则是区位(location)和集聚(agglomeration),另外发展经济学家像里卡多·豪斯曼和丹尼·罗德里克(Dani Rodrik)则强调现有的产业所形成的隐性知识。在这些禀赋中,要素禀赋决定的是比较优势,即生产的要素成本。其他禀赋通常是通过交易费用、学习费用等影响决策的。另外,有些禀赋变动得比较快,有些禀赋则变动得比较慢。比如物质资本(physical capital)的变动有可能比较快,社会资本和人力资本的变动比较慢,文化的变动更慢,区位和自然环境则几乎不变动。

在这些可以被认为是禀赋的因素中,我认为最重要的是要素禀赋,因为要素禀赋决定了每个时点上的总预算,要素禀赋之间的比例则决定了资本和劳动的相对价格,这两者是决策者做决策时最重要的参数,决定了哪种类型的产业和技术具有比较优势。这是不同发达程度国家结构差异的最关键决定因素。其他禀赋则因为对组织某类生产活动或进行某种市场交易的交易费用的影响,而决定了在同样具有比较优势的产业或技术中何者会被采用。例如,温州人具有很高的社会资本,利用这种社会资本可以相互赊欠,克服了金融的局限,所以在改革开放初期,温州有许多小老板。但他们采用的技术和生产的产品都是劳动密集型的,并没有因为社会资本很高就违反比较优势去发展资本密集型产业。现在随着经济的发展,工资上涨,劳动密集型产业失去了比较优势,也不会因为有社会资本就可以使劳动密集型的小企业不关门。同样,在考虑社会资本、隐性知识、区位、文化等禀赋对结构的影响时,其可能的影响同样是经由交易费用实现的。较少的交易费用可使某种特定的产业或市场活动更容易被采用,但被采用的产业或市场活动并不能违背要素禀赋结构所决定的比较优势。所以,在关注其他禀赋的影响时,不能忽视要素禀赋的影响,否则就会"把婴儿和洗澡水一起倒掉",丢弃了新结构经济学和其他发展理论的本质差异,以及新结构经济学最大的贡献。在研究社会资本、区位、文化、人力资本等其他禀赋的影响时,也要强调要素禀赋的影响,这样才能在强调结构的内生性时,凸显新结构经济学和其他视角的差异性。强调要素禀赋还有一个好处,比如在具有社会资本、文化、区位、人力资本等禀赋的地方,某种类型的产业可以得到发展,但并不是说在其他不具有这些禀赋的地方这些产业就无法发展起来。

例如,在20世纪80年代和90年代温州因为具有社会资本,劳动密集型的小企业发展得很快;而广东的模式主要是"前店后厂"①,其社会资本不如温州,但是在政府招商引资的努力下规模比较大的出口加工业发展得不错。这两地的产业组织形态有些差异,但都是劳动密集型产业。

最后,强调要素禀赋的重要性在于经济发展有赖于产业和技术升级,而产业和技术升级取决于要素禀赋结构的变化,其他禀赋的影响是次要的。例如,人力资本和物质资本的变化在很大程度上是互补的。如果物质资本不变化,则人力资本积累的增加对经济发展的好处很可能不明显,除了会导致人才外流,为能够使用高人力资本的国家"做嫁衣",还可能因为大量具有高人力资本的人留在国内得不到好的工作,而导致严重的社会问题。而社会资本、区位、自然资源、文化等如果没有要素禀赋结构的升级,则无法对产业升级产生影响。

总体来讲,把禀赋从资本、劳动和土地(自然资源)要素扩充到其他在决策者做决策时给定的对其决策有影响的因素的好处是,可以增加很多维度来判断在具有同一比较优势的产业和技术中哪种产业、技术,哪种生产活动、市场交易可能会被采用,或较容易发展,对具有同一比较优势的何种特定的技术或产业为最适宜选择的判断可以更准确一些,这对我们的国际、国内智库尤为重要。以上是我先抛砖引玉,各位有更多好的想法可以拿出来讨论。今天

---

① "前店后厂"主要指珠三角地区与港澳地区经济合作中地域分工与合作的独特模式。其中"前店"指港澳地区,"后厂"指珠三角地区,两者主要是优势互补、互惠互利的关系。

这个研讨会对于新结构经济学的发展可能会是很重要的。我们在做研究时可以沿着这些思路去想哪些方面可以模型化,哪些方面模型化之后还可以找些实证资料来检验,智库在给政府做转型升级研究时如何提出更有指导意义的建议。

王勇:这是我们这个学期举办的第二次经济增长研讨会。从这个学期开始,这个经济增长研讨班成为我们新结构经济学研究院全院的一个学术活动。今天的活动比较特殊,是一个头脑风暴式的会议,以前我们都是做一个具体论文的汇报。刚刚林老师提到了我们这次研讨会的背景。之前新结构经济学更多的是讨论要素禀赋,现在随着新结构经济学不断向前拓展,越来越多的学者对新结构经济学感兴趣,但是对禀赋结构的概念还有疑问。究竟什么是禀赋结构?这其实是一个很复杂的问题。大家有什么问题、批评和建议,随时都可以提出来。

鞠建东:按照林老师的提议,我们有几个问题需要讨论。第一个问题就是过去这么多年来沿着 JME 论文的框架,每个定型的模型都存在研究某些方面的问题比较顺手、研究某些方面的问题比较不顺手的情况。整个框架的思路来源有二:一是林老师的书、林老师的思想,二是定型的模型。定型的模型是有局限性的,其局限性就在于,研究某些问题时不是很顺手。我们想讨论的就是最近十多年来哪些问题解决起来是顺手的,哪些问题解决起来是不顺手的。我们经常会听到一些批评。第一类批评是关于制度的。这类批评说新结构经济学怎么不去讨论改革、不去讨论制度?第二类批评是关于创新的。这类批评认为这个模型用在非洲比较顺手,讨论创新时就不是很顺手。第三类批评在于要素禀赋决定了结构,那如果要素禀赋可以流动呢?比如新经济地理学假设要素可以流动，例如，如果当地的人都跑到广东去了，那么当地的要素禀赋结构就改变了。问题集中在以前关于要素禀赋讲得比较少的方面，比如制度、创新，以及新经济地理学中要素禀赋是可以流动的假设对结构会有什么样的影响。我觉得新结构经济学是一个一脉相承的体系。这个体系就是林老师说的，我们在某一个时间点一定要有一个称为禀赋的宏观变量。现在我们要扩展"禀赋"的定义。然后这样一个宏观变量在某个给定时间点上便能决定结构，决定经济的各种结构，这个宏观变量变化时结构也在变。按林老师的说法，这是新结构经济学理论的精髓。现在对于已有的模型，按照林老师的说法，应抱有一种"常无"的心态。首先把模型拿掉，不要受模型的约束，然后去看有什么新的问题。所以我们应该本着两种心态看看最核心的问题中哪些是可以去突破、去讨论的：一种是"一脉相承"的心态，一种是"常无"的心态。我们也可以争论，可以讨论，可以有不同意见，然后收敛到一个思路上去。一个框架发展到一定时期就会积累一些问题，然后我们应该试图去突破这个框架。

我们之前讨论的问题集中在三个方面：第一是制度、第二是创新、第三是新经济地理学的假设。制度是一个慢变量，是一个宏观变量。我们的做法如下：首先决定与什么样的文献联系在一起，比如说政府能力(state capacity)。我们先突破原有的概念，禀赋不仅仅是劳动、物质资本，也可以是人力资本、社会资本以及政府能力(政府能力其实已经包含了制度的含义)，还可以是文化等一些慢变量。只要在给定时间点有一个宏观变量来确定整个经济结构，我们就可以把这个变量放进我们的研究框架中去。现在回到社会资本，就像林老师以前已经做过的最优金融结构的研究，已经有文献研究了金融制度与产业结构之间的关系。我们的做法还是:第一步,先看与现有文献之间的关系。第二步,看新结构经济学到底与现有文献有什么不同的地方。第三步,看新结构经济学与现有文献不同的地方到底能解释哪些现有文献不能解释的现象;如果我们在这个框架里把这个变量加进去的话,会有什么影响。举个中国香港和新加坡的例子。现阶段二者的发展状况很不一样,一个主要原因就在于,中国香港和新加坡的执政能力不一样。我们很清楚地看到,新加坡产业结构的演变与中国香港产业结构的演变是不一样的。

那我们的做法是这样的:第一步,先总结现有文献;第二步,看新结构经济学到底与现有文献有什么不同的地方;第三步,新结构经济学与现有文献不同的地方到底能解释什么现有文献不能解释的现象,如果把这个东西加进去(比如,在这个框架里加上政府能力)之后是否可以解释一些新的现象。刚才的例子——中国香港和新加坡的例子是林老师提出来的,其实这两个地区在发展水平层面上的差异可以用政府能力来解释,那就是新加坡的政府能力更强。

林毅夫:但如果在经济发展过程中,有一种思路认为依靠市场自发的力量是产业升级和结构转型的最好方式,要政府在产业升级和结构变迁上少做、少管,认为这样的政府才是最好的政府。这个政府在这些方面真的按照这样做了,但在其他方面,例如法制、教育、社会保障方面又做得很好,那怎么来评判政府能力的强弱呢?

鞠建东:这个问题可以讨论。为什么新加坡和中国香港的发展水平不一样?我想原因在于两个地区的产业结构演变过程是完全不一样的,这一点可以看得很清楚。

林毅夫:是的,新加坡和中国香港的产业结构升级路径很不一样。新加坡是因势利导型政府(Actively Facilitating Government),中国香港是自由放任型政府(Laissez-faire Government)。但是,香港官员的执行能力是很强的,例如,在反腐、社会保障、公共服务、城市规划等方面都做得非常好。和香港的官员接触,他们常说,香港的官员善于执行,只要是决定要做的事,就一定会办得很好,但不善于做决策,因为1997年之前的决策是由伦敦来定的,香港的官员只做执行。新加坡则不同。在1959年摆脱英国的殖民统治,成为一个独立的自治邦时,新加坡只是一个军港加渔村,经济发展方面的决策全靠自己的努力。从原来和香港相同的劳动密集型加工业,到后来的电子产业、石化产业、生物制药产业等,每个产业的转型过程中,新加坡都主动去克服把(潜在)比较优势变为竞争优势的瓶颈。所以新加坡和中国香港在结构变迁和产业升级上的差异,反映的是我在马歇尔讲座中所强调的"思潮"的差异,是对政府在市场中作用的认识差异,而不见得是政府能力的差异。

[**王勇补充**:的确,在公务员工资方面,这两个地区的工资水平相比于其他一些地区来说高很多。希望什么样的人成为公务员?我觉得这个问题本身或许也很值得研究,这是新结构经济学中关于有为政府的重要内容。在不同的发展阶段,由于禀赋结构、产业结构和技术结构等方面的差异,政府应扮演的角色以及最合适的政府治理结构可能都是不一样的。]

所以,我不太同意文献上强调什么,我们就把什么引进来。我们应该根据想解释的现象是什么,去自己了解这个现象,找出这个现象背后的重要决定因素,而不是别人认为是重要的或正确的,我们就跟着认为是重要或正确的。另外,你提到有人批评新结构经济学(或是我)不讨论改革,只能说我不讨论他们讲的"改革"。例如,他们一看到国有企业的效率比民营企业低,就主张私有化。我确实不那样主张。之所以不那样主张,是因为那样的主张不能解决国有企业的问题,反而会把问题搞得更糟。事实上,我不是不讨论国有企业的改革,比如我出版了《充分信息与国有企业改革》一书,为了克服所有者和经营者之间的信息不对称和激励不相容,在那本书中我主张把小的国有企业私有化,使所有者和经营者统一起来。但是,对于大型的、资本密集型的国有企业,除非贱卖,否则所有者和经营者必然分离,信息不对称和激励不相容的问题仍然会存在。而且,苏联及东欧国家以贱卖的方式私有化,所有者和经营者是统一起来了,但是形成了寡头,政策被利益集团"捕获",政府给企业的补贴反而更多,效率损失、腐败、分配不公平的情形更严重。我没有基于现有理论文献认为私有产权重要,就不假思索地去推荐一种实际上是更差的方案。我把中国的大型国有企业所在的行业分为三类:一是自然垄断行业,有太多理论与实证经验证明,如果缺乏监管,不管是民营企业还是国有企业,其效率都不会太高。二是与国防安全相关、资本非常密集、违反比较优势的战略型行业。三是符合我国比较优势的竞争性行业。

首先,对于自然垄断行业,有些自然垄断行业,像电力、电信等行业的企业私有化之后更糟糕,因为垄断利润非常高,有些大老板会利用其财富去"绑架"或"捕获"政策,使监管企业所有者攫取垄断利润的努力更加困难。比如墨西哥的电信行业和中国香港的电力行业就是这样。墨西哥电信原为国有企业,效率不高,私有化以后效率也未见提高,只成就了一个可以和盖茨竞争世界首富的电信大亨卡洛斯·斯利姆·埃卢(Carlos Slim Helú)。后者靠其财富收买政治,政府要对墨西哥电信进行监管反而更难。所以,对于自然垄断行业中的低效率的国有企业,应该研究如何加强和改善监管,而不是私有化了之。

其次,对于违反比较优势的国防安全产业,不管是国有企业还是私有企业,都会存在预算软约束。比如美国国防产业的企业是私有的,但是刚开始发展的新一代战机也是"钓鱼工程",开始报价20亿美元左右,但实际上到最后,没有200亿美元以上的资金就难以发展起来。欧洲国防安全产业的企业是国有的,但很难说美国的国防安全产业的企业就比欧洲的效率高,至少目前还没有证据表明这一点。这样的产业中不管是国有企业还是民营企业都有预算软约束,克服之道在于加强监管。

再次,对于符合我国当前比较优势的竞争性行业的国有企业,改革开放以后由于经济快速发展,资本迅速积累,许多资本密集型产业已经从违反比较优势变为符合比较优势。目前中国在竞争性行业的国有企业是不是一定就比私营企业效率低呢?我了解到,现在钢铁行业中有两家做得最好:一家是沙钢(江苏沙钢集团有限公司),是民营的;一家是宝钢(宝山钢铁股份有限公司),是国有的。有一次,我见到沙钢的老总,他觉得宝钢的效率和技术水平比沙钢高。同样,装备制造业现在已经属于符合我国比较优势的竞争性行业,其中,三一重工是民营的,徐工(徐州工程机械集团有限公司)是国有的,两家企业也都经营得很好。因为在符合比较优势的竞争性行业,企业具有自生能力,没有政策性负担,经营好坏的责任归属于企业而不是政府。即使是国有企业,也可以从利润多寡来判断经营好坏,监管容易。而且,即使企业出现亏损,政府也不用为其负责,就不会有预算软约束。我在《充分信息与国有企业改革》一书中主张的是剥离政策性负担、创造公平竞争环境的改革。对于垄断行业,我主张的改革是加强监管;对于没有政策性负担的竞争性行业,我主张的改革是给经理人员足够的自主权和激励,使效率与其经营好坏挂钩。所以,我不主张的改革是学界许多人拿现成的、主流的产权理论来套,进行盲目的"改革";我主张的改革是承认结构和扭曲都是内生的,把内生的原因弄清楚以后,能够对效率和稳定做出贡献的改革。

关于创新,其实新结构经济学做了很多研究,我们谈得比较少的是发明创新和全要素生产率。新结构经济学把中等发达国家的产业划分成五大类,其中追赶型产业可以发挥后来者优势。这类产业的创新可以通过购买机器设备或并购拥有先进技术的企业从而引进、消化、吸收现成技术来实现。这些创新已经呈现在资本里,不会表现在全要素生产率上。领先型产业、换道超车型产业和战略型产业则需要自己做 R&D。而且,这三类产业的 R&D 所需要的金融和人力资本并不完全一样。转进型产业的创新则体现在少数有能力的企业升级到"微笑曲线"两端,其创新是品牌的开发、新产品的设计,大多数生产企业则需通过自动化来降低工资成本或是将企业转移到工资成本较低的地方。所以,有人批评新结构经济学对创新谈得比较少,也不完全正确。只是,新结构经济学不只谈他们那种只讲发明、只重视全要素生产率的创新。

[**王勇补充**]:目前,我与博士生樊仲琛、博士后李欣泽在一篇题为《禀赋结构、研发创新与产业升级》的合作文章中,针对如何结合要素禀赋结构对五大类产业中的追赶型、领先型与转进型产业进行理论建模,并作实证检验。我们在数据中发现一个现象:出现专

利最多的制造业子产业的资本劳动比略微高于整个制造业资本劳动比的平均水平（大约是后者的1.5倍）。我们将创新引入了2015年的JME模型，技术不再是免费的，而需要根据禀赋结构和技术与前沿的距离决定如何实现技术进步和创新等。]

　　接着说要素可以流动的情况。如果要素可以流动，新结构经济学强调的产业结构内生决定于要素禀赋结构的基本观点是否就被边缘化(marginalized)或变得不重要了呢？如果要素可以流动，但并不改变要素的相对价格，那么在模型建构和讨论时是可以假定要素是不流动的。在现实世界中，劳动力是可以跨国流动的，但是有没有哪个发展中国家因为劳动力外流而导致其工资水平与发达国家一样了呢？非洲的劳动力可以流动到欧洲去，印度、巴基斯坦、斯里兰卡、孟加拉国的劳动力可以流动到中东国家去，但是有没有看到这些国家的工资水平和欧洲或中东国家一样高了呢？同样的情形，资本可以流动，但是有没有哪个发展中国家因为资本的流入，其人均资本拥有量和发达国家一样高，资金的价格、工资水平和发达国家趋同呢？过去我在上课时，常有学生对我说，因为要素流动会导致要素价格均等化，所以，要素禀赋结构决定产业结构的观点在开放经济中是不正确的。但现实世界并不会出现这种情形，那就不能把这样的理论作为观察世界现象的基础，否则，我们就会被理论欺骗。其实，从决策者都是理性的角度来思考，也可以推论出上述趋同的状况不会出现。以资本流动为例，高收入国家的资本拥有者为何要流动到资本相对短缺的发展中国家？为了获得比自己的国家更高的回报。如何才能获得更高的回报？有两种可能：一是在发展中国家建立生产基地进行出口。出口的产品必须符合所在国的比较优势才会有竞争力，才能获利，因此，外国资本不会去投资与其母国的资本同样密集、违反当地比较优势从而必然亏损的产业。二是为了规避进口壁垒,在发展中国家建立生产基地以生产产品在当地出售。为了实现利润最大化,投资者会在技术选择上尽量利用当地廉价的劳动力替代昂贵的资本。例如,日本、美国的汽车组装厂的各种工序都由机械操作,基本看不到工人,而位于中国的中外合资的汽车组装厂则到处是工人。

在构建理论模型或理论体系时需要一定的简化,而建立理论模型的目的是解释真实世界的现象。只要这种简化不影响我们对真实世界的解释,那么这种简化就是可以接受的。1953 年米尔顿·弗里德曼(Miltion Friedman)发表的《实证经济学方法论》("The methodology of positive economics")一文就是为了回答上述问题。当时英国的剑桥学派主张应该以垄断竞争(monopolistic competition)假设作为基准来讨论市场竞争。美国的芝加哥学派则主张以完全竞争(perfect competition)假设作为基准。现实世界中有完全竞争市场吗?没有!实际上每个厂商都有一定的垄断势力,弗里德曼在这篇文章中的回答不是完全竞争市场,但是,垄断竞争的推论和完全竞争的推论基本是一样的,而前者比后者复杂多了,那为什么要用那么复杂的模型呢?不能说芝加哥学派在逻辑严谨性或观察到限制条件的准确性上胜过了剑桥学派,现在经济学界在讨论问题时有些使用垄断竞争假设作为基准,但是更多用的是完全竞争假设作为基准,因为两者对观察到的真实世界现象的解释在绝大多数情况下没有本质区别。但完全竞争假设简单多了,对于能解释现象的模型应该越简单越好。只有在完全竞争假设无法解释观察到的现象时,才应改用垄断竞争假设。所以,使用哪种假设是由真实世界的现象决定的,而不是由理论模型决定的。

在这里，我想表达的意思是，并不是说要素禀赋的可流动性一定不重要，而是要具体问题具体分析。我们应该从真实世界的现象出发来考虑其背后的理论，而不要从现有的理论出发来观察真实世界的现象。如果一个现象我们用要素禀赋不流动的假设无法解释，就应该放弃这个假设。但要注意，这并不是说我们从一开始就要把这个假设放弃或把其他因素引入模型。

今天鞠建东老师提的观点，我发表了许多保留甚至反对的意见，希望大家谅解。对于做人，我主张要包容，要"有疑处不疑"；对于做学问，我则主张不要包容，要"不疑处有疑"，这样讨论问题才能深入。我想鞠老师作为新结构经济学的创始人之一也是本着"不疑处有疑"才提出这些问题的。希望各位下次看到有人批评新结构经济学时，不要因为别人的批评而气馁，认为新结构经济学有缺陷。如果他们对新结构经济学不了解或理解得不到位，我们要理直气壮地回应，有责任与他们争论和澄清，帮助他们了解新结构经济学。这样真理才能越辩越明，也才能让更多人接受新结构经济学。

鞠建东：刚才林老师也提到了，我们在加了一个维度之后，如果仍然讨论不出有意思的结论，那么加了也没有用。这里我又想到了政府与市场之间的关系。

最近有一系列关于产业政策的讨论。回到新加坡和中国香港的例子。新加坡和中国香港产业结构的差异究竟在哪？刚才林老师提到，很有可能是它们的思路不同。实际上一定时期内的社会思潮，在一定程度上是给定和不变的，因此这也是有可能的。

林毅夫：这个问题是应该深究的。对于这个问题，我们最好自己去观察真实世界的情况，而不是拿现有的理论模型来解释。我观察到的情形是这样的:在20世纪50年代,新加坡和中国香港的产业结构基本上是相同的,都是劳动密集型加工业。中国香港那时已经有股票交易市场,但是股票市场在20世纪五六十年代并不是那么重要。因为原来的企业都是劳动密集型加工业,没有多少企业可以上市。后来发展路径的差异在哪呢?新加坡的劳动密集型加工业发展到20世纪70年代末,工资上涨了,这种产业没有竞争力了,政府就决定去发展石油化工产业。新加坡原来有一个炼油厂,政府就想把炼油厂下游的石油化工产业也发展起来。新加坡的一个政府机构——经济发展局(Economic Development Board,EDB)的做法有点像新结构经济学的GIFF模型描述的那样,也即分析在新加坡当时的收入水平下,原来具有比较优势的产业逐渐失掉比较优势,那下一步要发展什么产业?经济发展局进行研究后,决定发展石油化工产业。从新结构经济学的角度来看,它的这个决定符合GIFF六步法的第一步。当时,在石油化工产业具有竞争优势国家的收入水平是新加坡的2至3倍,石油化工产业也是一个比较成熟的产业,而资本、技术密集程度比劳动密集型产业高,附加价值比劳动密集型产业高。当时世界上的石油化工产业链涉及很多国家,新加坡经济发展局就把石油化工产业的整个产业链研究清楚,填海建了一个岛,在岛上把石油化工产业上下游需要的基础设施都建好了,然后把全世界二十几家石油化工产业的上下游企业全部找来。新加坡政府对这些企业说,你到这个地方来投资,上下游企业就在你的隔壁,交易费用会大大下降,生产效率也会大大提高。把这些产业招来后,新加坡很快就变成世界石油化工产业中最具有竞争力的基地之一。上述做法就像GIFF六步法中的第一步、第三步和第四步所建议的那样。

20世纪80年代新加坡就从劳动密集型加工业转型到了石油化工产业，像电子、成衣那些简单的加工业被淘汰了。到了90年代，石油化工产业已经发展了十多年了，新加坡的收入水平需要再上一个台阶。下一个要发展的产业是什么？经济发展局经过同样的研究后决定发展生物制药产业。可是，新加坡当时没有一点生物制药产业的基础。于是，就像GIFF第四步所要求的那样，它先在南洋理工大学和新加坡国立大学建立新的医学院，用非常高的薪资把欧美大学的著名教授请来，并给予很好的研究条件来培养博士生。到了2000年后，有了人才优势，新加坡政府开始动员全世界著名的制药厂到新加坡设立研发中心。现在，新加坡在生物制药研发上又具有了很强的竞争力。这些做法和新结构经济学的GIFF模型建议的做法非常像。其实，GIFF模型是根据韩国、新加坡，以及欧美发达国家在追赶阶段的做法归纳出来的，分析这些政府如何选择下一个具有(潜在)比较优势的产业，如何为这些产业的发展克服瓶颈限制，如何对这些产业进行因势利导，使其从具有(潜在)比较优势迅速变成具有竞争优势，然后分析这些看似不同的目标选择背后的共同道理是什么，等等。

但是中国香港就没有这样做，并没有研究下一个具有(潜在)比较优势的产业，然后仔细研究把这个产业从具有(潜在)比较优势变成具有竞争优势的瓶颈限制是什么。香港的产业发展基本上是市场自发的。20世纪五六十年代，香港发展的劳动密集型产业大多是从上海转移过去的，到了70年代工资水平上升了，正好中国内地开放了，这些产业就自发地转移到内地。但是，香港并没有去因势利导下一个制造业的发展，虽然从条件来说，中国香港在1970年时有400万人，新加坡只有200万人，香港发展制造业的条件好于新加坡。那么香港抓住的是什么机会呢？就是转口贸易和金融业。首先，因为那时内地发展需要有一个对外贸易的港口，香港就做转口贸易。改革开放后中国内地需要金融支持，香港的金融市场也发展得不错，于是帮助了很多外国资本进入中国内地市场。所以，我觉得要讲政府能力，很难讲中国香港和新加坡官员的能力有高低之分。但是，香港官员对市场具有原教徒式的信仰，不会去因势利导新的产业的发展。香港的产业发展是市场自发的。而新加坡在这方面则不受市场原教旨主义的约束，能够根据产业升级的需要，选择一个具有（潜在）比较优势的产业，并为其克服瓶颈限制，消除市场存在的失灵。结果，中国香港的人均GDP从20世纪80年代高于新加坡25％左右，现在却低于新加坡25％。

2017年新任香港特别行政区行政长官林郑月娥上任后首次出访就是到新加坡。她在达沃斯论坛的演讲里说香港行政部门过去扮演的角色只是监管者(regulator)，现在扮演的角色还有协助者(facilitator)。最近我去了香港，听了她的演讲，她在监管者和协助者之后，又加了一个推动者(promotor)的角色。监管者是针对金融和市场方面的，协助者是针对产业发展方面的，推动者则是积极招商引资，争取更多外国公司到香港来投资，帮助香港的企业扩大海外市场。在关于粤港澳大湾区建设的倡议中，她准备利用香港拥有7所研究型大学的比较优势，把香港打造成粤港澳大湾区的研发中心。为此她拿出了200亿港元政府资金做研发资金。她的这些做法更多的是因为思路转变了，而不见得是政府能力提高了。

至于政府能力是否有影响？一个发展中国家如果要从农业社

会转型为工业社会,在产业转型升级时,合适的软硬基础设施是很重要。如果要把全国的软硬基础设施都完善好的话,需要有两个能力:一个是财政能力(fiscal capacity),另一个是执行能力(implementation capacity)。对于一个低收入国家来说,这两个能力通常是很低的。但如果用毛主席主张的"集中优势兵力打歼灭战"的方法设置一个工业园区呢?那么我觉得任何国家应该都有这个能力。当然前提是有此思路,并且,沿着新结构经济学的 GIFF 模型,找准具有(潜在)比较优势的产业,在工业园区里完善基础设施,实施一站式服务,通过招商引资引进技术能力、管理能力,以"一把手工程"来推行。这样,任何一个发展中国家应该都有能力把一个工业园区搞好,产生星火燎原的作用。这个国家的政府能力也会随着这些成功而逐渐提高。我举一个非洲国家毛里求斯的例子。1961 年詹姆斯·爱德华·米德(James Edward Meade,1977 年诺贝尔经济学奖得主)曾经应邀为这个非洲国家的政府写了一份发展报告。根据他的研究,这个以蔗糖为单一产业、人口 50 万、孤悬印度洋、远离任何主要市场、法属殖民地的小岛国,不具有任何当时认为成功国家所应具备的要素,是一个发展无望的国家(basket case)。但是毛里求斯现在是非洲最成功的国家,人均 GDP 超过 1 万美元。而它成功的原因和东亚经济体成功的原因完全一样。在 20 世纪 70 年代以前毛里求斯实行进口替代战略,政府对经济有许多干预和扭曲,基础设施很差。1971 年开始,毛里求斯和 1978 年以后的中国一样,实行双轨制,没有一次性地取消国内的扭曲,而是设立了一个纺织和成衣加工出口区,在园区内一切都放开,并且到中国香港、中国台湾招商引资,当时其人均 GDP 只有香港、台湾的一半。这些企业之所以愿意转移到这个地方来,是因为这个地方工人的工资比较低,而且产品出口到美国可以不受配额的限制。毛里求斯就是利用这种方式,现在发展得非常好。如果从政府能力的角度来看,在1970年以前,我们绝对不会认为毛里求斯的政府能力比非洲的其他国家强。它是一个殖民地国家,刚刚独立没有多久,国家内部非常混乱,各种派系很多,但是这个国家发展起来了。所以我更强调发展思路,我认为它比政府能力更加重要。就像我们常说的"思路决定出路"。我认为,国际学术界的一些看法我们固然不能忽视,但是,更重要的是根据我们自己的观察和理解,提出更能解释现象的新观点、新看法和新理论,并加以模型化和用实证资料来检验,把这些看法发表出来,进而引领新的研究方向。新结构经济学的贡献则在于指出在产业技术升级时什么是正确的发展思路。

王歆:问题是什么?对林老师之前讲的新加坡这个例子,结合GIFF模型和我做的理论模型,其实问题是什么?就是您刚才讲新加坡想要发展生物医药产业。新加坡确实缺乏医疗人才,所以从新结构经济学理论角度来说,人才作为一种禀赋就相当于人力资本。在那个阶段,新加坡应该缺乏这种禀赋,但是它却通过引进人才解决了。经常会有人质疑说:我这个地方现在缺人才,那是否就不能发展需要人才的行业了?其实并不是这样。可以大力引进人才,包括大力引进低技能的劳动力、资本等。这些都是可以做到的,不是说要素禀赋是不能改变的。

林毅夫:这个想法是对的。新结构经济学主张把具有(潜在)比较优势的产业,靠政府的因势利导,克服瓶颈限制,发展成具有竞争优势的产业。一个具有(潜在)比较优势的产业的瓶颈限制,可能是"硬"的基础设施、"软"的金融支持,或相关产业的人力资本等。但是,新加坡如何在20世纪90年代初确定生物制药产业为其具有(潜在)比较优势的产业呢?根据新结构经济学理论,应该找到人均GDP比自己高一倍左右,并且这个产业在作为参照系的国家是成熟且具有竞争优势的产业,或是收入水平相当但在作为参照系的国家是具有竞争优势自己却要进口的产业。20世纪90年代生物医药产业具有竞争优势的国家是美国、瑞士等,当年新加坡的人均GDP按市场汇率计算是11 450美元,美国是24 150美元,瑞士则是36 900美元。用购买力平价来衡量的新加坡、美国和瑞士的人均GDP分别为21 960美元、23 730美元和27 380美元,差距更小。所以,从人均GDP反映的人均资本的要素禀赋结构来看,新加坡已经在生物医药产业上具有(潜在)比较优势,也就是研发新药所需的资本投入、风险承担能力和其他设施的条件已经具备了。但是,新加坡发展生物制药产业的瓶颈在于缺乏这类产业所需的人力资本,要培养人力资本则需要有大量的投入,企业家自己难以承担。因此,新加坡政府就扮演因势利导者的角色,在两个大学设立了药学院来培养人才。如果当年新加坡的人均GDP只有美国、瑞士的10%或20%,那么即使有新加坡政府的因势利导,新加坡的生物制药产业也难以成功。这是因为在新药的研发上需要大量的资本投入,成功的概率很低,研发出一个新药大约需要十年的时间,只有人均资本拥有量足够高才有能力做这样的持续资本投入,并承担其风险。这也是为什么新结构经济学在考虑产业的升级转型时,人均GDP所代表的人均资本的拥有量是一个最为关键的参数,其他禀赋的不足则可以由政府通过因势利导来克服或培育。

王勇: 或者换言之,当时新加坡尽管在生物医药产业缺乏人才,但是整体的人均收入和资本已经到那个发展水平了。如果是在20世纪四五十年代,新加坡想建一个医药研发中心,哪怕是通过引进人才也未必能成功。

黄斌:我觉得真正的挑战不是没有条件发展生物医药产业,因为很多地方都在招商引资。真正的挑战是为什么选择生物医药产业而不是电子产业。其实根据(潜在)比较优势我们可以发展很多产业,但对于当地政府来说,往往只能选择很有限的几个产业。

鞠建东:我们后面这个问题和你的讨论相关,我继续把它说完。国内也有这个问题,比如苏南模式和温州模式。不同地区的政府能力不同,我们想用制度发育程度去讨论结构,该怎么讨论呢?能不能这么想:我们构建一个小模型,在劳动和资本后面加一个政府能力?我们先对政府能力作一个定义。这样就能发现政府能力强的地区会发展对政府能力更依赖的产业,虽然我现在还没想好如何定义政府能力。

林毅夫:还是应该先了解不同地区的主要瓶颈约束在哪里,政府实际做了什么。

王勇:比如说,我们比较印度和中国,需要看怎么定义政府能力。中国在建立工业园区、获得土地使用权等方面更高效,所以这其实就是政府能力的差别。在集中资源、从事基础设施建设方面中国有突出的能力。

鞠建东:回到刚刚我们讨论的问题。总的来说,我们可以用劳动和资本代表市场,然后我们用政府能力变量来代表政府。至于政府能力具体的定义是什么,我们先暂时放一放,但产业结构就因此多了一个新的维度。

林毅夫:至于政府能力这个问题,如果按照比较优势发展,所需的政府干预是相对较少的。若希望发展符合当地比较优势的产业,比如,低收入国家要发展劳动密集型的出口加工产业,如果政府能力较低(不管是政府可动员来改善基础设施的财政资金还是建设基础设施的执行能力),那么政府可以先建一个工业园,用星火燎原的方式来发展。如果有这个发展思路,采用这种方式,任何国家都可以有足够的能力。在许多发展中国家发展工业园区失败的原因有三种:一是仅有其名,但基础设施建设没有跟上去;二是把工业园区放在总统的家乡,缺乏区位的合理性;三是既拥有基础设施,也在合理区位,但是定位是去发展没有比较优势的高科技产业。如果有基础设施、合理的区位,针对的又是符合当地要素禀赋结构所决定的具有比较优势的产业,则即使政府能力不高的国家也容易成功。我觉得发展思路更重要。如果认为政府能力更重要,或是其他学者所认为的政府管理、营商环境等更重要,那么如何改造世界呢?如何改变政府能力、政府管理或营商环境呢?谁来改?我们在认识世界和改造世界的时候甚至不知道什么是抓手。

至于鞠建东老师说的苏南模式和温州模式,苏南模式发展的是乡镇企业,温州模式发展的是民营企业。但是不管是民营企业还是乡镇企业,在20世纪八九十年代两地发展的都是劳动密集型产业,是符合当时中国的要素禀赋结构所决定的比较优势的。如果从要素禀赋结构的资本和劳动来讲,新结构经济学的首要见解在于不管当地的其他禀赋条件如何,在劳动多、资本少的要素禀赋条件下要发展的产业是劳动密集型产业。至于是采用苏南的乡镇企业模式,还是温州的民营企业模式,或是广东、福建的港资台资企业模式来发展,是可以研究的问题。这种模式差异可能取决于温州具有社会资本;苏南的国有企业多,有国有企业的技术外溢;广东、福建则有靠近香港、台湾的区位优势和历史的优势。不过对这些问题的研究并不能弱化新结构经济学所主张的产业结构内生决定于要素禀赋结构的基本观点。

王勇: 我想补充一下文献部分。政府能力这个概念来自政治科学,主流经济学理论认为"the smaller the government, the better"(政府越小越好)。但在政治科学中,大家普遍认为政府能力太弱会妨碍经济发展。比如很多非洲国家,政府能力弱到甚至不能保证社会的稳定。目前国内学术界的很多讨论只看到了中国政府能力强的一面,所以一直反对新结构经济学中有为政府的概念,其实没有看到政府能力弱带来的很多弊端。很多国际上关于政府能力的开创性研究工作就是把政府的征税能力在模型中具体化,比如在公共财政文献中,罗杰·戈登(Roger Gordon)等在比较发达国家和发展中国家时就提到了这两种国家的税收结构不一样。发展中国家很大程度上依赖关税,因为没办法征收交易税,所以从这个角度来说是因为政府能力不一样。2015 年 *Journal of Economic* 发表了阿西莫格鲁的一篇文章,该文章认为政府能力太强或者太弱都不好。如果政府能力太强,那么即便政府官员有失偏颇也不会下台,这样的话,他可能会去做很多利己但不利于整体经济的事情。如果政府能力过弱,那么政府官员也知道自己大概率无法留任,所以可能采取各种短期化的机会主义行为。

林毅夫: 我觉得这还是发展思路的问题。如果发展思路是对的,政府能力当然是越强越好,至于政府能力不强的国家可以从一个、两个小的工业园区做起。比如中国 1978 年实行改革开放后,因为中国政府的执行能力比较强,所以很多劳动密集型产业的工业园区如雨后春笋一样在全国各地涌现。如果是一个只有一两千万人口的小国,有对的发展思路,政府能力又比较强,可以一开始就设置5个或10个工业园区;如果政府能力差,开始时可以只设一个工业园区,像毛里求斯和现在的埃塞俄比亚那样,如果这个工业园区成功了,可以再逐渐增加。新结构经济学想研究的是结构和结构变迁的决定因素,强调结构是内生于要素禀赋结构的,而其变迁是由要素禀赋结构变迁所推动的。变迁的过程中需要政府的因势利导,政府能力可能是一个重要的决定因素,但是,是否做得好、做得对,则决定于政府是否有正确的发展思路,包括发展什么产业,如何在给定的条件下迅速把这些产业发展起来。如果政府有正确的发展思路,则即使开始时政府能力较弱,也可以以一个工业园区作为突破口,产生星火燎原的作用。在这个过程中,就政府能力而言,不管是财政资源动员能力或是执行能力,都会不断提高。新结构经济学的贡献在于找出在经济发展、转型和运行过程中什么是正确的发展思路。

我们需要了解其他学者强调的观点,但是不要照单全收,原封不动地沿着他们的观点去做研究,而要根据我们对现象的理解来做研究,并突出我们的贡献。

江深哲:林老师,我提一个问题。就像您刚才说的,如果政府能力比较弱,只能做一个工业园区,那很有可能就如王勇老师刚才举的印度的例子,地方政府能力比较弱,发展动力不是很强,工业园的数量就很少。印度作为一个大国,如果工业园区很少,经济发展的速度也不会很快。而中国政府动员财力的能力很强,有能力提供基础设施所需要的资金,然后建立很多工业园区,那么经济增长就会比较快。这样看来,我认为政府能力还是会影响整个国家的经济增长速度的。

林毅夫：前提可能还是需要它的发展思路是对的,例如印度也有工业园区,但是如果它选择发展高科技产业,就可能发展不好。莫迪是在当了 14 年的古吉拉特邦的地方最高行政长官——首席部长(chief minister)后才被选为总理的。他在古吉拉特邦的政策完全遵循东亚经济成功的三个法宝:基础设施、出口导向和招商引资。在莫迪执政的 14 年里,古吉拉特邦的年均增长速度为 10%,这使他在印度成了明星政治家。他当选总理以后,也提出"made in India"(印度制造)的口号。但是,印度和中国不一样,印度是联邦制国家,邦的权力很大。即使他是总理,提出的政策在各邦推行也不容易。各邦的首席部长在自己的邦里比总理更有权力。当然,如果政府能力比较强,而且发展思路是对的,发展会更快。如果政府能力较弱,但发展思路是对的,则可以从小的地方做起,只要发展思路对了,以后威望就来了(威望来自一个政治家做了对的事情,大家对他的信任),而有了威望就容易推广他的政策主张,所以,政府能力也具有一定的内生性。另外,如果发展思路是错的,则政府能力较强的国家受到的伤害也大于政府能力较弱的国家。也许这正是在 20 世纪 50 年代以后中国和印度都推行了重工业优先发展战略,但 1978 年时印度的人均 GDP 比中国高了将近 30%(印度为 204 美元,中国为 156 美元)的原因吧。

鞠建东：关于制度问题我们就先讨论到这里。下面我们讨论第二个问题——创新,包括模仿创新和发明创新。

江深哲：我想请教一下林老师和鞠老师,因为我对政治经济学文献了解得比较少,我想问的是:增长导向型政府和社会福利最大化的政府,在经济增长的过程中二者的行为明显是不一样的,特别是在将异质性个体以及生产者等考虑进来之后。如何解决这个问题？

鞠建东：我觉得我们还没考虑得那么细，我们就想单纯地把政府能力这个变量放进来之后，看看和现有文献有什么不同。我们加了一个变量：政府能力（G），提出政府密集型产业（Government Intensive Industry）。对于什么样的产业是政府密集型的，我们并不知道。比如有些在交易中需要很多复杂合约的行业，在合约环境不好的地方就难以发展起来。

江深哲：但是这些地方可能反而需要政府能力弱一点。我认为你说的政府密集型产业可能更多的是一些公共性的产业，比如教育、医疗等，因为这些产业可能需要公共财政。

鞠建东：我们还是来讨论创新吧。

王城：我来说两句。我听了前面的讨论，感觉现在对国家能力或政府能力的概念还是不太清楚。我没有读过阿西莫格鲁的文章。他的文字功底很好，应该解释得很清楚。国家能力与政府能力是不同的概念。对于国家能力这一概念，我最早读到的文献是黄仁宇的《十六世纪明代中国之财政与税收》。明朝是怎么灭亡的(是如何分崩离析的)？这里面国家能力是很重要的概念，其主要指征税能力和税收执行能力。而在明朝，政府缺乏调动资源的能力。所以对于国家能力的研究视角恐怕最早是从这里开始的。国家能力这一概念被作为原创性研究引入文献，其首先指的是国家作为一个整体是否有能力来调动资源(政府能力仅仅为其一部分)，国家需要尽可能地去调动大量资源，使其从一种用途转向另一种用途。国家能力这个概念涉及很多内容。当政府能力被引入后，就需要考虑政府领导者（government leader）是否具有一定的发展思路。我觉得你们现在想要做的事,应该集中于将政府作为一个主要决策者引入理论模型,其中政府有发展思路,也知道如何把与政府能力有关的发展蓝图设计出来。其中还涉及"硬"的基础设施、专用性基础设施、金融基础设施等。政府的发展思路其实依赖于社会基础设施,而如何实施是另外一件事。以中国明清时代的船运为例,如何把财富从杭州送到汴梁会涉及很多事情,政府能力是其中非常重要的一部分。根据刚才大家的讨论,我认为大家想将政府作为一个重要的决策者纳入理论模型,而且政府有思路发展产业。我想明确的一点是,政府能力与发展思路的关系在既有的文献中好像的确缺乏研究。我觉得上述两点都很重要,其中需要引入政府能力这一重要的变量,而且需要建立政府能力与发展思路之间的关系。一个经济体能够发展好既需要拥有正确发展思路的领导者,也需要政府能力,如何才能做到最佳组合是非常关键的。

鞠建东: 你是不是觉得应该强调政府能力?这个政府能力是如何建立起来的?

王城: 我觉得这是两个概念,你们要写一个新的模型。如果我做的话,我就先把政府能力定义好。别人如何定义我不知道,我认为税收征集能力是政府能力的重要内容,而且国家有能力做好。

林毅夫: 我个人还是比较相信重要的是发展思路的正确与否,而不仅仅是强调政府能力的高低。为什么?你身临其境地想象一下1978年之前的中国与1978年之后的中国,具有同样的政治结构(political structure),但是为什么1978年之后中国取得了经济发展的巨大成就?肯定不是因为政府能力的变化,而是因为政府发展思路的变化。我刚刚也讲了,你可以说东亚这些经济体拥有较强的政府能力,但你绝对不能说毛里求斯具有很强的政府能力,然而毛里求斯也很成功。所以更重要的是这个经济体的发展思路是否符合新结构经济学所强调的政府发挥因势利导的作用去发展符合比较优势的产业。我们应该突出其他经济学家所没有强调的因素,然后强调新结构经济学的观点很重要,让其他经济学家来跟随我们;而不是其他经济学家认为某个因素重要,我们就用我们的理论模型和实证检验来证明他们的想法果然重要。中国的政府能力被认为是强的,但是,为什么1978年之前的中国经济发展并不是很成功呢?肯定不是政府能力的问题,应该是有比政府能力更精彩的东西。而且,温州模式、苏南模式、广东模式之间的差异,可能也不在于政府能力的差异。以税收征收能力来定义,这三个地方的差距应该不会很大,执行能力可能也没有多大差别。我同意王城老师的看法,如果要建构理论模型,一定要把政府能力的概念讲清楚,只有这样才能把它的作用机制讲清楚,在实证上才有办法检验。

巫和懋:刚刚王老师讲了,如果社会能力是某一项改革、某一种制度的话,那么可以直接让这个决策者来保护或维护这种制度。这是否可以成为构建理论模型的一种方法呢?

王城:其实也不是。中国明代、宋代的政府能力不是很容易变动的。我们可以将新加坡看作一个公司,它可以集中决策。相比较而言,中国就很难这么做。中国许多地方政府可以去发展制药业或化工业。中国这么大的"盘子",地方政府不可能都做同样的事情。那么决定如何做以及如何做到分散,其实难多了。所以构建类似中国这样的大国的理论模型且纳入政府能力真的太难了。

平新乔:其实不仅仅是征税能力的问题,像1978年以前,中国国有企业的利润要全部上缴国家,政府的征税能力也是很强的。但是 1978 年以后国家富了,政府能力还应该包括维稳的能力和政府的威望。

王城:黄仁宇是怎么解释明朝崩溃的呢?他讲了很多关于税收的东西,他认为明朝的税收没有数量化,因为那个时候的政治体制没有办法实现税收的数量化,所以政府最后没有办法调动资源,其实这也是社会基础设施的一部分。

林毅夫:这也是一个问题。但是真正让中国比较落后的,是 18 世纪中叶西方工业革命后,科学技术日新月异,经济发展一日千里,而中国没有发生工业革命。1633 年郑成功的父亲郑芝龙用地方武装力量打败了当时的海上强权之一的葡萄牙,取得对台湾海峡的控制权。1661 年郑成功再次以地方武装力量收复了先被西班牙后被葡萄牙占据的中国台湾,被外国人尊称为"国姓爷",途经台湾海峡的外国船只都需要向其缴税。如果鸦片战争发生在 18 世纪而非 19 世纪中叶,那么我同意一位研究中国经济史的美国经济学家所说的:估计胜利的会是中国。

鞠建东:所以我们来讨论创新。创新就是我们加入的另外一个维度。也即,我们以前只有资本和劳动,现在加入人力资本这一维度,会有什么不同呢?在林老师的思想里,创新是从模仿创新到发明创新。有模仿创新也有发明创新,于是我们就可以去定义模仿密集型产业(imitation intensive industry)和发明密集型产业(innovation intensive industry)。这里的创新和现有文献中的创新是不一样的,我们去讨论当禀赋处于什么样的阶段时可以去做模仿创新,处于什么样的阶段时可以去做发明创新,有点像林老师的思路。所以在创新的文献里,我们也可以去做拓展,同样地定义一个密集型产业(可以是模仿密集型产业或是发明密集型产业)。随着禀赋的不同,我们就可以讨论不同的创新结构,比如深圳的创新结构、北京的创新结构,这是不一样的。

林毅夫:但创新结构为什么具有差异性则需要解释。

鞠建东:禀赋不一样,因为人力资本不一样。

林毅夫:如果你讲人力资本的话,那么深圳的大学教育大概不是最好的,在深圳的大学好像只有深圳大学。

鞠建东:这是下面要讨论的问题。根据新经济地理学理论,为什么深圳具有更多的创新?虽然深圳本地的禀赋不是很好,但它把其他地方的人才都吸引过去了。

林毅夫:那为什么深圳能吸引到人才,而其他地方不能?例如武汉的大学数量在全国是第一位的,但是很多人才并没有留在武汉。为什么深圳能吸引到人才呢?其实就是因为深圳的产业发展得非常好,同时它的产业如果按照五类产业划分,很多已经属于领先型了。

江深哲:鞠老师,我有一点想法。我们可以将产业分为人力资本密集型(human capital intensive)和物质资本密集型(physical capital intensive),像互联网业可能更多的是人力资本密集型产业,但比如飞机制造业可能更多的是物质资本密集型产业。那我觉得创新政策(innovation policy)本身就能把人力资本密集型产业和物质资本密集型产业进行区分。

林毅夫:经常来我们这里讲学的韩国国立首尔大学李根(Keun Lee)教授,就是以研究上述创新结构出名的。他提出了短周期创新(short cycle innovation)和长周期创新(long cycle innovation)的问题。长周期创新的研发需要巨大的金融和物质资本投入;短周期创新则以人力资本投入为主,例如我们五类产业划分中的第四类——换道超车型产业的创新就是以人力资本投入为主的短周期创新产业。

鞠建东:我们现在就是要打开思路,我们可以加入很多东西,比如数据,去定义数据密集型产业(data intensive industry)。

平新乔:像20世纪八九十年代,即改革开放后的第一个十年,深圳吸引人才主要不是靠自身的禀赋,而是靠政策刺激。

黄斌:但是当时去深圳的人和去海南的人一样多,去海南的人投资一段时间房地产就走了。当时去海南的人不会比去深圳的人差,但是为什么当时海南没有留住这些人才,而深圳却留住了。你不能说当时海南发展得不好,深圳却发展得很好。

林毅夫:深圳靠近香港,20世纪80年代香港的许多劳动密集型产业转移到深圳来。当年交通基础设施不好,很多香港的企业家以车程8小时可以到达的地方作为投资范围。海南不具有吸引港资、台资的劳动密集型加工业的条件。同样,珠海和汕头也没有吸引到香港的劳动密集型产业,厦门吸引的主要是台湾地区的劳动密集型产业。珠海经济特区当时的主要负责人梁广大思路上很难说不如当年深圳经济特区的负责人开放。

鞠建东:既然我们谈到深圳了,那我们现在就来谈一谈新经济地理学。这是对我们以前模型的一个挑战,因为要素禀赋本身是可以流动的。比如说深圳一开始什么都没有,但是它能在较短的时间内吸引全国各地的劳动力,使其可以发展劳动密集型产业,这是和新经济地理学联系在一起的。在新经济地理学中,要素本身是可以流动的,那么下面这个问题就有意思了:当我们用新结构经济学去研究新经济地理学的时候,我们该如何去拓展?我觉得这是一个很有意思的挑战。林老师经常举的例子是深圳和绵阳。本来与深圳相比,绵阳的产业应该更是劳动密集型的。但是绵阳的基础产业是军工产业,而很多绵阳人都去了深圳,所以广东生产劳动密集型产品,而绵阳有相当一部分资本留下来,这使得绵阳反而去做资本密集型产业。其中的原因就在于,劳动力是可以流动的。在新经济地理学的框架下,我们让要素流动,这样就能解释一些很有意思的问题。地方政府有时确实可以实施一些政策,迅速地改变这个地方的禀赋结构。

林毅夫:这没错。首先,你要看深圳的发展,它是从劳动密集型产业开始的,并没有一开始就发展现在的高新科技产业。固然有劳动力流动,但是,当时深圳和全国其他地方一样,资本极端短缺,早期发展劳动密集型产业是符合新结构经济学的要素禀赋结构决定论的。当年绵阳的资本密集型军工产业之所以不会转移到深圳,是因为这些产业违背比较优势,需要政府给予补贴,而深圳作为经济特区不给补贴,所以绵阳的军工产业的资本就不会流动到深圳去。

鞠建东:但绵阳就不是。

林毅夫:绵阳的军工属于三线建设,国家已经在绵阳投入了很多,资本成了绵阳的要素禀赋,而且,还有来自政府的补贴,所以,绵阳当然要继续发展资本密集型的军工产业。

鞠建东:但是有一个问题,如果绵阳去发展资本密集型产业,那多余的人去哪里了呢?

林毅夫:在改革开放后绵阳其实也发展了四川长虹这样的劳动密集型产业。20 世纪 90 年代中国最好的彩电是长虹生产的。不过与沿海地区相比,长虹仍具有局限性。长虹原董事长倪润峰当时曾对我说:绵阳发展彩电、冰箱等家电产业等有一个劣势,就是和国际市场距离太远。山东的青岛,以及广东的顺德、珠海等地方很容易出口,但是绵阳就不容易出口。如果把四川长虹的彩电从绵阳运到东部的港口,一部电视机的运费就是 50 美元。而当时东部沿海生产的一台彩电的利润还不到 50 美元。所以,虽然长虹总部在绵阳,但是它的很多工厂在西安、湖南等地,而不在绵阳。这可能就是你讲的新经济地理学。这样,绵阳发展资本密集型的军工产业反而是一种优势,因为单位产品价格高,运输费用相对于产品价格来说比较低,而且还有来自政府的补贴。

王勇:新经济地理学的文献的确在快速发展,其中提到的空间结构演变(spatial structure change),就是把结构演变和空间联系在一起。回到现实,比如说东北,是否应该像有些人建议的那样,放弃当地的经济建设,只把那边变成绿水青山,让劳动力自由流动到他们想去的其他地方?这是现在特别值得考虑的一个问题。在新经济地理学中,克鲁格曼最早是强调规模报酬递增导致专业化(specialization)和集聚化(agglomeration)。对于处在城市化进程中的中国来说,如何考虑最优城市规模?Lucas(2004)试图说明由于人力资本的正外部性大,所以其具有聚集力,所以大家愿意涌入大城市,这个是经济集聚。但是在中国,我们一直面临着一些扭曲。劳动力之所以愿意从家乡流动到上海、北京等大城市,集聚的力量并不是 100% 的原因,而是因为这些城市有更高的行政级别,而很多公共服务与福利都是跟城市的行政级别以及户籍制度挂钩的,比如在这些城市更容易上好的大学或者拥有更好的医疗条件。如果我们现在进行改革,令所有地方的行政资源一样,不给北京和上海这两座城市以及户籍居民额外的行政政策优惠,江西的考生与北京的考生考北大、清华的机会一样,这样北京和上海的聚集力量是否会相对变小?劳动力会不会又往回流,更多地离开北京和上海这些地方?如果劳动力开始流动,如何才能达到最优的城市规模呢?例如现在关于东北振兴的战略,我们需要讨论的焦点问题之一就是究竟应该在东北再下狠力气做改革、做投资,创造更多就业机会把人吸引回来,还是应该索性放弃这些努力,全面放开人口流动?我觉得这是应该考虑的问题。

鞠建东:地区的要素禀赋可以是内生的。我们想一想,有哪些要素禀赋是可以流动的,有哪些是不能流动的?比如土地,青山绿水是不能流动的。这样我们就可以把要素禀赋分成两类,一类是可以流动的,另一类是不能流动的。不能流动的要素禀赋很可能会改变可以流动的要素禀赋,进而改变产业结构。因此这个问题变得特别有意思,政府可以用不能流动的要素禀赋去制造一个可以流动的要素禀赋。我举个例子,广东有什么是不能改变的呢?它靠近香港的地理位置是不能改变的。开放政策本身使得广东相对于全国其他地区来说优势特别大,使广东可以在某个时点吸引全国大量的劳动力,从而生产劳动密集型产品。现在深圳也是一样,吸引了大量人力资本。

林毅夫:那么这样做是在弱化还是强化新结构经济学呢?因为这是在证明新经济地理学是对的。如果从新结构经济学的角度来看,我们应该强调的是,确实如新经济地理学所强调的,劳动力是可以流动的,但是,深圳在早期即使以其经济特区的优惠政策加上接近香港的区位优势,发展的产业仍然是符合新结构经济学所强调的当时中国要素禀赋结构所决定的比较优势的劳动密集型产业。只有在劳动密集型产业发展起来,积累了物质资本、人力资本、产业集聚、供应链配套、基础设施完善等禀赋条件后,才如新结构经济学所揭示的规律那样不断往资本、技术密集型产业升级。在这一产业升级过程中,政府也要不断发挥相应的因势利导作用。同样,如新经济地理学所强调的,资本是可以流动的,像绵阳那样确实在国家政策的推动下集聚了很多物质资本和人力资本(有许多院士),但是,像新结构经济学所强调的那样,由于其发展的产业违反了当时中国要素禀赋结构决定的比较优势,绵阳的产业发展高度依赖中央政府的补贴。这样的研究才是在引入新经济地理学要素可流动的视角下坚持和发展了新结构经济学,而不是去简单证明新经济地理学所强调的要素流动和经济集聚的正确性。

鞠建东:发展中国家通过工业园区等来发展经济就不能用新经济地理学来解释,但可以用新结构经济学来解释。这是新结构经济学在新经济地理学方向上的一个拓展。和现在的新经济地理学文献不一样的地方在于,我们还是讨论那个时点的要素禀赋结构改变后,产业结构也在变。

王歆:鞠老师,我们能否这样理解:当时深圳吸引了大量的劳动力,而不是大量的资本,是由当时中国整体的比较优势。类似于国家内部的集聚决定的。

林毅夫:这一点是对的,即使要素能够流动,深圳开始时能发展的、在国内及国际市场上有竞争力的产业也仍然是劳动密集型产业。

黄斌:其实你可以把深圳或者五个经济特区理解成中国的"工业园"区,可以按照这个逻辑来解释。

江深哲:鞠老师,我觉得我们是否把国家和地区混淆了?如果一个地区或城市,比如某县想发展资本密集型产业,然后国家也支持,那么国家再穷也有能力让这个县变成资本密集型的。这样发展起来的地区可能短期内有很高的经济增长率,但它是以政策扭曲为代价的。所以我觉得应该区分清楚这两个定义,在一般均衡背景下考虑可能会更好。

林毅夫:是的,就像绵阳。绵阳长期受到中央财政补贴,即使到现在还在接受补贴(因为绵阳的很多产业是国防军工产业,所以需要大量补贴),比如飞机发动机、柴油发动机等都是在绵阳研发和生产的,需要政府高度补贴,因为它是资本高度密集型产业,违背我国的比较优势。并不是像新经济地理学所主张的要素可以流动或有集聚效应就好,这是新结构经济学和新经济地理学的差异之一。这类国防安全产业,可以放到绵阳,也可以放在西安,或者其他地方。我认为这类产业放在绵阳并不是由于新地理经济学的原因,而是因为当时人们认为把国防军工产业放在西部的山沟里会比较安全。其他地区的劳动力流动大部分是市场行为,在这种状况下,研究四个经济特区之中为什么深圳比较成功,可能与新经济地理学有点关系,因为深圳在地理位置上接近香港。如前面提到的,我听香港的企业家说,之所以选择在深圳而不是汕头或珠海投资,是因为基本上8个小时的车程就能到深圳,深圳的地理区位比较好。香港的企业家到深圳设厂,早上来了晚上还可以回去,交通比较方便。但这一点对新结构经济学的帮助有多大呢?即便这样,也没有脱离当时发展劳动密集型加工产业这个事实。

王勇:我认为,新结构经济学的视角可以帮助我们对经济地理和空间集聚有更进一步的认识。比如,当前的长三角一体化、粤港澳大湾区建设、京津冀协同发展等,这些都是我国的重要发展战略。最近,我和朱兰、李枭剑基于调研合作写了一篇论文,以宁波如何与上海进行产业融合为例，对长三角一体化进行新结构经济学的分析。现有的关于经济地理的最主要的经济学理论是基于克鲁格曼的核心-边缘（core-periphery）空间理论模型，核心机制是规模报酬递增。但这个理论模型通常无法体现不同发展阶段的区别，不太强调要素禀赋结构（因为通常假定只有劳动力这个单一要素），而且即使模型中有多个产业，产业之间也是对称的，对于产业的选择基本上由市场自发决定，很少结合发展阶段讨论政府应该如何发挥有为作用、促进产业升级。新结构经济学在对区域经济做分析时就会从要素禀赋结构出发，有五大类产业的划分，有GIFF的分析框架，更能体现不同发展阶段的差异性和动态演化性，对于区域经济的发展与区域经济一体化问题就会提出更有针对性的有为政府建议。在该文章中，我们除了重点研究要素禀赋结构，还考虑了相关地区在自然禀赋、制度禀赋等其他层面的互通性与差异性，梳理了一个地方政府如何在区域内寻求经济合作的目标地区与目标合作产业的具体操作步骤。

巫和懋：我想问林老师一个问题。如果我们回头看最早的要素禀赋——资本和劳动，100万单位资本，会等于50万单位资本分两步加总吗？我们过去把它当作变量，劳动也是一样，也有各种加权，可中间的变化过程并不一样。比如中国台湾的台积电（全称为台湾积体电路制造股份有限公司），它的要素禀赋结构中的资本是很高级和昂贵的，同时还有很高级的人力资本，但是这两者必须结合起来才能发展。两者一旦结合起来要素就相对稳定，不容易流动，因此很多地方难以学习台积电的成功经验。我的问题是：我们可不可以把要素禀赋细化，比如将资本分为高质量的资本和普通的资本，将劳动分为高级的劳动和普通的劳动？那么在一个经济体的发展过程中资本和劳动也会变得越来越多,这就是一个结构变化的过程。这就相当于在原来的资本和劳动的基础之上增加了一个维度。有没有这种可能性?

林毅夫:我觉得这是完全可以的,而且台积电的成功也不只是高级人力资本的问题,这里有很多具体化的问题。我认为我们在发展新结构经济学时首先需要高度抽象和简化,然后在研究具体问题时,再根据问题的需要进行复杂化。我认为各个理论体系的发展都是这样的,先把最基本的规律用最简单的方式揭示出来,在解释所观察到的现象时,再根据这个现象的特性,引入新的、更为细化的要素。否则,比如,我们在外面介绍新结构经济学时,如果要先花一个小时来讲资本的各种差异性,可能讲了半天人家还不知道我们新结构经济学在研究什么呢。

巫和懋:但是我们现在的要素禀赋,只有简单的资本和劳动,可能维度还不够,因为在发展过程中有些禀赋也越来越重要,比如技能溢价(skill premium),实际上它是嵌在人力资本里的,它也可以解释东亚经济增长,这也是一个理论创新。

王勇:我接着巫老师的话题继续说。刚刚大家都讲了人力资本。我和新结构经济学研究院博士后汤学敏上学期就在这个经济增长讨论班上报告了一篇我们的学术文章,题目为"Human capital, industrial dynamics and skill premium",它在 2015 年 JME 论文的基础上加入人力资本,使生产要素变成三维:物质资本、熟练劳动力、非熟练劳动力。人力资本投资可以将非熟练劳动力变成熟练劳动力。我们研究产业升级与技能溢价之间的关系,而产业升级的驱动力现在不仅是物质资本的积累,还有人力资本的内生积累。我们这篇文章的主要结论是,最适宜人力资本的投资与积累要与产业结构对劳动力技能的需求相匹配,也要与对应的物质资本积累相协调。在讨论技能溢价时,也应该更好地结合发展阶段与产业结构进行讨论,而目前的主流宏观经济学文献却依旧在单一部门模型假设下进行讨论,因此无法讨论产业结构的重要性,而将不同发展阶段的结构性差别作为技能偏向的技术进步率的定量差别。我们这篇文章还在产业升级的背景下讨论了人力资本投资的外部性以及最适宜的教育政策。将来我们还可以把健康引进来。

我们今天讨论的是禀赋结构。我认为可以从概念上把禀赋结构分为四类:第一类是要素禀赋结构(factor endowment structure),包括物质资本、人力资本、非熟练劳动力、土地;第二类是制度禀赋结构(institutional endowment structure),包括正式和非正式的制度,正式的制度包括法律、政策等,非正式的制度包括文化、社会资本等,这里专指企业之外的制度环境。第三类是自然禀赋结构(natural endowment structure),包括它的地理区位、气候、自然风光等,我现在不确定是否应该包括人口密度,例如,人口密度高低对摩拜(摩拜科技有限公司)这样的企业所在的产业会有关键性的影响。第四种可以叫技术禀赋结构(technological endowment structure),是指一种生产技术(或者企业内部管理技术、商业模式等)是不是可获得的,这就涉及技术创新与模仿以及企业内部的管理与运行效率等。经济学里有组织资本(organization capital)这个概念,这些都会影响企业的全要素生产率。我想禀赋结构大概可以分成这四类,因为这四类都符合林老师说的在给定时点上可以影响产业与经济发展的约束条件,或者说,在动态模型中是状态变量。我们考虑禀赋结构的重要原因之一,是我们希望探求是什么关键因素决定了在给定时点上一个经济体具有(潜在)比较优势的产业,比如,桂林、黄山、拉萨等地区发展旅游业,核心因素就是其在自然禀赋上具有先天优势。当然,在这么多禀赋结构中,要素禀赋结构依然是最为关键和我们最需要坚持的。同样是黄山的风景区,随着经济的发展和要素禀赋结构的提升,景区的设施也得以升级。

然后的问题就是如何把这些放入新结构经济学框架里,这些禀赋中的一部分影响生产成本,另一部分影响交易成本①。

对于影响生产成本的禀赋结构,我觉得至少包括如下几部分内容:第一部分涉及各种要素(劳动、物质资本、人力资本、土地),不同部门的要素密集度是不一样的,所以不同要素禀赋结构通过要素相对价格影响生产成本,这也是以前我们讲禀赋讲得最多的。第二部分是技术,因为相同的要素禀赋可以有不同的技术水平。以前我们研究的是低收入国家所要采用的新技术,其对发达国家来说专利保护期已过,所以可以当作可获得的免费技术,发展中国家只需要研究如何从免费技术菜单中选择最合适的技术,如何考虑要素禀赋和技术的匹配性即可。五大类产业中的领先型和换道超车型产业,越来越需要自己的发明创新,包括军工等战略型产业也需要发明创新。第三部分是管理水平。管理水平也会影响生产成本,这就涉及产业和企业的最适宜形态和组织,比如做组织经济学研究的经济学家讲了很多有意思的组织架构(within the firm)。

影响交易成本的禀赋结构,是新结构经济学考虑制度变革的一个抓手。其他主流制度经济学更多的是就制度来谈制度(包括

---

① 交易成本又称交易费用,二者通用,下同。

民主、法律法规、财产权利保护等)。那我们通常的做法是什么呢？一个具有(潜在)比较优势的产业,目前有什么瓶颈？如何改善现有制度？我想,如果细分起来,交易成本至少与三类禀赋结构有关。第一类是诸如道路等"硬"的基础设施,它们经由地理位置/区位改变交易成本,与自然禀赋结构有关。第二类是制度禀赋结构,它通过改变政策,甚至司法体系和社会成本等改变交易成本。对于转型国家而言,在制度起点已经存在各种扭曲(因为以前的发展战略),改革就是要考虑如何把政策中存在的既有扭曲去掉。这与制度禀赋结构有关,特指企业外部营商环境的问题,而不是企业内部的管理制度问题。第三类是技术禀赋结构,包括企业对生产技术的学习、改进与创新,企业内部管理技术的提高,管理与运营模式的改善。这些企业生产与管理技术的变化会影响企业与客户之间的交易成本,当然也会影响企业内部不同部门主体之间的交易成本。顺便说一句,当经济学家们谈论制度的时候,有些指的是企业内部的管理制度,这类制度是企业可以选择的;还有些指的是企业外部的制度,这类制度对于企业来说是给定的。对于新结构经济学来说,可能需要认真区分一下以上两者。比如在研究国有企业改革问题时,我们需要区分清楚哪些是企业可以选择的制度,哪些是企业必须接受的外生制度约束。

另外,新结构经济学的逻辑框架起点是要素禀赋结构,但是我们有一个很强的假定——要素市场的价格信号能够相对真切地反映要素密集度。但很多经济学家很友善地批评说,一般而言,发展中国家普遍的特征就是要素市场(比如劳动力、土地、资本市场)极度扭曲,那么要素相对价格如何能反映出真实的要素禀赋结构呢？所以当一个理论模型(因为理论模型假定所有的要素市场是完美的)被构建出来之后,他们就会质疑这个假设是否对发展中国家的情况刻画得很好。

林毅夫:这个问题其实就像之前说到的剑桥学派和芝加哥学派的争论,哪里有完全竞争或垄断竞争市场!不管怎么说,一个非洲国家(资本相对稀缺,劳动或土地相对丰富)都不可能变成资本相对便宜、土地和劳动相对昂贵的国家。另外,中国在改革开放之前,也有各种扭曲和对市场的干预。我在1991年发表的一篇文章①中以理论和实证研究说明了在要素市场交易受抑制的经济中,一个地方的技术选择同样是由要素禀赋结构决定的。

王勇:我同意。我不是说这种说法完全对,这个问题涉及需要在多大程度上精细区分不同产业之间的资本密集度的差异,以及禀赋结构的差异。因为一个国家的要素市场无论如何扭曲,比如尼加拉瓜,其资本和劳动丰裕度也不可能与美国相反,对于两个资本密集度差异足够大的产业来说,即使相对要素价格信号不那么精准,也不会有大的影响。但这也是一种启发,JME论文是讨论在最优条件下的基准理论模型。现在我们考虑新结构金融学就相当于我们明确地承认资本市场是不完美的,放松了JME模型里完美资本市场的假设,把各种各样的金融结构引进来。当然,还有其他生产要素市场,比如土地市场和劳动力市场也都存在不完美。此外,还有其他的一些扭曲也都影响相对价格以及交易成本。其中一种可能的研究方式是,既然我们已经有了一个最优框架,那么接下来应考虑怎么把这些扭曲放进基准理论模型,为我们后续的

---

① Lin J Y, Prohibition of factor market exchanges and technological choice in Chinese agriculture [J]. Journal of Development Studies, 1991, 27: 1-15.

改革提供针对性的建议。我补充一下新结构经济学在这方面的几个进展。陈思雨和我合作写了一篇论文,题为"Skill mismatch, industrial dynamics and structural unemployment",主要探讨当劳动力市场不完善时,产业升级与宏观劳动力市场表现(比如失业率)会受到怎样的影响。具体而言,成熟产业中的员工与企业匹配的效率比较高,随着禀赋结构的升级,当新的产业出现时,该产业中的工人与企业匹配的效率就更低,这个效率会随着产业的发展不断内生地提高,所以宏观均衡失业率就会随着产业的交替和此兴彼落发生内生波动,同时产业升级的速度也受到劳动力市场摩擦的影响。在具体建模上,可以将技能错配(skill mismatch)引入JME论文模型,使后者变成我们拓展模型的一个特例。我们正在做的另一项研究是讨论土地资源的错配对产业升级与结构转型的影响,但是还很不成熟。

林毅夫:我同意这点。可以把禀赋分为几类。首先是要素禀赋,但是你把人力资本加进去时要慎重考虑,很多非洲发展中国家,因为教育水平提高,现在人力资本的增加非常普遍,但是没有产业的发展(比如北非国家的情形,教育水平提高了很多,但是产业没有发展起来,少部分受过教育的人合法或非法地跑到欧洲去,但大部分留在当地没法找到工作)。所以人力资本和物质资本其实应该是匹配的,如果差距太大的话,反而会成为一个偏差。理论模型是用来解释观察到的现象的,只要能解释所观察到的现象,模型本身应该是越简单越好。到底要不要放入新的变量决定于要解释的现象,而不是决定于理论模型本身。其次是制度资本(社会资本、税收征集能力、政府能力、价值观等),再次是自然禀赋,最后是技术禀赋,这个就比较接近里卡多·豪斯曼所讲的由现有产业积累的隐性知识,这个与人力资本放在一起比较好还是单独作为一个禀赋比较好呢?可能是因为一个国家拥有的技术禀赋,也可能是因为其现在的产业需要这种技术,所以培养了一批具有这种知识的产业工人、工程师和管理人员。

王勇:我之所以把技术禀赋单独拿出来,是因为生产成本应该包含要素价格。但是有些技术是包含在人力资本中的,比如生产经验、管理经验。此外,当考虑企业的创新行为时,也与企业员工的人力资本有关。

林毅夫:如果是这样的话,那干脆不要把人力资本拿出来,单独放在要素禀赋里面,因为人力资本也不容易定价。

王勇:关于人力资本的定价问题,有些东西,例如技能溢价,是可以测度的。

林毅夫:那只是其中一个维度而已。人力资本的贡献主要在发明创新方面。拥有更高人力资本的人,处理不确定性的能力更强,更容易在生产中采用新技术(这属于模仿创新),或是更容易发现新的更好的生产方法或产品(这属于发明创新)。你说的技能溢价其实针对的是已经有一定工作经验的员工。像卢卡斯、贝克尔、普雷斯科特(Prescott)等人强调的人力资本更多的是指创新能力,包括发明和采用新技术的能力。那样的贡献表现为经济增长率的提升,是无法用技能溢价来代表的。

王勇:我同意人力资本的作用之一是通过促进创新来提高技术。但另一方面,人力资本高的工人可以从事更加复杂的工作,或者生产同样的东西时劳动生产率更高,因为技能更高。比如人力资本里面,除教育、在职培训等外,还有健康维度。健康程度不一样的人,工作效率也是不一样的。

林毅夫：那是其他学者做的研究。我们要不要强调这个呢？

王勇：对，那是其他学者做的研究，我们可以讨论。我们做的研究是，什么是与发展阶段相适应的教育政策。这个在我和汤学敏合作的关于人力资本的论文中也进行了明确讨论，我们研究人力资本投资应该如何与物质资本相匹配，与产业升级相匹配。另外，也许仿照类似的思路，也可以研究什么是和发展阶段相适应的与健康相关的政策，比如医疗政策、医疗体系等。

林毅夫：这个其实很大程度上取决于我们所要讨论的是什么问题。比如现在谈论经济增长，很多人讲人力资本，但是他们肯定知道影响经济增长的因素绝不只有人力资本。如果讨论这类问题需要人力资本，就需要把我们讨论这类问题的人力资本是什么以及怎么发挥作用的机制描述出来。新结构经济学在研究问题时也是这样的，决定你要解释的现象，根据这个现象选择放进去的禀赋变量。我们接纳各种变量。但是单纯罗列其他经济学家或其他理论考虑了哪些变量，然后就主张新结构经济学模型中的禀赋也应该包含这些变量，不见得就是好的研究。我认为成本可以分成两类：其一是生产成本，其二是交易成本。因为我们谈的结构及结构演变的内容有很多与创新（包括模仿创新和发明创新）有关。或者说我们将其称为学习成本，比如斯蒂格利茨就特别强调学习成本，我们亦可将其称为创新成本。

王勇：创新成本可以放到生产成本里面，因为最终的创新水平其实涉及改变技术禀赋进而改变生产成本。

林毅夫：我觉得这是两个不同的维度。生产是现有技术下的生产，创新是从一项旧技术转换到一项新技术或从一个旧产业转换到一个新产业。

王勇:我觉得的确可以讨论。这部分取决于如何去模型化。比如在基于研发的内生增长模型(R&D based endogenous growth model)中,做创新的部门可以在企业内部,比如华为等企业花费很多钱去做新产品的研发,手机不断升级。还有一些企业做内部管理模式的创新,生产的最终产品和服务并没有改变,但是生产率提高了,这样的内部创新最后都会反映在企业最终的生产成本上,所以我把它归类为影响成产成本。

林毅夫:那这个生产成本是一个单部门的生产函数(one production function),还是很多不同部门加总的生产函数?

王勇:其实我刚才说的生产就是企业内部各种活动加总得到的最终结果。

林毅夫:在 JME 论文中是没有这些东西的。但是,如果在那篇论文中,我们假设从一个生产函数转换到另外一个生产函数,这个跳跃本身没有产出,这个跳跃只是进入一个新的产业,那么这属于创新成本而不是生产成本。就创新而言,比如美国,从一个生产函数转换到另外一个生产函数,是需要创新的;但在发展中国家,可能是学习,也可能是模仿。所以,我认为其可能还不在生产函数里面。

王勇:生产成本的确可以分为狭义的和广义的。比如说,如果我们考虑的是从一个旧产业转换到一个新产业,或者说从一项旧技术转换到一项新技术,这个过程中需要一些有成本的学习活动或创新活动等等,这些我同意。回到我之前提到的技术禀赋问题,创意与要素禀赋结构不同,而要素禀赋与技术禀赋都会进入企业或者产业的最终生产函数中,影响生产成本。所以,我说的是广义生产成本,您实际上说的是狭义生产成本。所以,您强调的是区分产品或服务的生产与创意的生产。创新的作用是使原来的(狭义的)产品或服务部门的旧生产函数切换为新的生产函数。而生产新的创意的成本,可以是发明成本,也可以是学习模仿成本。Romer(1990)在关于内生增长的经典论文中详细讨论了创意使用的非排他性、非竞争性等性质,这与产品生产不一样。

林毅夫:我学一次可能可以用于 100 次生产。

平新乔:对,你学一次的话可能要放弃 10 次生产。

林毅夫:我学会了就可以用于 100 次生产,这个你再考虑一下,我觉得可能把它放在发明或者学习模仿成本中比较合适。斯蒂格利茨就特别强调模仿学习,但是我经常挑战他说"你需要知道什么是应该学习的东西"(you need to know the right things to learn),不然按照这个道理的话,非洲国家想去学习火箭技术,花了很大的成本学会了,但是不符合比较优势,结果对经济的发展并没有帮助。再比如说,在 20 世纪 50 年代,我国从农业社会向重工业社会转型花费了许多学习成本,而且,从结果来说也很成功,所以 60 年代可以试爆原子弹,70 年代卫星可以上天。但是这不符合比较优势,从而使经济发展不可持续。所以,需要学习什么是值得研究的。如果只强调学习,斯蒂格利茨已经研究了很多,发表(出版)了许多文章(专著),但是如果讲需要学习什么,就是新结构经济学的长处和贡献了。

王勇最后讲的禀赋的分类,是对上次讨论的一个总结,这次讨论把禀赋的内涵又做了扩展。什么叫禀赋?禀赋就是决策者在做决策时,对他来讲是给定的、不能改变的、会产生影响的因素。禀赋可以归为几类,比如刚刚讲的要素禀赋、制度禀赋、自然禀赋。自然禀赋有地理位置(区位)、气候、土地类型等。技术禀赋可以再考虑一下。因为它与现有的产业结构有关系,现有的产业结构形成了该产业所在经济体的劳动技能和隐性知识。知识资本又怎么与人力资本相区分？知识资本可能比人力资本更具体。

王勇：Stokey(1991)在一篇关于不同国家之间经济增长绩效文献的理论模型中，将技术和人力资本进行了具体区分，即人力资本只能为特定国家所拥有，而技术能够在不同国家之间进行自由流动(human capital is specific to each country, but technology like ideas can flow around across borders)。一个国家能否采用该技术取决于该国的人力资本。现在，我们在新结构经济学的框架下讨论人力资本，我想应该结合产业结构来讲。技术禀赋结构是否应该与要素禀赋结构区分开来？如何分析人力资本、技术，并对它们做禀赋意义上的分类？是否索性把禀赋结构与技术结构单独分开更好？这里有不少地方我还不太确定。

鞠建东：这个问题我们可以存疑。

林毅夫：我觉得这取决于怎么定义这些概念。如果技术是像巫和懋老师所谈的台积电的工程师在工作中所积累的技术或知识，这种技术是专用的而且是依附于这些工程师的，那么这种技术就不可以在国家之间自由流动。但如果这种技术依附于某种机器设备，或是在创意层次上，那么它确实可以在国家间自由流动。我想强调的是，我们在研究问题时还是应该先从现象出发，然后再看要解释这个现象究竟需要什么变量。如果你写理论模型，当然可以在这个理论模型中加入这个维度或另外一个维度。但是如果你加的维度太多了，模型就太复杂了，所以就要有取舍。那为什么保留这个维度，而不保留那个维度呢？所以我觉得，一定要先观察一个经济现象，以解释这个现象为目的。在解释观察到的现象的时候，要素禀赋是新结构经济学中最基本且必须保留在模型中的禀赋，等到单从要素禀赋尚不足以解释观察到的现象的时候，再考虑是否引进社会资本、制度禀赋、自然禀赋、技术、技能等。

最后,我再总结一下。总的来讲,我主张做经济学研究时要"从真实世界的现象出发来考虑其背后的理论,而不是从现有的理论出发来观察真实世界的现象"。同样,从新结构经济学的视角来研究结构和结构变迁的内生性问题时,固然我们需要了解别人对禀赋有什么观点和看法,但是我主张"从真实世界的现象出发来考虑理论模型中除要素禀赋外还应该包括什么禀赋变量,而不是从现有的其他理论或观点出发去考虑新结构经济学的理论模型应该包含哪些禀赋变量"。并且在引进其他学者的视角时,我们的研究不应该强调新结构经济学的不足,而是应该去强调他们的视角忽视了结构内生于要素禀赋结构,结构变迁内生于要素禀赋结构变动,及其导致的比较优势的变化。他们的视角需要用新结构经济学的视角来补充。

关于新结构经济学方法论的对话*

发言人

(按发言顺序排名)

郭强(中共中央党校教授)

车嘉华(中欧国际工商学院教授)

聂辉华(中国人民大学经济学院教授)

赵刚(科技部、国家发改委可再生能源与新能源国际科技合作计划办公室副主任)

付才辉(北京大学新结构经济学研究院研究员)

---

* 该对话根据"产业升级与经济发展"微信群(群主:北京大学新结构经济学研究院学术副院长王勇)讨论(2017年8月27日)的内容整理。对外发布已经征得所有相关群友同意,编入本书时对部分语句和文字进行了调整。

王勇(北京大学新结构经济学研究院学术副院长副教授)
王迎春(上海科技发展研究中心主任)
杨新英(北京菁英祥资产管理公司总裁)
黄益平(北京大学国家发展研究院教授)
林毅夫(北京大学新结构经济学研究院院长、教授)
张中祥(天津大学马寅初经济学院院长、卓越教授)
张国华(国家发改委城市中心综合交通院院长)
刘学文(香港科技大学金融系副教授)
张小茜(浙江大学经济学院金融学系副教授)
沈艳(北京大学国家发展研究院教授)
刘晓蕾(北京大学光华管理学院金融系系主任、教授)
徐建国(北京大学国家发展研究院副教授)
李系(香港科技大学会计系教授)
路乾(中央财经大学经济学院助理教授)
何国俊(香港科技大学社会科学部、环境学部、经济学系助理教授)

对话内容

郭强:学者做企业咨询,最不靠谱的就是告诉企业应该生产什么产品;学者做政府咨询,最不靠谱的就是告诉政府应该发展什么产业。学者如果觉得自己有复杂体系的诊断能力,那就掰开了揉碎了告诉付钱请你的人,他们的病症在哪儿。学者如果觉得自己掌握了规律,那就授之以渔,把你发现的规律掰开了揉碎了告诉付钱请你的人,让他们自己学会一种方法。

车嘉华：吉林可以分出三个特区，一个给老林（林毅夫），一个给老田（田国强），一个给老张（张维迎）。看谁有本事用自己的理念推动当地的发展，看哪个特区搞得更好。

聂辉华：@车嘉华 想法有创意！但东北人民同意吗？不过我确实认为东北必须搞特区，否则无法摆脱现有既得利益集团的束缚。

车嘉华：@聂辉华 为啥不同意呢？相信三个特区都可造福于人民，或许殊途同归。

郭强：五年为期，肯定林老师干得最好，林老师是政治家。

赵刚：@付才辉@王勇 我多次去东北调研，整体来讲，产业发展的思路不清晰，或者说方向有误。长期以来，无论国家还是其他地区的人，已经形成了思维定式，就是东北适合发展重工业和资源型产业，而不适合发展轻纺工业、电子信息产业等。这次你们的报告，颠覆了人们的传统认知，所以有些人就不以为然。如果按照这些人的理解，贵州根本不可能发展大数据产业，更不可能成功。如果说现在断定贵州大数据产业已经成功还为时尚早的话，那么可以说由于强而有为的政府规划引导得当，政策配套齐全，贵州已经成为大数据产业发展的"热土"。这个案例充分说明，吉林发展轻纺业、电子信息产业等，也是没问题的，关键看政府的有力有为和政策设计。因此，从这个角度看，新结构经济学在欠发达国家或者区域具有较强的指导作用！

付才辉：@赵刚 我也浏览了一下目前各方对《吉林报告》[①]的争议，我觉得主要集中在"发展的结构论"与"改革的体制论"上。

---

① 指《吉林省经济结构转型升级研究报告（征求意见稿）》，简称《吉林报告》。

确实如您所言,有些人对东北问题有着根深蒂固的赶超思维和体制厌恶情结,他们对《吉林报告》的结论不以为然我能理解。如果是从发展的结构论出发的,则争论的焦点是东北要不要再补轻工业短板,对此我没有半点犹豫地坚持自己的观点;如果是从改革的体制论出发,则争论的焦点是我们没有以体制改革作为分析的出发点,因此遭到反对。事实也如此,我们的报告确实不是从体制论出发,因为我认为体制不是第一位的,而是内生的。不论是计划经济时代东北的体制还是现阶段东北的体制都是内生于其经济基础的,要破局还得从产业基础出发。我坚持渐进式改革。我在报告中开门见山地特地引用吉林大学赵儒默教授的一篇文章,该文章与我的观点一致:东北的经济困境在经济基础上缘于"产业缺位",在上层建筑方面是"体制固化"的束缚所致。"产业缺位"不仅直接造成东北经济的脆弱,而且也是造成"体制固化"的根本原因。

王勇:@赵刚 吉林在轻纺工业上具有(潜在)比较优势,这的确不是一个有显然结论的问题,值得深入分析。

王迎春:@赵刚 像贵州这样的做法,其战略出发点是抓住产业变革机遇,而不仅仅是抓住产业转移机遇。

赵刚:@王迎春 是的。目前应该把传统产业转型升级和新兴产业培育结合起来,同时将产业的梯度转移和新的增长点结合起来,这样区域产业发展才更有竞争力!

付才辉:我赞同这个观点。我们在撰写《吉林报告》时,特意把林老师对五类产业划分的"退出型产业"修改为"转进型产业",说的就是将传统产业转型升级和新兴产业培育结合起来。

赵刚:@付才辉 其实,轻纺产业是一个统称,细分起来,包括很多内容。但有些人一提到轻纺产业,就误认为其是低端落后的产业。看看美国最近的一个重大举措,就明白传统的纺织业已经发生了巨大的变化。例如,美国国防部建立了纺织纤维创新中心,号称是一次革命!

付才辉:@赵刚 @王迎春 对啊,为了规避这种刻板印象,我们在报告中的提法是"现代轻工业"。按照林老师五类产业划分方法判断,中国许多轻工业目前已经处于世界领先水平,是领先型产业。吉林省发展这些领先型轻工业并不会落后,反而会夯实其制造业实力。例如,目前吉林省在木材加工和木、竹、藤、棕、草制品业,家具制造业,造纸和纸制品业,印刷和记录媒介复制业三个轻工业行业的劳动生产率水平均高于浙江、江苏、广东、上海、重庆等省市。吉林省农副食品加工业的劳动生产率水平也均高于浙江、江苏、广东、上海、重庆等省市,是江苏省的125.4%,足见其领先地位。我们在报告中提出的是现代轻工业,其不同于传统简单的轻工业,承接江浙轻纺工业转移,但也需要在转移过程中发挥吉林省装备制造业的比较优势进行技术装备改造以及产品质量升级。这意味着吉林省还可以发挥重工业的基础作用反哺轻工业,与此同时也促进重工业尤其是装备制造业的快速发展。吉林省目前的装备制造业(不含汽车)只有全国的1%,而为什么最近沿海地区装备制造业发展迅猛?这是因为在轻工业充分"发酵"之后,本身需要转型升级,尤其是生产设备和产品质量的升级,因此催生了对装备制造业,包括工业机器人等的需求。总之,不切实际的赶超思维害死人,这种发展思潮盛行于第二次世界大战后,在发展经济学上被称为第一代"结构主义"发展理论。全世界的发展中国家都深受其害。作为第三代发展经济学,新结构经济学主张从各个地区现有什么(即其要素禀赋)出发,找出在此基础上能做好什么(即其比较优势),并规划把现在能做好的做大做强,以创造剩余,积累资本和条件,进行产业升级,实现逐步赶上甚至超越发达地区的目标。

杨新英:林老师的新结构经济学作为对中国四十多年改革开放经验的总结无疑是成功的。但是否能继续成功解释,特别是预测因为改革扭曲变异而产生的新问题,严重存疑。如果你们只是拎着林老师原产的"锤子"去吉林,看到的问题难免都是"钉子",又怎么能发展林老师的理论呢?

黄益平:这一轮讨论没听到林老师本人发言,但外面所有的议论都是林老师这样说或者那样说。

林毅夫:@郭强 我觉得你对我个人的评论不够厚道、有失偏颇。为何你认为我是政治家而不是学者?1990—2010年间我在国际经济学期刊上发表的论文在全世界经济学家中排名第237,引用率在全世界排名第205。前者仅次于石寿永,在华人经济学家中排名第二;后者在华人经济学家中排名第一,而能在全世界排名前1000的华人经济学家不到10名,其中在国内工作而不是在国外大学教书的只有我一人。在我发表的论文中有5篇是当期学术期刊的首篇,并且有5本国外经济学学术期刊出专辑讨论我的论文或著作,其中属于新结构经济学的就有3本。2014年 *Journal of Economic Policy Reform* 出的专辑,因为引用率高,使其在2016年的影响因子提高了0.61,在全世界经济学期刊中的排名跃升了121位。同时,英国的剑桥大学出版社和美国的普林斯顿大学出版社出版了我的有关新结构经济学的6本专著,有11位诺贝尔经济学奖获得者为这6本专著写了18篇推荐序。另外,国际经济学界顶级的马歇尔讲座和库茨涅兹讲座,到目前为止各邀请了两位发展中国家的经济学家去做主讲,我有幸在这两个讲座都做了演讲。在中国的经济学家中我是第一位入选第三世界科学院院士的,并且也是唯一一位入选英国科学院外籍院士的中国学者。自 1988 年形成了产业结构内生于要素禀赋结构的思路以来,我这些年所做的研究、所倡导的观点都是一以贯之的。不知为何这些研究成果让你认为不算学术成果,而我个人算不上是一位学者?

张中祥: @林毅夫 正视听!

张国华: @林毅夫 林老师,这些代表的是您的过去,在中国需要整体转型升级为现代社会的背景下,不能代表未来吧!

林毅夫: @张国华 我对中国问题的看法 30 年来一以贯之,过去许多我提出的被主流观点认为是不正确的或是过度乐观的看法事后被证明是正确的,而那些被主流经济学理论认为是正确的观点事后却被事实经验所证伪。我很高兴地看到近些年来世界银行和国际货币基金组织等国际发展机构也开始对它们过去主张的主流观点进行反思。对未来,我依据我提出的理论来分析和判断,虽然再次和国内学界一些人的分析和判断不完全一致,但孰是孰非只能在未来由经验来判断,而不能因为观点不同就认为不对。

赵刚: @林毅夫 至少目前国内的经济学家中还没有一位像林老师这样,用脚走过如此多的土地——发达国家、发展中国家、特别贫困的国家或者地区。我感觉林老师至少在见多识广这个方面还是过硬的。

张国华: 林老师知识渊博、内心强大、坚韧不拔,需要的不是挺,需要的是批评。只有经受住各种批评,新结构经济学才能真正立于世界。

林毅夫: @张国华 我欢迎批评。建设性的批评有两个准则:

一是论述的内部逻辑是否一致,二是逻辑的各种推论是否和已知的经验事实一致。一个理论是不能用另外一个理论证伪的,也不能因为别人提出的观点和另外一个理论的观点不同,就认为是不对的。

郭强:@林毅夫 林老师,误会啊!第一,我说您是政治家,是认为您在热情、责任心、判断力这三个韦伯所谓的政治家素质方面都是第一等的,这是真心实意的评价,绝无贬义,更无恶意;第二,我说您是政治家,绝不意味着否认您是中国第一流的社会科学家,无论在公开还是私下场合我都充分肯定您的学术成就和不断进取的学术精神,也从不讳言从您课程和著作中获得的收获,特别是社会科学方法论方面的巨大收获;第三,我对有为政府论和《吉林报告》的严厉批评是爱深责切,我坚持认为这些都是新结构经济学庸俗的部分,是败笔。我关于政治家的话引起您的误解,非常抱歉!我收回!再致歉意!

林毅夫:@郭强 谢谢你的澄清。对于有为政府论和《吉林报告》,欢迎从内部逻辑是否自洽以及各种推论是否和经验事实一致来评论,而不是因为其和其他理论观点不同就认为其是败笔。

郭强:@林毅夫 对有为政府论,我去年从逻辑与事实层面做过多次长篇发言了,一两万字是有的,在新结构经济学冬令营的有为政府专场中又概括了自己的基本观点。作为外行,我尽力了解了《吉林报告》,我就集中批评付才辉一点:他看了吉林省官方提供的数据、参加了多次座谈,竟然没有发现数据与案例中有什么水分。完全用注水"事实"推出来的方案,无论方法是否对,都没有什么价值,弄不好还有误导性。这事办得太草率了。①

刘学文: @林毅夫 @郭强 我个人认为现阶段的经济学还处于幼年时期(类似于物理学的牛顿三定律阶段),还处于认识世界的阶段,更多的是书房里的学问。林老师倡导的新结构经济学试图把经济学变得"有用"而进入改造世界的阶段(类似把物理学理论引入工程学阶段)。我认为这是非常重要的探索和尝试。我相信很多从事经济学研究的学者们都有与我类似的经历,有时会怀疑、苦恼自己研究工作的社会价值——难道我们的研究仅仅是在顶级期刊上发发文章的自娱自乐的游戏吗?但正因为现阶段经济学的不成熟,任何试图改造世界的政策建议都要慎重。只有知道经济学理论的局限性,经济学才是有用的。现阶段经济学(和经济学教育)最大的作用也许是使人们明白进而避免极端不对的政策,而要想让经济学直接甄别或制定正确的政策,还需要经济学发展有巨大的飞跃!

林毅夫: @刘学文 我同意现有的经济学理论,包括主流经济学理论是在幼年时期。我也一再强调尚未有根据主流经济学理论制定政策而成功的发展中国家。其道理是现在的主流经济学理论也在幼年期,而且不仅如此,主流经济学理论大多总结于发达国家的经验,理论的适用性决定于前提条件的相似性,发达国家的条件

---

① 2017年8月23日郭强在"产业升级与经济发展"微信群中针对《吉林报告》向付才辉老师提出质疑:"政府给你们看政绩数据,带你们考察橱窗案例,这些免不了,问题是你们在这些数据和案例之外还搜集了什么数据和案例?你们应该认真研究一下东北的改革开放史。东北没有招商引资过吗?没有搞过外向型经济吗?没有发展过轻工业吗?为什么失败了?你们没有好好研究吉林这种"大工业+大农业"地区的禀赋,竟然给它开出类似埃塞俄比亚的药方,你们有没有想过都市人宁肯领低保也不扫大街是为什么?"

和发展中、转型中国家大多不同,因此套用发达国家的主流经济学理论,难免有"淮南为橘,淮北为枳"的遗憾。也正是基于这点认识,我从1988年开始抛开主流经济学理论,根据对中国和其他发展中国家的现象观察,自己构建新的理论框架,并一以贯之地坚持之。但是,一个理论如果不用来指导实践,就永远不会被验证,难以不断完善。所以,为了达到"知成一体"的目标,我强调从实践中来,到实践中去,主张"因行得知,用知践行,唯成证知,知成一体"。在实践过程中,如果其结果不能证"知",就要根据新的认识,来完善"知",并以新知来指导下一步的实践,只有经过这样的反复实践和认识,才能使社会科学的知识真正达到认识世界和改造世界的目标。就像要学会游泳,就只能到游泳池、河、湖、海里去学,不能纸上谈兵。

刘学文: @林毅夫 林老师,非常感谢详细解答。说得太好了!"主张'因行得知,用知践行,唯成证知,知成一体'。在实践过程中,如果其结果不能证'知',就要根据新的认识,来完善'知',并以新知来指导下一步的实践,只有经过这样的反复实践和认识,才能使社会科学的知识真正达到认识世界和改造世界的目标。就像要学会游泳,就只能到游泳池、河、湖、海里去学,不能纸上谈兵。"

张小茜: 谁说林老师是政治家?是政治家能被约瑟夫·斯蒂格利茨邀请写这个?(Lin J Y. Industrial policy revisited——A new structural economics perspective[J]. China Economic Journal, 2014, 7.)

林毅夫: @刘学文 谢谢你的肯定。

杨新英: @郭强 林老师如果能做政治家,相信是不可多得的一流政治家。相信您没有嘲讽揶揄林老师的意思。

沈艳： 林老师根据中国和其他发展中国家的现象进行观察、坚持自己构建新的理论框架这一点，十分难能可贵。我最近去了一趟美国考察金融科技，一个主要体会就是，有不少中国问题，在美国已经无法找到可以参考和借鉴的经验了，即便想这么做。踏踏实实观察中国、了解中国、研究中国，我们有优势，也有责任。

匿名群友： 对于这份东北产业报告，我个人有些小异议，可以回头和才辉他们商讨。从经济学者的角度而言，林老师无疑是学者中的典范。综合国际顶级发表、全球影响力、治学态度和理论的体系化等方面而言，如果30年后中国经济学界有名字留下来，那么我认为林毅夫应是第一名。

刘晓蕾： @刘学文 我原来也经常有这种困惑，就是所做的研究究竟有多少是实用的。最近这种困惑少多了。即使不能像林老师一样用理论指导实践，如果能够用严谨的科学方法分析数据，帮助人们理解世界/社会，也是非常重要的。如果没有这些初级的研究，理解曾经的政策带来的效果，怎么能够设计出有效的新政策？所以更高阶的研究是建立在这些初级研究的基础上的。想明白这些就不会那么困惑了，共勉。

徐建国： 大家对新结构经济学的理解不完全一样，有些误解、多些讨论很正常，具体到一城一地一策，细节上的观点差异就更多。换个角度看的话，这恰恰是一个新理论的生命力。试想，30年后，倘若有一个基于中国现象的理论流传，我相信非新结构经济学莫属，甚至看不到竞争者，而今天的一切争论，都是这一理论发展中的组成部分。

林毅夫： @杨新英@刘晓蕾@匿名群友@沈艳 谢谢。

杨新英： @林毅夫@刘学文 我不大认可经济学尚处于幼年期

的说法,西方主流经济学从斯密至今已经三百年左右了,那(幼年期)也太长了吧?至于说西方主流经济学理论不能圆满解释中国数十年改革开放的奇迹,人家原本就不是建立在中国特殊的经济实践基础上的,不必苛求。至于中国本土的经济学,大概从新结构经济学创立开始才能算年纪吧?以前几乎所有本土经济学理论,都是西方经济学方法论和价值观的变种。因此,说中国本土经济学尚在幼年期也许更准确一些。

林毅夫: @徐建国 同意!一个理论不怕被误解,只怕被忽视!新结构经济学还处在牙牙学语的阶段,多点批评,才能不断完善。

王勇: @林毅夫 多谢林老师的总结。我觉得有三种情形。第一种情形,理论归理论,对现实政策运用及效果退避三舍,基本不做建议,不介入,不强求。第二种情形,非常自信自己掌握的理论是对的,而且是可以直接用来改善社会的,但是没有足够的客观反思与现实评估,即使面对很多现实的不成功案例,也认为现实操作中的失败只是因为政府没有正确践行这种理论,所以不是理论不完善,而更可能是法治问题、官员问题、腐败问题、文化问题等。在不够了解现实世界的情况与约束下,在没有清楚认识理论适用边界的情况下去推行这种理论的政策实践,是理性的自负。第三种情形,认真对照现实,实事求是地反思已有主流理论的政策效果,提出改进的理论,并且非常重视新提出的理论对现实的解释作用和改善作用,重视学术探索与政策实践的互动过程、互促过程、互证过程,不盲目,不傲慢,不清高,不虚妄。新结构经济学研究者希望避免第二种情形,尊重并借鉴第一种情形中的学者的有益成果,争取实现第三种情形。

张小茜: 我谈谈自己的一点小感受。经济学者是经济学研究领域的工作人群,要成为经济学家就得有理论创新,要成为大经济学家更需具有带动一个领域的独创精神和贡献。之前我只是纸上向林老师学习,去年有幸参加新结构经济学研究中心举办的国际会议才第一次领略经济学家的风貌。会议早上 8:30 开始,林老师早早就到场,认真聆听每一篇文章并提出建设性意见。在这次会议上我作为一个小小的经济学工作者受益匪浅并深受感动。今年(指 2017 年)5 月的会议上,我又再次被鼓舞。第一天的大会让我感受到心中滚滚涌动的家国情怀,经济学不仅仅是纸上谈兵,中国的特殊国情让经济学产生了对西方经济理论不同阶段的重要突破。那天晚上林老师还去给本科生上课,整堂课没有废话和空话,偌大的教室座无虚席,我站在教室最后,听我最感兴趣的金融体系部分,林老师对中国经济结构的诸多数据如数家珍。林老师对待本科生的课程都如此认真,谁会说他是政治家?我参加过斯蒂格利茨等教授的课程,(相比他们的课)林老师的课一点不逊色,我甚至更羡慕在座的北大学子而不是哥伦比亚大学的学生,因为有这么一位饱含家国情怀的教授为师。参会回来后,我自己是有彻底改变的,我想这就是来自伟大经济学家的感召力量。

林毅夫: @张小茜 感谢勉励!

郭强: 不能同意与西方经济学对立意义上的"中国经济学"的提法。林老师的新结构经济学也是主流经济学,不是中国经济学。只有一个经济学,欧洲、美国、东亚、中国等都只是提供了经济学需要研究的新事实,经济学理论会因为中国事实而发展,但不会变成中国经济学。尤其不同意把新结构经济学之外的中国经济学家的研究成果都说成照搬西方,否则大部分中国杰出的经济学家都不会同意。@杨新英@徐建国 现在需要谦虚的恰恰是"牙牙学语"、

"初学游泳"的新结构经济学!

王勇: @张小茜 谢谢积极参与新结构经济学的学术活动。不过,据我对@郭强长期的了解,郭兄(郭强)的确应该没有揶揄林老师的意思。特此说明一下,新结构经济学的确需要像郭兄(郭强)这样建设性的当面批评者。

郭强: @杨新英 不同意。

张小茜: @王勇 明白了,刚才误解了。理解错了,刚才没看到前文@郭强。

郭强: @张小茜 我确实经常"恶狠狠"地批评新结构经济学,但我努力就事论事,讲逻辑,讲事实,不负林老师的教诲。

杨新英: @郭强 "中国经济学"也许不是与"西方经济学"对立意义上的存在,而是在借鉴学习西方经济学的基础上,融合本土经济实践的原创方法论或价值观而成的。新结构经济学也许是这一事实的纪元吧?此前多位中国经济学家的理论,阶段运用各有其要与其妙,但在本土经济学理论原创性方面,似乎并未达到新结构经济学的高度。

张中祥: @郭强 @林毅夫 @王勇 同意"不能同意与西方经济学对立意义上的'中国经济学'的提法"。正如林毅夫老师所言,现在的主流经济学,都是根据过往的经验(比如发达国家的经验)发展起来的。也希望林老师和王勇等从事新结构经济学研究的同仁,在总结中国及其他国家和地区实践的基础上,从理论和实践上进一步完善、丰富和发展新结构经济学,使其在不久的将来也可能成为主流经济学,而不是中国经济学。

李系: 突然想到几个问题,也许有人可以解答。现在的发达国家过去不也是发展中国家吗?另外绝大部分西方国家的经历现在都不适用于中国吗?比如汉密尔顿的三个报告①和中国有为政府不是很相似吗?而且我们的所有研究方法不也来自西方吗?

王勇: @李系 在"以'常无'心态研究'新结构经济学'"②这篇旧文里,我对你的问题发表了一些我自己的看法。

李系: 汉密尔顿报告③难道不就是一个当时的发展中国家决定自己的发展模式应该与主流经济学指导的不一样:政府不应该撒手不管而应该积极有为吗?也许有人能帮我解答:这个报告"新"的意义在哪里?另外,应该没有一种经济政策只依赖有为政府或者完全由市场调节吧?凯恩斯与古典经济学之间的辩论也已经被无数经济学家包括今天的具有实践经验的经济学家(economist-practitioner),比如伯南克、耶伦(Yellen)、德拉吉(Draghi)等所执着地坚守着吧?

刘晓蕾: @杨新英 在这个问题上,我同意@郭强的观点——"不能同意与西方经济学对立意义上的'中国经济学'的提法"。虽然我个人非常钦佩林老师,也非常希望新结构经济学可以发扬光大,但是现在评价其他理论或已有研究"并未达到新结构经济学的高度"恐怕为时尚早,对其他学者也不公平。因为新结构经济学还处于发展初期,还需要更多的理论文章来建立学说,也需要更多的实践来检验。(直言莫怪。@林毅夫@王勇)

路乾: @李系 约翰·劳里茨·拉森(John Lauritz Larson)有本书叫 *Internal Improvement: National Public Works and the*

---

① 指《关于公共信用的报告》《关于国家银行的报告》《关于制造业的报告》。
② 见本书文章:以"常无"心态研究"新结构经济学"。
③ 即《关于制造业的报告》。

Promise of Popular Government in the Early United States，该书写的是美国早期发展史，供参考。联邦政府的架构决定了其什么也做不了。美国主要的基础设施建设、金融等，由州政府通过授予银行、铁路公司等特许经营权、特别财产税等方式支持。早期的发达国家和现在的很多发展中国家在制度细节、体制思想上有很多差异，无法简单比较。

李系：而且政府是否需要积极有为，也许应该以政府已经有多大权力为起点。在很多发展中国家，包括现在是发达国家、过去是发展中国家的国家，政府（尤其中央政府）的权力是非常有限的。所以强调政府有为也许有帮助。现阶段中国也许已经过了国家集中资源发展红利的阶段（也许对东北吉林现在的状况来说还可以有一点帮助），再强调政府有为是不是在政策上已过时（passed the expiration date）从而适得其反呢？@路乾 请看我刚刚的发言，当然其起点是政府有为的反面，但是汉密尔顿时代就已经提出有为政府的益处，所以我的疑问是现在这个理论"新"在哪里？这都是西方经济学已经走过的路。

而且汉密尔顿报告不但提出要政府有为，而且提出不能相信比较优势。虽然比较优势理论会建议美国成为一个农业矿产资源国，但汉密尔顿反对美国成为农业矿产资源国，而是建议美国发展制造业，政府从事基础设施建设，与欧洲发达国家竞争。对我在这个群里提到的这些，以前已经比较了解的人能否举一下手？这样我也能知道到底有百分之多少的人了解这段历史。我真的怀疑很多参加讨论的人不知道这些历史。@王勇

林毅夫：@李系 早期的发达国家和现在的很多发展中国家有相同的地方，也有不同的地方。相同的地方是都在追赶，不同的地

方是美国在建国后开始追赶英国时,按购买力平价计算的人均GDP已经是英国的70%,比现在德国和美国之间的差距还小。所以,美国当时追赶的产业是英国最先进的产业。而第二次世界大战后许多发展中国家开始追赶美国时,其人均GDP只有美国的5%。对这两种不同追赶情况的忽视,成为第二次世界大战后发展中国家直接去追赶当时发达国家的重工业的原因之一。也正是因为这样,我不赞成直接套用发达国家的经验,因为经验的适用性和理论一样,决定于其前提条件是否相似。至于汉密尔顿主张政府应该发挥有为作用,其实直到今天美国也一直没有放弃,只不过因为美国现在已经处于世界技术产业的最前沿,技术创新、产业升级靠自己的R&D。企业对开发有积极性,因为研发出来的新技术和新产品可以得到专利,但对基础科研没有兴趣,因为投入大、风险高,研发出来的知识是公共产品,所以基础科研主要靠政府支持。但政府能支持基础科研的经费有限,因此也只能选择支持对美国未来竞争力或国防安全有重大影响的产业和技术的基础科研。而美国政府的这种选择性支持也就决定了美国产业和技术的发展方向,所以这也是有为政府的产业政策。对于这方面我在马歇尔讲座中有详细论述。

新结构经济学提倡的是"有效市场"与"有为政府"两者的有机结合,而不是只强调"有为政府"而已。遗憾的是,许多人在谈新结构经济学时只提到"有为政府",然后其他人就认为新结构经济学只主张"有为政府",并以需要市场的作用来评论甚至批判新结构经济学。

李系: @林毅夫 谢谢林老师的指导。我怀疑参加讨论的人中还有很多人不了解这些历史。所以我们对"有为政府"的认识相同,但是中国政府现阶段如果继续在全国范围内强调政府有为是否会适得其反？同时,这样一个新理论是不是早被过去的许多发展中国家提出并且实践过？如果这些过去的发展中国家又是今天的西方发达国家,那么这个新理论是不是也是来自西方经济学呢？林老师,很多人对新结构经济学的意见从广义理论角度看也许并不是完全正确的,但我斗胆代表他们一下（绝不敢声称是谁的代表,而只是一个旁观者的观察）,我觉得他们对中国现阶段是否应该继续从政策层面强调有为政府是忧虑万分的,这是他们的出发点。而你们的回答总是从理论层面出发而且给人一种泛泛而谈的感觉。因为经常引用过去的或者其他不同阶段国家的经验,所以你们和他们之间的争论总有一种"鸡同鸭讲"的感觉。争论半天,大家其实都对。但是你们的回答好像没有真正正面回答过他们真正的忧虑。这对一个新理论的发展是不利的。

林毅夫：@李系 新结构经济学理论来自中国和其他国家发展经验的总结,所以当然新结构经济学的理论和政策主张的正反两面都在现实世界中被践行过。然而,不仅新结构经济学是这样的,从亚当·斯密以来的任何总结于经验现象的理论都是这样的。另外,如果一个经济学家相信一个运行良好的经济体需要"有效市场"和"有为政府"的作用,但如果因为现实生活中政府有乱为的情形,这个经济学家就只强调市场的作用而反对政府的作用,那么这样的经济学家就更像是政治家而不是经济学家了。作为学者,应该是什么就说什么。最后,你认为按照比较优势原则,美国在汉密尔顿时期就只能发展农业,这是把"产业升级应该进入符合（潜在）比较优势的产业"和"现在市场上具有竞争力的产业是符合比较优势的产业"两种概念搞混了。如果一个经济体现有的产业符合比较优势,在软硬基础设施合适的情况下,会有最大的竞争优势,会创造出最大的剩余和资本积累,这样就要升级到新的具有(潜在)比较优势的产业。之所以称之为"(潜在)比较优势",是因为其要素生产成本已经最低,但是软硬基础设施还不见得完善,交易成本太高,而无法成为竞争优势。此时,政府应该在先行者外部性补偿和软硬基础设施的完善上发挥积极有为的因势利导作用,使具有"(潜在)比较优势"的产业变为新的具有"竞争优势"的产业。如此,反复进行。

李系:@林毅夫 林老师,所以我们同意这个理论已经被美国财政部长在两百多年前提出了,被两百多年前的美国这样一个西方政府实践过了?所以我想了解新结构经济学理论新在何处。根据《吉林报告》,我们建议发展轻工业,这是因为比较优势,但这与上面您的总结是相反的,与美国当年的措施也是相反的吧?

林毅夫:@李系 我在上面的回答中已经说明了,汉密尔顿只提到政府有为的作用,没有提政府作用的边界,也没有提市场的作用。《吉林报告》和我提的观点相反在哪里?请明示。

李系:@林毅夫 西方经济学的起点是亚当·斯密。他提出的政府作用是一个伟大的理论,而且当然是与自由市场作用相对的,这难道还需要说吗?而且政府的作用肯定不是无边界的,否则美国早就是计划经济了吧?如果要明确研究政府作用的边界,自凯恩斯以来的无数经济学家中没有任何人研究过这个问题吧?

林毅夫:@李系 我说的"政府作用的边界"指的是政府在支持产业升级上的边界,也就是政府支持升级的产业必须具有(潜在)

比较优势。而这个边界正是新结构经济学和结构主义的差异之一。①

李系:《吉林报告》建议按照比较优势发展轻工业,但是您或者美国经验会建议政府发展现在最尖端的制造业和创新科技。

郭强:@李系 很有意思的数据,吉林人均 GDP 达到广东的 70%,按照美国经验,应该"追赶的产业是广东最先进的产业",而不是承接广东要淘汰的产业。

何国俊:我感觉很多争论都是因为"比较优势+产业升级+有为政府",这一系列概念虽然总是在一起被提出,但没有看到恰当的模型去刻画这些想法。如果说新结构经济学是一个新的理论体系,那我们至少应该知道它有哪些假设,什么假设是最关键的,某些关键假设不成立的时候,结论会如何变化。比如,规模经济和要素流动是否会影响比较优势和进一步的产业政策制定?政府作用在新结构经济学理论体系下应用税收补贴还是价格管制来刻画?这种作用是准入限制还是要素流动限制?新结构经济学理论体系如果有一个基础模型,让大家可以拓展在不同假设条件下可能会发生的事,那么很多争论就没有必要了。毕竟假设变了,结论也会随之改变。

付才辉:新结构经济学目前的模型化进展确实才刚刚开始,但是我觉得林老师的思想框架还是比较丰满和自洽的。我之前根据

---

① 补注:汉密尔顿(1755—1804 年)和亚当·斯密(1723—1790 年)是同一时代的人。在汉密尔顿工作的时候,亚当·斯密的《国富论》才刚刚发表,主张政府干预的重商主义的影响可能大于古典经济学的自由市场理论。另外,汉密尔顿提出的由国家扶持制造业发展的想法受到他的同时代人的忽视。他向国会提出的《关于制造业的报告》并没有被国会采纳。直到 19 世纪 30 年代,当美国工业革命开始的时候,这个报告才成为美国人热衷于研究的文件。

自己的学习理解写了一篇小文章①,供参考!

李系: @林毅夫 我上面提了为什么我觉得《吉林报告》中关于发展轻工业的建议和你们的理论相反。另外,回到一直以来的争论,现在大家看到的"政府有为"中一个最明显的方面就是所谓的"中国式供给侧经济学"在进一步增强上游国有企业的垄断力量和利润,而进一步打压中下游的私有企业,正如王勇、刘学文和我的文章②中描述的那样,这样不但打击了中国经济中最有活力的部分,而且可能导致资源进一步向上游过剩行业输入,这与中国经济转型反向而行且更增加了经济转型的难度、长度和成本。在这种环境下,你们也许不该总是说别人误解了你们,而应该非常明确地强调,与政府现在的这些政策分清楚,同时在有能力的情况下提出对这些政策的反对意见(如果您同意我对这些政策的评价)。这样也许才能更好地回答这些批评和建议吧?

郭强: @李系 现在是进一步研究上游国有企业垄断问题的好时机,但不能浅尝辄止。@王勇@刘学文

林毅夫: @李系 建议你还是先看看《吉林报告》的内容再做上述论断。

王勇: @何国俊 关于新结构经济学的基础模型与其他理论研究方面,目前已经完成并在国际一流学术期刊上发表的工作的确还不够多。目前主要还是林老师的一些思想性的文章与著作。前

---

① 付才辉. 新结构经济学理论及其在转型升级中的应用[J]. 学习与探索,2017,157:133-145.

② 李系,刘学文,王勇. 一个中国经济发展的模型[J]. 经济学报,2014,1(4):1-48.

段时间我和林老师写了一篇综述性的文章"Remodeling structural change"①,对 JME 论文模型做了重点介绍,并介绍了以此为基础的几个拓展研究以及其他几个与此相关的研究,这些都是新结构经济学的理论工作。希望新结构经济学的学术团队能越来越壮大,有越来越多的学术论文能够在学术界认可的杂志上发表。

@刘晓蕾 同意你说的,新结构经济学需要有更多的理论与实证学术成果来支撑与夯实。我们很清醒地认识到,新结构经济学在学术界的地位是学术同行给的,是需要我们努力去争取的,而不是在媒体上我们自封的。无论作为新结构经济学研究院负责学术的副院长,还是作为单个科研人员来说,我都感觉压力很大。

刘晓蕾:@王勇 对林老师和群主包容的心态,我非常赞赏!希望新结构经济学能在大家的讨论甚至批评中快速成长!加油!

---

① Lin J Y, Wang Y. Remodeling structural change [M]. //Oxford Handbook of Structural Transformation. Oxford: Oxford University Press, 2019.

新结构经济学理论问与答[*]

问：新结构经济学中的"比较优势"是如何定义的？在新结构经济学中其是否与"（潜在）比较优势"有所区分呢？其与李嘉图和赫克歇尔-俄林模型（H-O模型）中的"比较优势"有何差异？

答：新结构经济学中所用的"比较优势"一词是沿用国际贸易理论中**赫克歇尔-俄林模型**中定义的概念。但在国际贸易理论中并无交易费用的概念，所以要素生产成本在国际各国同行业的比较中处于最低，即拥有比较优势，同时也会在国内国际市场中具有"竞争优势"。但是，在现实经济中，一个产业的产品在国内国际市场中要有竞争力，不仅要素生产成本要低，同时，交易费用也要低。如果仅要素生产成本低，但是交易费用高，即使符合赫克歇尔-俄林模型中定义的比较优势，这样的产业也不仅没有竞争优势，而且

---

[*] 该部分是新结构经济学研究院研究员赵秋运针对自己学习和授课的过程中的疑问总结而成的，作者感谢林毅夫教授的细心指导和修改。

可能也不具有比较优势。例如,绝大多数非洲国家劳动力多,劳动力的价格远比中国低,但是在中国失掉比较优势、即将退出市场的劳动密集型产业,在非洲由于交易费用太高而尚不存在。

新结构经济学把符合要素禀赋结构决定的比较优势,也即要素生产成本低,但因为交易费用太高,尚不具有竞争力,包括尚不存在的产业,称为具有"(潜在)比较优势"的产业。

一般而言,人们将李嘉图对国际贸易模式的研究看作比较优势的起点。按照李嘉图的论述,**比较优势指一个生产者以低于另一个生产者的机会成本生产一种物品的行为,也可以说是不同国家生产同一种产品的机会成本差异,该差异的来源是各国生产产品的劳动生产率差异**。但李嘉图理论存在一定的局限[①]。对李嘉图理论局限性的不满导致了贸易理论的进一步发展。在各种发展理论中,最为成功的就是赫克歇尔-俄林模型[②]。一般来说,我们今天所说的比较优势理论基本上就是以赫克歇尔-俄林模型为蓝本的。

李嘉图和赫克歇尔-俄林模型中的"比较优势"皆是从国际贸易的角度来谈的。如果一个国家在本国生产一种产品的机会成本(用其他产品来衡量)低于在其他国家生产该产品的机会成本,则这个国家在生产该种产品和服务上拥有比较优势。由于国际贸易理论中没有交易费用的概念,或是假设交易费用为零,所以,**这里**

[①] 其一,仅有一种生产要素——劳动;其二,在存在多种要素的情形下,该理论在解释比较优势来源时遇到困难。

[②] 该理论构造了一个包含"两个国家、两种商品、两种生产要素"的模型,从要素禀赋结构差异以及由这种差异所导致的要素相对价格在国家间的差异方面来寻找国际贸易发生的原因。

的比较优势自动成为新结构经济学理论中提及的,以及管理学理论中波特提出的竞争优势。

另外,值得一提的是,新结构经济学理论主张一个经济体需要按照比较优势来发展产业。这个论断对于封闭经济体依然成立。例如,Ju 等(2015)使用动态一般均衡模型证明:在一个封闭国家中,随着一国的资本禀赋变得更加充足,该国的产业将会内生地升级至资本更密集的产业。

问:新结构经济学理论认为"软硬基础设施需适应最适宜产业、技术的需要,才能有最低的交易费用,使比较优势变为竞争优势"。其中的传导路径如何理解?一般认为有如下两条传导机制:

(1)(潜在)比较优势(即新结构经济学所言的比较优势)⇒竞争优势;

(2)(潜在)比较优势⇒比较优势⇒竞争优势。

根据新结构经济学理论,应该选择上述哪一条传导机制呢?

答:"软硬基础设施需适应最适宜产业、技术的需要,才能有最低的交易费用,使比较优势变为竞争优势"中提及的比较优势即(潜在)比较优势。为此,新结构经济学支撑第一个传导机制,即(潜在)比较优势⇒竞争优势。假设一个产业的总成本为 $T=wL+rK+TC$,如果该产业的要素生产成本 $(wL+rK)$ 在国际上处于"洼地",为此,该产业具有(潜在)比较优势。但是,软硬基础设施的瓶颈问题导致该产业发展的交易费用(TC)太高,这样产业也不会有企业进入。如果政府实施因势利导的产业政策,改善该产业所需要的软硬基础设施瓶颈,降低该产业的交易费用,则这样的产业就可以具有竞争优势,企业就会乐于进入,使用公式表示如下:

$$T = (wL + rK) + TC$$

$$\begin{aligned} 要素禀赋 &\longrightarrow 其他禀赋 \\ 要素成本 &\longrightarrow 交易费用 \\ (潜在)比较优势 &\longrightarrow 竞争优势 \\ 自生能力 &\longrightarrow 竞争能力 \end{aligned} \quad (1)$$

问:在新结构经济学中提及的"软硬基础设施需适应于最适宜产业、技术的需要,才能有最低的交易费用,使比较优势变为竞争优势"中,上述竞争优势是如何定义的?其与波特所提出的竞争优势有何区别与联系?

答:波特(1997)使"竞争优势"这一名词流行起来。竞争优势要解释的是企业或行业国际竞争力的来源。**新结构经济学理论中的竞争优势与波特的竞争优势是同一概念**。竞争优势指相对于竞争对手拥有的可持续性优势,其建立在两个不同的层次上:一是低层次的竞争优势,即低成本竞争优势,其来源于特殊的资源优势(较低的劳动力和原材料成本)、规模经济、产业集群;二是高层次的竞争优势,即产品差异型竞争优势,其主要源于通过对设备、技术、管理和营销等方面持续的投资和创新而创造出更能符合客户需求的差异性产品。高层次的竞争优势必须建立在低层次的竞争优势之上。

问:根据新结构经济学理论,比较优势与竞争优势之间有何关系?

答:基于波特的论述,如果一个国家的产业希望在全球获得竞争优势,需要满足如下四个条件(见图4)。

(1) 在生产中密集使用该国丰裕的、相对价格较低的生产要素;

(2) 其产品拥有广大的国内市场;

(3) 每个产业形成一个产业集群或专业分工;
(4) 每个产业的国内市场是竞争的市场。

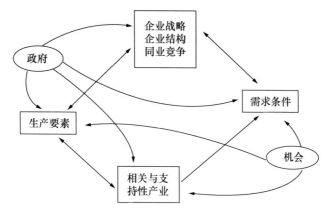

图 4　波特的"钻石体系"

资料来源:波特(1997)。

上述四个条件中其实只有两个条件是独立的,另外两个条件只能算作由两个独立条件导致的结果。条件(1)实际上意味着这些产业应符合由该国要素禀赋结构决定的比较优势,而要素价格反映的是要素的丰裕程度。条件(2)也即国内市场的规模,其为外生给定的。条件(3)是不能独立存在的,例如,一个纺织业集群就不可能在美国形成,因为纺织业要求有密集的劳动力;同样,在一个发展中国家,也没有办法在一个资本密集型的产业中形成集群。一个产业及其横向、纵向的相关产业能否在某个地区达到一定的生产规模而形成产业集群,是由这个产业是否符合当地的比较优势决定的。如果不顾比较优势,一味追求产业规模和集群作用,那么即使产业集聚起来了也是缺乏竞争力的,更不能作为产业竞争优势的决定条件。条件(4)亦是由比较优势决定的,符合比较优势的企业具有自生能力,不需要政府保护补贴,市场必然是充满竞争的。如果违背了比较优势,企业就缺乏自生能力,必须依靠政府的保护补贴才能生存下去,市场也就不会有竞争。为此,条件(3)和条件(4)当且仅当该产业与要素禀赋结构决定的比较优势相符合时才会成立。因此,上述四个条件可以归纳为两个相互独立的条件:比较优势与国内市场规模。而在这两个独立的条件之中,比较优势又是最为关键的,因为如果一个产业符合该国的比较优势,那么该产业的产品就可以以全球为市场。这亦是世界上不少国家虽然人口少,国内市场规模小,但很富有的原因(林毅夫和李永军,2003;林毅夫和任若恩,2007)。例如,芬兰的诺基亚公司,虽然整个芬兰仅有500多万人口,却并没有阻碍诺基亚公司比同一领域的美国摩托罗拉公司更有竞争能力,因为芬兰和美国同为发达国家,有能力通过开拓国际市场来壮大自己。

充分发挥经济的比较优势是波特"钻石体系"中的四种主要因素存在和发挥作用的必要条件(或者说是最根本的必要条件),或者说,充分发挥经济的比较优势是国家创造和维持产业竞争优势的基础。赶超型的跳跃式经济发展战略最终是难以达到其目的的。为了形成高层次的竞争优势,实现人均收入水平的快速增长,一个国家首先应该做的就是充分利用自己当前的比较优势。因此,比较优势是竞争优势的基础和必要条件(而非充分条件),且为最根本性的必要条件,也即一个国家只有充分发挥自己经济的比较优势,企业和产业的竞争优势才有可能形成。企业也只有在符合比较优势的产业的基础上,再通过技术,创造产品差异,形成一定的垄断地位,才能获取超过产业平均水平的高额利润率。

从一个国家或地区的政府的角度来讲,必须发展符合当地要素禀赋结构决定的(潜在)比较优势的产业,并克服软硬基础设施的瓶颈以降低交易费用,才能使该产业成为在国内国际市场具有竞争优势的产业。对于一个企业来说,则需选择进入符合当地要素禀赋条件决定的比较优势的产业同时具有合适的软硬基础设施的地区,并通过管理水平的提升、技术的创新,创造满足差异性市场的产品以赚取超过该产业平均水平的利润,为企业的进一步发展积累金融资本、人力资本等。

问:新结构经济学中定义的(潜在)比较优势与显示性比较优势(revealed comparative advantage,简称 RCA)有何不同?二者有何关系?如果一个经济体发展具有比较优势的产业,则该产业一定是具有"显示性比较优势"吗?

答:美国经济学家贝拉·巴拉萨(Bela Balassa)于 1965 年提出了显示性比较优势。显示性比较优势是通过比较一国以各个产业(产品组)出口和世界各国同一产业产品出口的表现,度量该国在该产品上表现出来的比较优势。如果没有政府的补贴和影响交易费用的基础设施、营商环境等因素的影响,一个经济体在某种产品上具有比较优势,那么,该产品出口值占该国总出口值的比重和与世界该类产品值占世界出口总值的比重之比会大于 1,**即如果某产业的产品具有显示性比较优势,则该产业应该是符合比较优势的,但是不具有显示性比较优势的产业也不见得就不具有比较优势,因为其中还涉及自己国家的交易费用,以及其他国家的政府对该产业是否有补贴等。**

问:根据新结构经济学理论,"比较优势"四个字到底是指产业比较优势还是国家比较优势发展战略?产业发展所遵循的比较优

势与(国家)发展战略所遵循的比较优势应如何理解？

答：比较优势理论虽然直接构成一种国际贸易理论，但是，其理论的自然延伸又构成了一种经济发展理论。[①] 比较优势理论作为一种经济发展理论，指出了企业和国家在选择产业、产品、技术等生产活动时，在要素相对密集度方面必须遵循的基本原则。一个国家整体的经济发展战略，主要探讨的是在一个国家的经济发展过程中，政府选择的发展目标，以及为了达到这个目标，政府执行的一系列配套政策和制度安排。按照其是否遵循一国的比较优势，可以将其分为遵循比较优势的发展战略和违背比较优势的发展战略。所谓遵循比较优势的发展战略即促使一个经济体在每一个阶段都遵循由其要素禀赋结构决定的比较优势进行产业和技术选择的一系列政策。选择遵循比较优势的发展战略时，政府为了降低具有比较优势的产业在国内外市场的交易费用，需对软硬基础设施进行相应改善，也需要对先行者的外部性给予激励补偿。选择违背比较优势的发展战略时，政府希望优先发展的产业中的企业在开放竞争市场中不具有自生能力，政府必须以扭曲要素及产品价格和干预资源配置的方式给予保护补贴。

问：**要素禀赋及其结构是新结构经济学分析的起点。如何理解禀赋、要素禀赋以及其他禀赋？在未来，数据能否成为要素禀赋？**

答：禀赋指在一定时点内给定的、对决策者的决策具有影响的变量，即决策者在做决策时给定的、决策者不能改变的、对决策者的决策具有影响的变量。禀赋结构指禀赋要素的组合或分布。禀

[①] 竞争优势理论亦是如此。

赋可以分为要素禀赋(资本、劳动和自然资源)以及其他禀赋(除要素禀赋外的影响交易费用的禀赋),也即下式成立:

禀赋＝要素禀赋(资本、劳动和自然资源)＋其他禀赋

在禀赋包含的内容中,要素禀赋是最根本的禀赋。一般而言,**要素禀赋**是一个非常规范的概念,其是影响要素生产成本的禀赋,包括资本、劳动和自然资源。**其他禀赋**是影响交易费用的禀赋,包括社会资本、制度、软硬基础设施等等。

要素禀赋结构指一个经济体中自然资源、劳动和资本[①](存量)的相对份额。自然资源通常是给定的。劳动增加的速度取决于人口增加的速度,在各个国家间差异并不大,大约在 0.5% 至 3% 之间。唯一可以产生巨大增长差异的是资本。一般而言,要素禀赋结构的提升亦指资本相对于劳动的丰裕程度的提高,或者说每个劳动者可以使用的资本量的提高。而资本积累的水平则取决于经济剩余的规模和社会的储蓄倾向。要素禀赋及其结构是生产者在做决策时最重要的给定变量,一个经济体的发展战略则是最重要的决策变量。

关于数据未来能否成为一种要素禀赋,答案是肯定的。数据自古有之,在互联网出现、普及之后,数据成为可供计算机快速提取、分析的大数据。近几年来,其被广泛应用于人类社会的生产、生活、管理和社会治理中,成为与资本、劳动和自然资源并列的新的要素禀赋(林毅夫,2018)。这一新禀赋的出现,对世界政治、经济、文化的影响将不亚于 15 世纪末美洲新大陆的发现,值得社会

---

① 这里一般指的是物质资本。

各界认真研究和关注。为此,未来随着数字科技革命①时代(或数据经济时代)的到来,数据将逐步成为生产要素的一部分,也将成为一种要素禀赋。

问:开放是遵循比较优势发展战略的结果还是前提?

答:根据新结构经济学理论,开放是遵循比较优势的结果,同时也是遵循比较优势的前提,这并不是矛盾的。遵循比较优势的发展与开放是互为因果关系的。而且开放和遵循比较优势的发展战略是相伴而生的。只有遵循比较优势发展,企业具有自生能力,不需要政府给予保护补贴,这个经济体才可能开放。反之,如果采用违背比较优势的发展战略,企业没有自生能力,为了把这样的产业发展起来,这个经济体就不可能开放。

问:新结构经济学主要从要素禀赋及其结构的供给侧来进行考虑,而较少考虑需求侧,这如何理解呢?假如一个经济体按照比较优势发展产业,则该经济体的这种产业的市场可以扩大到全球。如果这样的话,这样的产品所在的市场是完全竞争的还是垄断的呢?

答:新结构经济学主要侧重于供给侧,强调了一个经济体的要素禀赋结构对其产业、技术和软硬基础设施的决定性作用。那么这是否意味着需求侧和其他因素对产业、技术和其他结构不会产生影响呢?当然不是。例如,在一个一般均衡模型中,除要素禀赋结构外,偏好对产业结构也会产生影响,不同产业间有不同技术进步速度也会产生影响,只不过收入水平是内生于产业技术水平提升的。而且,像贝克尔主张的那样,人的偏好特性是外生的和给定

---

① 其之所以被称为一种革命,是因为数字作为生产要素参与了生产。

的,技术进步的有偏性也是外生的和给定的。

如果一个产业符合该经济体的要素禀赋及其结构决定的比较优势,那么该产业的产品就能够以全球为市场。这也是这个世界上很多富有国家都很小的原因。一般而言,当一种产品的全球市场很大时,该产业的产品在部分全球市场上还是属于竞争性的。

问:新结构经济学中的交易费用,与新制度经济学中的交易费用有何联系或者区别?

答: 在新结构经济学理论中,某个产业(企业)的总成本由要素生产成本和交易费用两部分组成。因此交易费用即某产业(企业)总成本中除要素生产成本外的成本。为此,新结构经济学中的交易费用泛指所有为促成产业的生产和交易的发生而形成的除要素生产成本外的成本,因此很难对其进行明确的界定与列举。不同的交易往往涉及不同种类的交易费用。

新制度经济学中的交易费用,是由诺贝尔经济学奖得主科斯(Coase)于1937年提出的,目的在于解释企业作为一种制度安排为何产生。由于经济体系中,市场交易供需双方必须付出除产品和服务价格外的各种成本,例如寻找、谈判、合同等,这些成本被称为交易费用。企业雇员在企业内部的工作安排是听从命令,而非按活动一事一议,所以,企业作为一种制度安排是为了节约交易费用。在科斯之后,交易费用的概念被广泛运用于新制度经济学的研究中。

新结构经济学中的交易费用的范围远远大于科斯定义的范围,不过其他新制度经济学学者(例如威廉姆斯)定义的交易费用范围比科斯更广。

问:如何理解"软硬基础设施"?其各自包含哪些范围?

答：软硬基础设施＝"硬"的基础设施＋"软"的制度安排。其中，"硬"的基础设施包括铁路、高铁，还包括(高速)公路、空港、港口、口岸、机场、高速互联网、电信系统、电网(电力)、输电线路、交通枢纽以及其他公共设施等。"软"的制度安排(即"软"的基础设施)是一个国家商业环境的重要组成部分，包括金融、条例、政策、法律、文化、思想观念、价值观，以及社会组织和经济安排等。

问：新结构经济学定义的比较优势是一种静态的比较优势吗？其与动态比较优势有何联系和区别？

答：在讨论政府的产业政策和对企业的支持时，动态比较优势是一个常常被使用的概念。动态比较优势指企业或者国家由于专业化生产和"干中学"效应而获得或者加强自己的成本优势。应该按照现有的比较优势进行专业化生产(生产技术水平较低的产品)，还是通过政府的选择性产业政策和贸易政策建立具有"动态比较优势"的产业？后者指进入那些当前不具有比较优势，但是通过生产力的提升在未来可能获得比较优势的产业，其也被用来决定政府的产业政策以及政府对企业实施的扶持(Redding,1999)。例如，在非洲由于要素禀赋结构的限制，即使政府提供协调性和外部性补偿，那些具有动态比较优势的产业中的企业在一个竞争性的市场中也不具备自生能力，企业就会倒闭。而作为一种经济发展理论的比较优势理论是一种动态的比较优势理论。

如果"动态比较优势"指的是由于要素禀赋结构升级，政府必须对产业升级时率先进入新产业的企业提供一定的补助，以补偿创新的外部性，而且仅当政府的扶持限于补偿信息和协调成本以及率先行动的企业对其他企业造成的外部性时才能成立，这个观点与比较优势战略理论的观点是一致的。但是，大多数学者在运用动态比较优势的概念时,指的是发展现在没有、未来才会具有比较优势的产业。这样的产业不具有自生能力,并且需要保护补贴才能生存,所以这样的发展战略其实是违背比较优势的战略。

一个经济体发展的产业应该符合经济体的要素禀赋结构决定的比较优势,新产业中的企业应当具有自生能力,否则一旦失去政府的支持,企业就会崩溃。如果产业不符合经济体的比较优势,那么,为那些大多数动态比较优势理论所倡导的产业中的企业提供的长期扶持,会挤出那些符合经济体比较优势的企业所能获得的资源,从而降低经济增长率和资本积累速度。因此,相对于推行比较优势的经济体而言,这个经济体实现其动态比较优势政策目标的时间会更长。

总之,一国的要素禀赋结构和相应的比较优势是随经济发展而不断演变的,是动态的,所以按照比较优势发展,在政府的因势利导下克服软硬基础设施的瓶颈,使其变成竞争优势,能够创造最大的剩余和进行最快速的资本积累,从而使得比较优势的升级最快。从这一点出发,按照比较优势发展是推动比较优势动态变化的最佳方式。

问:如何理解新结构经济学中的产业政策?不同发展程度或同一发展程度的国家或地区皆需要这种产业政策吗?

答:新结构经济学倡导的产业政策是因势利导型的产业政策,即有选择地使用资源,帮助某些具有(潜在)比较优势产业的企业克服外部性和完善软硬基础设施的协调性问题,以帮助具有(潜在)比较优势的产业迅速成为具有竞争优势的政策措施。

按照新结构经济学理论,合适的产业政策应该针对具有(潜在)比较优势的产业。数理模型表示如下:

$$T = FC + TC = (wL + rK) + TC$$

其中，T 为该产业的总成本，$FC = wL + rK$ 为该产业的要素生产成本，而 TC 为该产业的交易费用，包括克服外部性和完善软硬基础设施的费用。

一个产业如何才算符合新结构经济学主张的因势利导型产业政策支持的具有(潜在)比较优势的产业呢？如果一个国家或者地区某产业的要素生产成本在国内外市场中最低，即从要素生产成本角度而言已经可以处于国际比较的低位或者"洼地"，则此产业符合(潜在)比较优势。但是由于其软硬基础设施不完善(或限制)，其交易费用却较高，这就导致总成本太高而企业不能进入。该产业能否转变为具有竞争优势的产业[①]则取决于交易费用能否降低到企业所能够承担的程度，如果能够降低到这一程度就会有企业进入，该企业则具有竞争优势。政府帮助该产业降低交易费用的过程即政府实施因势利导型产业政策的过程，包括克服软硬基础设施障碍(也即协调性失灵)。

另外，制造业发展程度不同的国家(要素禀赋结构相差较大)的比较优势是由赫克歇尔-俄林强调的不同的要素禀赋结构(资本和劳动的比例)决定的。于是制造业发展程度不同的国家会形成垂直分工。制造业发展程度相同的国家(要素禀赋结构相似)的比较优势则由保罗·克鲁格曼强调的专业化决定。虽然它们发展的产业在人均资本密集度上大致相同，但是不同的国家会集聚于不

---

① 成为具有竞争优势的产业还需要企业有较高的管理水平、国内市场规模足够以及形成产业集群等一系列条件方能够实现。

同的产业,靠专业化在那些产业上达到规模经济来提高效率以形成比较优势,所以在发展程度相同的国家间会有水平分工。但是不管是由要素禀赋结构不同形成的比较优势和垂直分工,还是由专业化不同形成的比较优势和水平分工,政府都需要针对所要发展的特定产业所需的和这个产业有关的软硬基础设施,发挥因势利导的作用,降低交易费用,这样才能把(潜在)比较优势变为竞争优势。为此,不管是发展程度相同的国家还是发展程度不同的国家,皆需要政府因势利导型产业政策。

问:新结构经济学提出的"后来者优势"与亚历山大·格申克龙(Alexander Gerschenkron)提出的"后发优势"有何区别与联系?

答:最初,新结构经济学中的"后发优势"与"后来者优势"是混用的。后来,我们将"后发优势"改为"后来者优势"。原因如下:格申克龙(1962)提出的"后发优势"指的是一个发展中国家进入和发达国家相同的产业时,可以直接采用最新一代的技术设备,而发达国家在该产业中已经使用了旧技术设备,要用最新一代的技术设备必须先舍弃旧技术设备,所以发展中国家在采用最新的技术设备时机会成本会比发达国家低。而在新结构经济学的分析中使用"后来者优势"一词更为准确,其意指一个发展中国家在技术创新、产业升级时可以采用比它更发达的国家已经用过的成熟技术或是进入比它更发达的国家中附加价值高的成熟产业以降低技术创新和产业升级的成本和风险,使得技术创新、产业升级和经济发展的速度得以超过发达国家。

问:新结构经济学中的"结构"应如何理解?

答:新结构经济学是用现代经济学中的新古典方法,也就是以理性人为基本假设来研究一个经济体(可以是一个国家,也可以是一个地区)在经济发展过程中经济结构及其转型(演变)的决定因素和影响的一个学科。① 结构即具有异质性的因素的组合。② 除要素禀赋结构外,经济结构还包括决定一个经济体劳动生产率水平的技术结构和产业结构,以及决定交易费用、影响一个经济体正在生产和使用的产业、技术所蕴含的生产力能否得到最大程度发挥的各种"硬"的基础设施和"软"的制度安排的结构。③

问:比较优势是经济学家的语言,作为一个企业家如何能够理解比较优势呢? 在中国,发展哪些产业才具有比较优势呢?

答:企业家其实并不关心比较优势,而关心利润。利润取决于产品的价格和要素的价格。按照比较优势来发展,并不是指定哪个产业符合比较优势、哪个产业不符合比较优势,而是要有一个非常完备的价格体系。这个体系能够充分、灵活地反映要素禀赋结构中各种要素的相对稀缺程度。如果某种要素相对丰裕,其价格就会相对较低;如果某种要素相对稀缺,其价格则相对较高。如果某种要素的积累速度快于其他要素,从相对稀缺转为相对丰裕,那么其价格就从相对较高变成相对较低。如果有这样一个价格体系在发挥作用,企业家在市场竞争中为了追求利润而降低成本,就会充分利用相对便宜的生产要素,就会自发地按照比较优势来选择

---

① 金融经济学使用新古典的方法来研究金融的供给、需求和金融市场的运行等;劳动经济学使用新古典的方法来研究劳动的供给、需求和劳动市场的运行等;新制度经济学使用新古典的方法来研究制度和制度变化的决定因素和影响。从定义来说,新结构经济学和主流经济学的各个子领域不同的是研究对象,使用的研究方法则是相同的。

② 例如在一部门的宏观模型中,就没有产业结构的概念。

③ 技术结构指各种不同技术的组合;产业结构指各种不同产业的组合;同样地,基础设施和制度安排的结构也是指各种基础设施和制度安排的组合。一个经济体是各种结构层层叠加、相互交错组成的。

产品、技术及产业。因此建立一个充分竞争的市场体系是非常重要的。这种市场体系是按照比较优势战略发展经济的基础性制度安排。

中国是一个转型中、发展中的国家。就中国目前的实际情况而言,发展哪些产业才具有比较优势是由各地自身要素禀赋结构决定的。要素禀赋结构在不断升级和变化,劳动密集和资本密集皆为相对的概念,而且各个地区的情况也存在很大差异。例如沿海的上海、广州、深圳,内地的安徽、江西、湖北、湖南,以及西部的新疆、宁夏、甘肃,各地的要素禀赋结构不同,情况也大不一样。这样各地具有比较优势的产业也就大不一样。

关于经济学研究方法和方向的讨论*

发言人

（按发言顺序排名）

　　王勇（北京大学新结构经济学研究院副教授、副院长）
　　沈煌南（哈佛大学肯尼迪政府学院国际发展中心增长实验室研究员）
　　林毅夫（北京大学新结构经济学研究院教授、院长）
　　沈凌（华东理工大学商学院副教授）

---

* 该对话根据"产业升级与经济发展"微信群（群主：北京大学新结构经济学研究院学术副院长王勇）就2020年克拉克奖引发的关于经济学研究方法和方向讨论（2020年5月2日）的内容整理。对外发布已经征得所有相关群友同意，编入本书时对部分语句和文字进行了调整。

代栓平（德国杜伊斯堡-埃森大学麦卡托管理学院、东亚研究所教授）

龚刚（云南财经大学首席教授，经济学院院长、金融研究院院长）

叶初升（武汉大学经济与管理学院教授、经济发展研究中心联席主任，《经济评论》主编）

吴利学（中国社会科学院工业经济研究所副研究员）

陈杰（上海交通大学国际与公共事务学院长聘教授）

张中祥（天津大学马寅初经济学院教授、院长）

尹应凯（上海大学经济学院教授）

陈叔军〔深圳广深会计师事务所（普通合伙）首席合伙人〕

彭波（中国商务部研究院副研究员）

王文（中国人民大学重阳金融研究院特聘教授、执行院长）

刘陈杰（Upright Capital 全球宏观对冲基金董事长）

何国俊（中国香港科技大学社会科学部、环境学部、经济学系助理教授）

聂辉华（中国人民大学经济学院教授）

傅蔚冈（上海金融与法律研究院研究员、执行院长）

朱富强（中山大学岭南学院副教授）

赵燕菁（厦门大学经济学院和建筑与土木工程学院双聘教授）

张轶凡（中国香港中文大学经济系副教授）

刘守英（中国人民大学经济学院教授、党委书记兼院长）

陶勇（西南大学经济管理学院讲师）

对话内容

王勇:以下是我的一些个人看法,不一定对,说出来和大家交流。发展经济学的研究,既有从宏观经济学方法①出发的,也有从微观实证方法②出发的。目前在美国麻省理工学院、哈佛大学、耶鲁大学、加州大学伯克利分校等名校经济系,有不少学者把发展经济学明确列为自己的研究领域,并且基本上以微观实证研究为主,涉及的大多是全球各个发展中国家的一些非常具体的制度和历史的问题。而做宏观发展研究的学者主要还是在经济增长领域的传统重镇毕业或者工作的,比如美国芝加哥大学、明尼苏达大学、普林斯顿大学、加利福尼亚大学洛杉矶分校、圣路易斯的华盛顿大学,以及英国伦敦政治经济学院,加拿大多伦多大学等。目前北大新结构经济学研究院的教师中研究发展经济学的比较偏结构分析,以研究宏观发展居多,新结构经济学研究院的国际学术顾问委员会成员也具有这种偏向,也有意识地希望再多招聘一些做微观实证方面研究的教师。北京大学国家发展研究院的老师们研究经济发展的,主要以微观实证为主。

沈煌南:非常同意王老师对现在北美顶尖院校经济系发展经济学研究范式的分析。但发展经济学被强行割裂为宏、微观的研究范式,是20世纪80年代以后,北美排名前20名经济系的范式

---

① 宏观发展或增长,即定量分析,通常先构建一个动态一般均衡模型,然后以此为基础做校准(calibration)和反事实分析(counterfactual)。

② 一般不太需要建数学模型,主要是进行回归分析,强调对因果关系(causality)进行处理。

转换。欧洲大陆许多高校经济系和英国许多发展系以及北美顶尖公共政策学院如美国哈佛大学肯尼迪学院等对发展经济学有非常不同的理解。北美顶尖公共政策学院的学者，如里卡多·豪斯曼和丹尼·罗德里克，虽然名义上被称为做宏观发展研究的学者，但他们实际上研究的是发展中国家偏向于公共政策的结构变迁问题，或许可以称之为公共政策经济学。其特点是在研究对象上和宏观发展研究很像，但在研究工具上，并不局限于新古典经济学的一般均衡分析，还包括工程物理学里的控制论工具，以及大数据分析、机器学习、高维计量模型、案例研究、田野研究和具体的实地调研。这个研究范式还有一个重要的特点，那就是要掌握对各国制度历史演化的非定量的分析与材料。如丹尼·罗德里克研究"华盛顿共识"这个问题的几篇论文中，都有相当精彩的关于某些国家特定区域的历史制度分析。把这两种工具（前沿的量化工具和区域发展研究的路子）结合，才是现在北美公共政策院系在发展问题方面的主流研究范式。

发展经济学还有四个传统：其一，是起源于欧洲英国剑桥学派、罗宾逊夫人、斯拉法等人开创的结构发展经济学（Structural Development Economics，或称旧结构主义经济学）。这个研究范式和北美宏观发展研究范式的差别在于，前者在分析工具上排斥甚至抵制新古典经济学的一般均衡的研究范式，主张经济系统的非均衡特性，因此，这些人在分析时会用到大量动态线性系统、混沌理论等工具描述结构变迁中的非均衡的现象。该学派还有一个特点是，相当重视对经济思想史、经济史及各国制度历史材料的分析与掌握，包括马克思主义、凯恩斯主义等。所以，现在有些人称这个学派的部分研究范式为后凯恩斯主义经济学（Post-Keynesian

Economics)。这个学术传统,在北美只有美国马萨诸塞大学阿默斯特分校(The University of Massachusetts Amherst)、新学院(The New School)等一些非主流经济学系的教授在坚守。欧洲这个学派的代表人物是路易吉·帕西内蒂(Luigi Pasinetti)和伦敦大学亚非学院及伦敦大学学院联席教授安东尼奥·安德烈奥尼(Antonio Andreoni)。北美这个学派的代表人物是大名鼎鼎的萨缪尔·鲍尔斯(Samuel Bowles)教授。我在英国伦敦大学亚非学院的恩师之一卢荻教授曾和我说,中国人民大学曾经的经济学系主任吴大琨教授是这个学派在中国的提倡者和继承人,但后来这个学脉断掉了,现在国内只有清华大学经济学研究所的李帮喜教授和中国人民大学的夏明教授还在沿着这个方向做相关研究。其二,为演化创新发展经济学(或称熊彼特发展经济学),代表人物是意大利著名演化创新发展经济学家乔凡尼·多西奥(Giovanni Dosi)、英国伦敦大学学院创新与公共治理研究所的玛丽安娜·马祖卡托(Mariana Mazzucato)教授和韩国熊彼特经济学第一人、现任国际熊彼特学会主席的韩国首尔大学的李根教授,国内这个学派的继承者是中国人民大学的贾根良教授。而发展政治经济学(或称比较政治经济学),以伦敦大学亚非学院我的博士导师穆斯塔克·侯赛因·汗(Mushtaq Husain Khan)教授为代表,其试图找到一套理论模式,把制度经济学、发展经济学和政治经济学糅合在一个框架里,这个学术传统在北美高校经济系中是没有人继承的,但在某些商学院的一些特定的研究组里,如专门研究新兴市场经济的院系或国际政治经济学系、政治科学学系、国际关系系、公共政策系和一些区域研究的院系里有人研究。如著名国际政治经济学家、世界知名中国问题专家、美国麻省理工学院黄亚生教授的研究就与这个研究范式很像。在国内,我的合作者耿曙教授和好友朱天飙教授等是这个学术传统的继承者。其三,是激进发展经济学(或称马克思主义发展经济学),其欧洲学者中的代表人物是伦敦大学亚非学院经济系、英国著名的马克思主义经济学家本·法恩(Ben Fine)教授以及新学院经济系的安瓦尔·谢克(Anwar Shaikh)教授。其四,还有一个学派就是林毅夫教授创立的新结构经济学。发展经济学的学科演化与发展范式大概就是以上情况。

林毅夫:沈煌南总结得非常到位。对国外各种盛行的研究方法我们应该了解,但是,不用亦步亦趋地跟随。究竟应该采取什么方法来做研究取决于所要研究的现象和问题。对于我们所要研究的现象和问题,如果现有的方法中有合适的,我们就拿来用,如果没有合适的就自己去创新。如果将一个流行的方法作为研究的切入点,那么,很可能就会削足适履,限制了自己的研究视角和可能的原创贡献,做出来的成果也很可能只是在帮别人做注脚。总的来说,做研究应该是现象导向、问题导向的,而不是方法导向的。在新结构经济学研究院我们应该秉持这个原则,先要把结构差异和各种扭曲的内生性及影响了解清楚,再来想应该用什么方法,包括数理和计量方法,只有这样才能把我们要解释的现象和问题处理好。如果现有的方法尚不能满足我们的需要,我们就创新研究方法。在此和各位共勉。

沈煌南:林毅夫老师说得好!非常同意!王勇刚刚的介绍还漏了一个人,就是剑桥大学发展系的张夏准教授。不过他的研究是纯而又纯的发展研究范式(Development Studies),这个和发展经济学还不大一样。发展经济学是一个跨领域的综合性学科,包括发展经济学、政治学、历史学、社会学、人类学等。发展经济学研究宏观这个领域或方向,在北美是没有的,只有英国、荷兰等欧洲国家有这个研究传统。

代栓平: 林毅夫老师说到的问题导向、方法创新的议题非常重要。但是这个经常受研究者的教育背景所限。如果一个学者在美国主流经济学院毕业,通常很难再换一种思路进行研究。这种现象虽然略显悲观,但就是现实。开放经济学教育可能是我们中国经济学研究创新的第一步。

沈煌南: @王勇 而且在研究工具上,发展研究基本不用量化的理论模型,也不用过多高级的计量方法,但发展研究学者的直觉很强,在制度历史分析方面绝对是超一流的。

解决代栓平提出的问题是很难的,这个问题实际上涉及中国主流经济学教育的去美国化。要做到这点难度相当大。一整套课程设置、博士生训练模式、教师职称晋升等标准都要变,这要得罪很多人,只能慢慢做一些局部改变。但美国经济学博士生的训练模式也有不可替代的优势,就是在基本功上要比欧洲大多数经济系扎实得多,这是毋庸置疑的。而且我觉得基本功的训练(如对前沿分析工具的掌握、计量与建模技巧等)还是很重要的,当然这是一个度的问题,但不应该是一个有和无的问题。

代栓平: @沈煌南(哈佛大学) 训练的重点不一样,学生的底层思维也不一样。要是论解模型等技能,大部分欧洲大陆的大学几乎没有训练。按照我个人的体会,欧洲注重的是观察、理解和创新,有没有能力讲明白一件事情,是否能够与学术同行沟通。

沈凌: 林老师说的是大师干的活,但大部分研究者是跟随者。我们需要证明自己有能力运用大师运用过的工具去研究一个问题。至于新问题导向的新工具,不是小研究者能够去开拓的。

龚刚:@沈煌南（哈佛大学）后凯恩斯经济学的发展受到了限制,即拒绝或无法使用最优化。这使得后凯恩斯经济学研究者无法与主流经济学对话。例如新学院的教授基本不用最优化进行研究,除了我的导师威利·塞姆勒(Willi Semmler)。当然,我还是认为后凯恩斯经济学研究者的观点通常更接近实际。

林毅夫:@沈凌 确实绝大部分的研究者是跟随者,但是,是哪个层次的跟随者是关键。梅丽莎·戴尔(Melissa Dell)这次获奖①使用的断点回归和随机推断,将来会有许多人跟着用,不过这两个方法都不是她新创的,而是她巧妙运用的,尤其,随机推断是她发现自己熟悉的断点回归不适用才去找来的。既然这些方法都已经是存在的,那么她也是追随者,而不是像牛顿那样为了他发现的运动定理而发明了微积分。其实卢卡斯也是这样,为了能够把理性预期的现象用数学表述出来,他引进了动态控制,但是,动态控制是已经存在的数学方法,而不是他发明的。与之不同的是,绝大多数经济学家和学生,尤其是国内的经济学家和学生,总是从自己熟悉的模型和方法去找可以运用的研究课题,或是,看到一个问题或现象就直接套用已经有的模型或方法,并且,如果自己用的模型和方法与盛行的模型和方法不一样就担心不会被主流经济学界接受而不敢用。这样永远只能做理论和方法的跟随者而不能做开创者。如果能够把现在盛行于国内经济学界的以"用的方法或观点能不能被主流接受,写的文章能够不能够发表"作为导向,改成以

---

① 2020年美国哈佛大学经济学教授梅丽莎·戴尔获得约翰·贝茨·克拉克奖(John Bates Clark Medal)。该奖项由美国经济学会(American Economic Association, AEA)颁发,有"经济学小诺奖"之称,只颁给40岁以下的美国经济学家或在美国工作的经济学家。

"能不能把问题和现象背后的因果逻辑表述清楚"作为导向,我相信任何逻辑清楚的问题和现象一定可以找到能把这个逻辑表述清楚的数理和计量方法,这个方法可能是经济学界常用的,也可能是在数学家那里已经有了但经济学家不熟悉的。我相信在绝大多数情况下,当代的经济学家不必像17世纪的牛顿那样连合适的数学方法都必须自己发明。"差之毫厘,谬以千里。"中国的经济学家和学生如果能够在研究的出发点上从以发表为导向改为以把问题和现象背后的逻辑弄清楚为导向,帮助自己"认识世界",也帮助别人"认识世界",那么,中国的经济学家就会有许许多多理论和方法创新的机会。

沈凌:林老师说得太好了。方法的拓展,应该是以问题为导向的。所以,能够想到现有的工具不够用,需要从别处借用一个新工具的人,已经是您说的比较高层次的研究者了。至少他对自己研究的问题非常理解,知道实质困难在哪里,同时他的视野也比较广,对于工具的掌握具有相当高的水平,才能知道某个工具可以解决自己研究的问题。

叶初升:林老师高屋建瓴!"中国的经济学家和学生如果能够在研究的出发点上从以发表为导向改为以把问题和现象背后的逻辑弄清楚为导向,帮助自己'认识世界',也帮助别人'认识世界',那么,中国的经济学家就会有许许多多理论和方法创新的机会。"

沈凌:@林毅夫 把现在盛行于国内经济学界的以"用的方法或观点能不能被主流接受,写的文章能够不能够发表"作为导向,改成以"能不能把问题和现象背后的因果逻辑表述清楚"作为导向,是需要大师级的人物来引领的。我觉得现在国内的经济学研究有两个不好的极端:其一,不少所谓的高级专家,掌握着大量研究资源,但是并不能做到您说的这样深刻地理解工具和研究目的之间的关系。要么就是受限于自己年轻时候的教育背景,根本看不懂现代经济学研究的成果;要么就是在国外进修时旁听过一点点,只能"照猫画虎",只看研究工具是否时髦。因此,他们难以实现您说的那种转变。其二,大量的年轻学者在夹缝中成长,为了获得研究资源,不得不把"学好工具的运用,为未来的研究做准备"当成"只要会用时髦的工具、能够拿到资源就好"。所以,林老师提出来的命题本身就是一个很好的制度经济学话题,值得研究。

陈杰:林老师说得深刻!最重要的还是给问题和现象以富有逻辑性的说明,增进社会对该问题、现象的理解与认识。只要达到这个效果,方法是可以选择的。

张中祥:@林毅夫 确实绝大部分研究者是跟随者,但是,在哪个层次的跟随是关键。

林毅夫:@沈凌 确实"能够想到现有的工具不够用,需要从别处借用一个新工具的人,已经是比较高层次的研究者了"。但是瓶颈不在于是否已经"对工具的掌握相当高水平,才能知道某个工具可以用来解决自己研究的问题",而在于是否"对自己研究的问题非常理解,知道其实质困难在哪里"。卢卡斯本科时学的是历史,在芝加哥大学的博士论文做的是估计"哈伯格三角"①(Harberger Triangle)的大小,用的数学方法非常简单。他到了卡内基梅隆大学对理性预期感兴趣以后,才去数学系听数学课的,并找到了合适

---

① "哈伯格三角"指由于垄断而造成的社会福利净损失,在假定货币的边际效用不变的条件下,反映在图像上是需求曲线下方、价格线上方和价格轴围成的三角形的面积。

的动态控制的方法。如果不将以能不能发表为导向改为以能不能把问题解释清楚为导向，那么即使学了很多数学或计量方法，也很难在理论和方法上有所创新。如果能在导向上做这个转变，那么若自己数学很好，则可以比较好、比较快地拿来就用；若自己数学不好，则也可以自己去学(卢卡斯和杨小凯就是这样)，或是向数学更好的人学习或与之合作(阿罗就是找数学家德布鲁才把一般均衡解出来的)。我相信在中国数学好的经济学家和研究数学的数学家都比美国多，但是，中国的学者包括经济学家在内一直没有从"西天取经"的心态中解放出来，以为只要和"西天"的"经"不同就是离经叛道和微不足道的，这大大地限制了中国经济学家挖掘中国发展、转型经验这座理论和方法创新的"金矿"的可能。如果这个出发点能够改变，我相信就有可能迎来经济学大师在中国辈出的时代。

尹应凯：林老师说得太好了！"中国的经济学家和学生如果能够在研究的出发点上从以发表为导向改为以把问题和现象背后的逻辑弄清楚为导向，帮助自己'认识世界'，也帮助别人'认识世界'，那么，中国的经济学家就会有许许多多理论和方法创新的机会。"

陈叔军：@林毅夫 经济研究应为经济发展服务，而不是为论文发表服务。论文发表只是一个工具而已。林老师说得太好了！

王文：完全同意林老师的看法。但现在一些青年教师为生计谋、为五斗米折腰，没有论文发表，青年教师就没有出路。林老师与诸师可否继续呼吁，改革相关评价制度，让青年人更好地为经济、为国家服务？

刘陈杰：@林毅夫 经济学家如果能走出办公室，参与金融市场,参与实体经济,参与社会活动实践,会做出非常好的理论创新。向林老师学习。

何国俊: 我觉得林老师说的是研究要以问题为导向,工具要熟练运用,在此基础上还要有创新。能做到这些,发表情况都会很好。发表就是学者之间最好的交流工具,是在创造知识,能够互相促进对事物的认识。虽然不以发表为目的,但没有高质量的研究成果,是不可能得到普遍认同的。

林毅夫: @沈凌 我也不太赞成从制度经济学来找原因,梅丽莎·戴尔的论文可以很快发表和得到肯定,是因为她研究的是新制度经济学派,也是她的导师德隆·阿西莫格鲁感兴趣的热门问题。她在用巧妙的方法来印证她的导师的观点,在方法上有贡献,在思想上并没有贡献。在思想上要有贡献,即使在美国也是很难的。我在芝加哥大学读书时,听老师谈起卢卡斯推动理性预期革命的早年,在经济学界阻力重重,他到普林斯顿大学等美国东部的大学做报告,因为来参加讲座的经济学家普遍反对他的观点,他总是很紧张。就像普朗克所言:"一个新的科学真理不能通过说服她的反对者而使其理论获胜,她的获胜主要由于其反对者终于死去而熟悉她的新一代成长起来了。"推动理论创新,尤其是有根本性创新的学者,在中国和西方都是要在斗争中靠赢得新一代学者而获胜的。这一点在中国可能比在西方更难,其主要源于以下几个因素:其一,中国过去百年的屈辱历史,让我们不能摆脱"西天取经"的心态(其他发展中国家也是一样);其二,任何经济学理论都是来自对经验现象的总结或问题的解决方案之中,这样的理论都内嵌于产生这个现象或问题的国家的发展阶段、经济、社会、历史、文化、价值体系中,现在来自西方的主流理论是这样,将来来自中国的理论也是这样。但是,现在的西方主流经济学家不了解中国的经济、社会、历史、文化、价值体系,因此,难以接受来自中国的理论创新。世界经济中心必然会成为世界经济学的研究中心和理论创新中心。随着经济中心向中国转移,经济学的研究中心和创新中心也会向中国转移,只不过是究竟需要多少年才能实现这一点,中国经济学家是否能更早地"近水楼台先得月"而已。按麦迪逊的历史统计资料,美国在1872年时按购买力平价计算的经济规模已经超过英国,但是,美国直到七十多年后的第二次世界大战之后才取代英国成为世界经济学的研究和创新中心。我希望我们不要等那么久,能够在我们年轻一代的经济学家和知识分子中就完成这种研究导向的转变,这个转变对于中国克服未来发展上的各种挑战也至关重要。

@何国俊 我同意发表的重要性。研究成果不发表,"养在深闺人未识",如何会有影响?但是,要在目前国际顶级杂志上发表,如果所用的理论和方法不是评审人熟悉和认同的,一般很难通过,这也是事实。我提出的以问题为导向,根据问题采用合适的和严谨的方法来研究,这样的研究成果能在顶级杂志上发表最好,不能在顶级杂志上发表也没有关系。而且,我相信只要把问题的逻辑论述清楚,并且,有严谨的论证和经验检验,这样的研究成果应该都能发表,不过就是发表在顶级杂志还是一般杂志上的问题。即使在一般杂志上发表,只要理论、观点和方法是原创的,发表以后在思想史上就会有贡献。其实,西方原创性的研究也不总是在顶级杂志上发表的。这是我说的以问题为导向而不以发表为导向的含义。

何国俊:谢谢林老师澄清,完全认可。

聂辉华:悖论在于,在一般杂志上发表的论文,如何能够推动经济学范式的革命或者理论的突破呢？恐怕必须是权威才有这个推动的能力。但权威又似乎容易囿于成见，拒绝新理论。大家能找到这样的案例吗：在一般杂志上发表的原创性文章，推动了经济学的革新，从而最终形成一个有较大影响力的学派，并得到广泛认可？当然，像奥地利学派那样，在自己的杂志上发自己喜欢的文章，但不受主流重视的情况不算。

吴利学：@聂辉华　卢卡斯吧。

何国俊：@聂辉华　科斯也算吧。

代栓平：这需要系统性的改革。现在年轻学者如果不在一区期刊发文章，很快就被淘汰了。

聂辉华：公共选择学派一直发一些非主流文章，但影响似乎不大。

代栓平：@聂辉华　李根、玛丽安娜·马祖卡托。

聂辉华：科斯、张五常当年在 *Journal of Law and Economics*（简称 JLE）上发表了不少有影响力的文章，的确推动了经济学的革命。但当年的 JLE，恐怕不是一般杂志，而是不错的杂志。而且，科斯当年的影响力已经不小了。我觉得这个案例可以算半个成功典范。

代栓平：他们的影响很大，最好的发表也就是政策实践方面的研究。

沈煌南：@林毅夫　这一点我十分同意。当年刘易斯那篇获得诺贝尔经济学奖的论文[①]是发表在 *Manchester School* 上的（SSCI

---

① Lewis W A, Economic development with unlimited supplies of labour[J]. The Manchester School, 1954, 22(2): 139-191.

3区期刊);第一位女性获得诺贝尔经济学奖的埃莉诺·奥斯特罗姆(Elinor Ostrom)甚至不在经济系工作,她是靠她那篇 *American Political Science Review* (简称 APSR)的文章[①]获得诺贝尔经济学奖的。

聂辉华:如果有一批杰出的学者(同时又不是老年学者)能够在某个还不错的杂志上不断地发表文章,才能打破僵局吧。但这样的条件似乎太苛刻了。APSR 是政治学两大顶尖杂志之一。

吴利学:格兰杰(Clive Granger)也可以算一个。

聂辉华:她和威廉姆森(Oliver Williamson)的工作早已超出了自己的学科边界。

代栓平:@聂辉华 霍奇逊(Geoffrey Hodgson),也算是有影响力的学者吧,他也坦白在美国连个助理教授都得不到。

聂辉华:@吴利学 你说的两个人,他们的革命性论文发表在什么地方?

沈煌南:@林毅夫 我觉得发表层面上可能两条腿走路会比较好,顶级杂志和一般杂志都要兼顾。

聂辉华:@代栓平 你举的例子符合非主流经济学突破的成功案例,但不是成功融入主流的案例。

傅蔚冈:当年那个杂志是很一般的,而且是法学院办的杂志。

代栓平:@聂辉华 对的,如果教学、评价体系不改革,创新是很难的。我们这么大的国家,这么丰富的实践,应该百家争鸣,不

---

① Ostrom E. A behavioral approach to the rational choice theory of collective action: Presidential address, American political science association, 1997[J]. Amcrican Political ence Association, 1998, 92: 1-22.

能只有美国式主流一条路。

聂辉华：@傅蔚冈 嗯，也可以这么说。当年芝加哥制度学派高手如云，因此还是需要一批杰出的人。如果有一批杰出的人，在哪里发表文章都是可以产生革命性影响的。但这似乎又回到了问题的起点：杰出的人在"杰出"之前，是否要在"牛刊"发文？这似乎是死结。

沈煌南：@聂辉华 可能最好的出路还是从其他交叉领域去影响主流。比如当年的埃莉诺·奥斯特罗姆通过政治科学去影响经济学，诺贝尔经济学奖得主希尔伯特·西蒙(Herbert Simon)通过管理科学去影响经济学。或者实验经济学之父、诺贝尔经济学奖得主弗农·史密斯(Vernon Smith)通过心理学去影响经济学。但国内现在并不具备培养这样的学者的条件。这个就说来话长了，要追溯到我国1952年的院系调整，全盘学习苏联的高等教育体系后，废除了跨学科教育模式，以培养专才为培养核心理念。这套苏联的高等教育模式，至今对我国的高等教育办学理念有很大影响。

代栓平：玛丽安娜·马祖卡托在出书以后就被注意到了。但是我国的评价体系是不太会有这种可能性的。

吴利学：@聂辉华 卢卡斯的论文是发表在 *Journal of Economic Theory*(简称 *JET*)上。格兰杰有两三篇论文，所发表的杂志都不是排名前五位的。

林毅夫：@聂辉华 融入主流不能作为有原创性的经济学家的研究的出发点，真正原创性的尤其是根本原创性的理论总是取代现有的主流理论的。例如，卢卡斯的理性预期不是融入从20世纪30年代开始一直到70年代还盛行的凯恩斯主义，而是取代了凯恩斯主义。对于中国经济学家来说，由于我前面提到的理论的内嵌性的原因,要从中国的经验提出创新性理论,必然会在许多方面和现有的主流理论处于竞争性的关系,所以,只能到最后以取代现有的主流或把现有的主流变为一个特殊例子的形式而成为新的主流。

@沈煌南(哈佛大学) 我也不主张所谓的两条腿走路:一方面迎合现有的主流以在好的杂志发表文章,一方面去研究经验现象,提出有创新性贡献的理论并在一般杂志上发表。表面上这是两全其美,结果更可能的是顾此失彼,或是两方面都不讨好。这不仅是因为一个人的时间有限——花了许多时间去研究没有原创性贡献、在文献上不会有价值的论文,剩下的能用在原创性研究上的时间就少了;更重要的是因为原创性的理论和现有的理论会有许多冲突,一个人的心智很难超脱或平衡这种冲突,结果很可能妨碍一个人的原创性思维。

尹应凯: 赞同林老师的智慧见解,理论研究的根本目的不是发表论文,而是更好地认识世界、改造世界,努力做到知行合一、知成一体。所以,研究应该追随对现实世界的真相探索和我们内心的真实判断。

林毅夫:@沈煌南(哈佛大学) 我也不赞同"最好的出路还是从其他交叉领域去影响主流"。到底用什么方法来研究最好,应该以研究的问题的需要来决定,而不是以能否被主流接受来决定。埃莉诺·奥斯特罗姆和希尔伯特·西蒙或现在的行为经济学和随机控制实验者确实用了交叉学科的方法,但是,获得诺贝尔经济学奖的经济学家更多还是沿着经典的方法,而那些用交叉学科的方法取得成就的学者的出发点也不在于融入主流,而是,他们所要研究的问题的性质决定了他们只能用交叉学科的方法。所以,正本清源,如果中国经济学家要做出原创性的贡献,一定要从真实世界的现象和问题出发来做研究,来想应该用什么方法。用现有的理论、现有的方法,包括交叉学科的方法来做研究的出发点都是舍本逐末。中国经济学家要抓住中国经济发展这座理论创新的"金矿",必须在出发点上把握好。而且,我也不赞同现在国内许多大学把发展交叉学科作为争创一流大学的战略方向,因为如果不是以要研究的现象和问题作为导向来决定到底应该用什么方法来研究,并以此来决定是用单学科的方法比较好还是多学科交叉的方法比较好,如果是多学科交叉的方法比较好,需要包含哪些学科,那么,学科交叉的组合方式不说无穷多也有几十上百吧?在这些组合中该怎么选择?该如何发展?所以,如果不了解交叉学科在国外为何出现、为何需要,看到国外有些新的突破是靠交叉学科,就去邯郸学步,看国外怎么交叉,我们国内的大学就依样画葫芦去交叉,或是,抛开问题和现象,去把学科交叉作为目的,结果会像无头苍蝇一样到处乱飞,浪费许多精力和资源。所以,正本清源,研究要以问题和现象为导向才可能取得理论的突破,方法也要以问题和现象研究的需要为导向才能既不画地为牢也不拔苗助长。

朱富强:史无定法,社会科学大体如此。如果囿于既定框架"做"学术而不是"求"学问,不做为己之学而为求他人认可,岂有真学术?

赵燕菁:没有原创的问题,就没有原创的理论。答别人的卷子,永远超不过别人。中国近年的发展实践,有取之不尽的原创问题,这是西方从来没有遇到的,这才是中国经济学最大的"富矿"。

张轶凡:新的范式取代旧的范式往往是从解谜(puzzle solving)开始的。行为经济学的成功发展历程可以提供借鉴。行为经济学在发展初期并不为主流经济学接受,他们的突破口是找到谜题,找到主流经济学无法解释的谜题,而这种谜题必须是无懈可击的经验证据。即使这样,在很长时间内主流经济学家仍然不承认这些谜题是真的谜题。例如理查德·塞勒(Richard Thaler)和尤金·法玛(Eugene Fama),即使在二者面对面的时候,尤金·法玛也认为行为经济学的谜题可以用传统经济学理论解释。但是这没关系,当这类谜题积累得越来越多的时候,人们便开始怀疑主流经济学理论,便开始逐步接受行为经济学理论。我认为新结构经济学是可以找到有足够说服力的谜题的,这种谜题往往来自严格的微观证据。宏观层面的谜题很难说服别人(我可能有偏见)。所以我完全赞同王勇说的宏观发展和微观发展可以有效结合的观点。

聂辉华:@张轶凡 我同意。看理查德·泰勒《"错误"的行为》,就能体会到这一点。

张中祥:中国发生的原创性问题可以说是经济学研究的"富矿",但这只是提供了可能产生原创理论的基础。虽然中国学者或有中国背景的学者有这方面的优势,但基于这些原创问题上升产生的原创理论,是否产生于中国或者是产生于有中国背景的学者,那倒也不一定。

刘守英:中国原创问题长什么样呢?怎么甄别呢?

陶勇:@聂辉华 可以举新古典综合派的代表人物萨缪尔森的例子。1935年,著名经济学家萨缪尔森从芝加哥大学毕业后,来到哈佛大学经济系攻读博士学位。他的主要研究方向是将数学分析的手段运用到经济学的研究,不过他当时的研究并未得到哈佛大学经济系的支持。要知道在20世纪40年代经济学主要还是文字的经济学,仅有少数勇于创新者——如哈罗德·霍特林(Harold

Hotelling)、拉格纳·弗里希(Ragnar Frisch)等使用数学符号。按照萨缪尔森后来的回忆："遭遇到著名杂志对运用微积分的论文严格设限的情况,而矩阵更是稀有动物……"

正因为萨缪尔森将数学分析频繁应用到经济学中,他被理所当然地认为是一个离经叛道者。尽管萨缪尔森最终获得了博士学位,但是哈佛大学经济系并未考虑给他一个正式教职,为此萨缪尔森的导师之一的熊彼特几乎要愤而辞职。庆幸的是,麻省理工学院接纳了萨缪尔森,并给了他一个正式教职。当然,这也成就了麻省理工学院后来的辉煌。

20世纪初一群年轻的经济学家创立了 *Review of Economic Studies*(当时只是一般杂志),初衷是为了抗争几个老牌杂志的垄断。所以这个杂志有一个传统:特别欢迎还未成名的年轻经济学者投稿。

王勇:@张轶凡 确实,现在主流杂志上发表的宏观经济学研究中,微观数据与宏观问题相结合是一个明显的趋势。

林毅夫:@张轶凡 在西方主流学界也不是没有宏观层面的谜题,理性预期理论解释的是凯恩斯主义无法解释的滞胀现象,内生增长理论解释了新古典增长理论无法解释的发达国家经济增长长期高于人口增长的谜题。还是那句话:正本清源,一切从问题和现象出发。在发达国家,宏观层面的谜题可能少些,这是因为发达国家处于世界技术的前沿,经济增长率相对较低,大的结构转型较少,可进行理论创新的机会较少,所以,在没有大的谜题又涌现了许多可用的微观数据时就会更多地从过去较少涉及的微观层面去找有趣的问题。在快速转型的发展中国家,有许多未能用现有理论解释的宏观层面的谜题,当然也会有许多微观层面的谜题。我们应该自己去观察这些现象和问题,有了新的视角,就用该有的严谨的方法把自己的认识写成论文,也许是宏观的,也许是微观的,也许既是宏观的又是微观的,而不管现在西方主流是热衷于宏观的视角还是微观的视角。这是我们应该有的态度。

@刘守英 原创的问题大多不是事先甄别出来的,都是做出来以后,和过去的理论观点竞争出来的。

聂辉华:谢谢陶勇提供了一个很有意思的案例。我提供一个成功的案例——科尔奈(Kornai,1986)的软预算约束理论。之前软预算约束仅仅是科尔奈基于匈牙利以及计划经济国家的一种现象描述,并无模型;后来他到了哈佛大学,带出了一批弟子,不断地将理论数量化并发表于顶级期刊。因此,平台显然很重要。当然,那个年代比较看重思想,数学并不是特别普及,今天已经不同了。科尔奈要是在今天提出软预算约束,未必能成功进入主流吧!

我觉得,究竟从归纳特征事实(现象)入手,还是从找到谜题入手,似乎并不矛盾,应该都可以尝试。这些年来中国经济学最典型的从现象入手的文章,应该是李宏彬和周黎安教授 2015 年发表于 *Journal of Public Economics*(简称 JPubE)的文章,只是这方面的理论文章的进展远不如经验文章。

林毅夫:@张中祥 同意你的观点,中国经济是理论创新的"金矿",但是根据中国的现象和问题做出理论创新的不见得是中国经济学家。尤其是,中国的经济学家如果不改变"西天取经"的心态,以及以发表为研究的出发点,而不是以把现象背后的因果逻辑弄清楚为出发点的现状,则你的判断很可能会变成事实。不过,中国的经济学家要是能把研究的导向改过来,则有"近水楼台先得月"之便,应该更有机会根据中国丰富的经验现象做出有创新性的贡献。

彭波：过分强调数学，新思想就不容易出来了。

赵燕菁：@刘守英 比如说土地财政。@张中祥 没错，西方学者对中国"富矿"的兴趣比我们还大。我们有"原矿"但缺少精炼能力。

张中祥：@赵燕菁 @林毅夫 @刘守英 感谢三位老师的问答！

彭波：理论上不矛盾，实际上是有矛盾的。

王勇：非常感谢林毅夫老师与其他各位老师抽出宝贵时间进行的精彩讨论。这显然是一个重要的问题，不仅仅是大学中经济学学者个人如何做研究、发表论文的问题，也是中国经济学学者如何进行健康学科建设的问题。我在读博士的时候，也曾写过两篇文章[①]，总结自己当时对这些问题的认识。现在博士毕业10年，回头再读这些文章，颇有一番感慨。经过这么多年的摸爬滚打，失去了当年意气风发的锐气，对于什么是好的研究，我的认识在进步还是在退步，可能连我自己都不知道。

---

① 第一篇文章见本书：再读"与林老师对话"系列图书有感；第二篇文章为：王勇. 研究中国问题的经济学是二流学术吗？[J]. 世界经济文汇，2008(3)：91-100.

心得篇

再读"与林老师对话"系列图书有感[*]

我相信几乎每一个从 CCER(北京大学中国经济研究中心,现更名为北京大学国家发展研究院)毕业的学生都能对林毅夫教授的发展经济学理论很自信地从容道来,就像每一个芝加哥大学经济系的毕业生都会对人力资本、理性预期熟稔于心一样。作为林

---

[*] 该文发表在《世界经济文汇》2005 年第 12 期(作者:王勇)。王勇,北京大学新结构经济学研究院创始成员之一、学术副院长,芝加哥大学经济学博士,E-mail:yong-wang@nsd.pku.edu.cn。林毅夫老师让我为"与林老师对话"系列图书写一篇书评,作为学生自然备感荣幸又有些惶恐。既然我自己还是学生,写"读后感"更为合适,所以将读者也就自然定位在国内对林老师发展经济学的学术观点已有基本了解的经济学学生,并主要侧重于我对林老师在书中所提到的研究方法的个人主观感悟而非对其具体学术观点的理解,既是一种自我总结,也希望能够抛砖引玉。在写作过程中,我的很多同学和好朋友都阅读了初稿并提出了中肯的建议和善意的批评,使我自己成为这篇文章最早也是最大的受益者(如果说有受益者的话)。我真诚地感谢他们(白金辉、陈志俊、胡伟俊、赵莹、李志赟、陆铭、柯荣住、黄毅、王鹏飞、黄卓、何英华、李韶瑾、李荻和柴桦),并感谢郭凯提供的帮助。我祈祷本文的观点不要太具误导性,尽管也许在所难免,希望大家能够原谅。所有文责由我本人承担。

老师众多学生当中的一个,我总是莫名其妙地觉得对林老师的思想观点与方法论已完全了然于心,以至于为了赶作业而没有去听林老师2003年冬天在芝加哥大学的演讲。现在想来,我的这种"自负"大概是因为自己曾在林老师的"中国经济专题"和"发展经济学研讨"课上取得了不错的成绩;大概也是因为自己曾采用林老师英文版的《中国的奇迹》作为教材为伯克利加州大学的本科生主讲过一学期"中国经济专题"的课程;大概还是因为自己曾花了较长时间向林老师、鞠建东老师学习并合作写论文。就连我的经济学启蒙恩师、复旦大学的韦森教授在书评中都说对"毅夫"的观点熟悉和同意得"下笔甚难",更何况作为林老师"嫡传弟子"的我。

　　然而从CCER毕业整整两年以后,当我翻开林老师赠送的图文并茂的《论经济学方法》和《论经济发展战略》两本书时,就立即被"与林老师对话"丛书的"总序"深深吸引,特别是其中关于林老师从芝加哥大学求学以来20年研究心路的自述。也许部分地因为我也住在林老师当年在芝加哥大学求学4年间住的那栋国际公寓的缘故吧,马上就要进入三年级开始独立研究的我,读着读着便有一种身临其境般的感觉。呀,原来林老师自己在博士三年级的时候一开始也是以经济学界普遍接受的理论为出发点考察中国问题的,可是为什么他后来又不这样了呢?为什么现在有不少中国学生数理功底很不错却写不出好的论文?我自己的一篇关于增长与发展问题的投稿不久前也被一家国际杂志用三篇很长的审稿报告给"枪毙"了,而林老师AER和JPE的那两篇数学并不复杂的论文却成为引用率最高的研究中国问题的经典文献。林老师做研究、写论文的"核心硬技能"是什么呢?为什么林老师的《中国的奇迹》会被翻译成六七种语言并自动成为全世界研究中国发展问题的经典教材？显然林老师的一贯分析工具就是我在加里·贝克尔(Gary Becker)和凯文·墨菲(Kevin Murphy)两位教授的 ECON 301 上所学的芝加哥大学独特的经典价格理论。林老师的很多时事政策分析隐约间好像也是弗里德曼教授开创的那种应用价格理论导向宏观政策分析的"拳路"，可是为什么林老师会得出与主流理论不一样的结论呢？芝加哥大学学派那么多价格理论的"宗师"都说激进改革比渐进改革好，企业私有化是唯一出路，而林老师居然会不同意，"胆子"可真大。看着这里很多 workshop(研讨会)上演讲者被台下的教授们批得体无完肤的尴尬相，我心里不禁要问林老师这种学术自信心的来源是什么呢？

这些问题在我心中又岂止曾徘徊过十次！然而这个暑假马上就要开始写 second year paper(第二学年论文)，真的要正式从过去的 GPA(grade point average，平均学分绩点)崇拜的课堂学习"转型"到 publication(发表)崇拜的独立研究，我是应该系统地反思一下自己的"发展战略"，认清自己的"比较优势"，可千万别闯进了没有"自生能力"的研究歧路。不仅我，还有很多很多同学急切地阅读"与林老师对话"系列丛书，大概也是出于这种原因吧。在重温林老师的这些"对话"时，在芝加哥大学求学的这两年的点点滴滴也在我的脑海中不断涌现，我这才发现自己以前其实并没有真正理解林老师的一些话。这里就不揣浅陋地结合自己在芝加哥大学的学习感触，和同学们聊一聊我的读后感吧。

一、价格理论与数学建模

在 CCER 的毕业生中，我大概属于那种数理倾向比较严重的学生,对经济学中一个个美轮美奂的经典模型痴迷得有些"顽固不化"。要是在自己的论文里突然发现能用上一条在实变函数课上学到的定理,我会兴奋地跳起来。套用阿尔里·鲁宾斯坦(Ariel Rubinstein)教授在2004年国际计量经济学会主席演讲的最后一句话:"这真是太美了!不是吗?"至今仍清楚地记得萨金特(Sargent)教授在其《宏观经济学》前言中充满遗憾地回忆到当初自己仍苦苦挣扎于凯恩斯静态宏观框架时,他在卡内基·梅隆大学的同事卢卡斯却大踏步地学习并引入动态最优化这一整套数学分析工具,进而占得了研究上的先机。通观来自印度、日本、欧洲、拉美甚至土耳其等非美国本土的主流学界最著名的经济学大师,有几个人不是数学建模的高手并以此出道的?为此我经常与志同道合的同学辩论,但只限于在好朋友之间。辩到激烈处,我颇为"撒泼"地来一句:"你说的这些基本上也都是林老师和我说过的。"然后再不无炫耀地引经据典地搬出一大堆诺贝尔经济奖得主的方法论自述,从他们的生日开始讲起。基本上每一次辩论的结果都是我的好朋友们看我"蛮横"的样子无奈地笑着摇摇头不说话了,可过了几天又开始和我辩论。林老师和CCER的其他好几位老师,以及复旦大学的韦森老师对我的顽固与"不悟"倒没有绝望,苦口婆心地一再提诫我要更重视经济学思想本身与实证研究。但是我心里知道我是持保留意见的。

然而在芝加哥大学上了两年课以后,我才慢慢地更能体会林老师在《论经济学方法》一书中提到的很多观点。在上一年级第一学期的课时,我就被深深地震动了。ECON 301的"价格理论I"课程的每周作业是贝克尔教授和凯文·墨菲教授各出一道长题,题目中用文字交代了一些经济学问题或者社会现象的背景知识,从恐怖主义到健康问题,从国际贸易到贩毒和住房问题,从投资到经济增长问题,什么都有,然后接二连三地问一堆问题。每个周二傍晚出题,当周周五上午交作业。我有生以来第一次为完成作业而熬夜就是第二次交作业前的那个周四。怎样分析这些现象,怎样回答这些问题,完全由自己选择分析方法,而我总想把问题抽象成一个严格的数学模型来求解,取什么样的假设显然也得完全由自己定夺。可是经常是好不容易使建好的模型能回答第一个小问题,突然发现很难再用这个模型来回答第二个小问题,不是求不出解析解,就是出现太多不合理的多重解。只好回头修改我的模型,然后不得不再另加一些技术性假设,当然需要再配上为何作如此取舍的经济学理由。如此反反复复,最终发现窗外已经发白,而自己却只能眼巴巴地望着求解问题 f 时出现的那 12 条非线性方程和 12 个未知变量,心灰意冷地继续写道"假定这个系统的解是存在的并且是唯一的,那么……"最终,我将近 25 页的作业只得了 3.7 分(满分为 10 分)。助教的批语是我采用的是科布-道格拉斯函数型的效用函数,而忽略了分析 non-homothetic(非齐次性)偏好这一重要情况。于是我"耿耿于怀"地仔细对照那将近 20 页的标准答案。读完后我真的完全惊呆了:真没想到这些二维平面分析图会那么厉害,所给的分析全是替代效应与收入效应的变相综合,所用的也全是诸如正常商品这样的通常假设,没有太"漂亮"的数学,但是逻辑分析明显比我的模型完整得多、严密得多、深入得多,也更加具有一般性。虽然我的数学建模能力属于"菜鸟"级别而且时间太紧了,但是对比之下,我突然深深地觉得有些领悟了真正的价格理论的美感和经济学直觉的巨大力量,竟有些"相见恨晚"的感觉。

其实回头想想第一次读林老师《中国的奇迹》的情形,我花了一整天就读完了,当时心中最大的感触是这本书逻辑上浑然一体、一气呵成,让人中途欲罢不能,完全可以归纳为一个逆向递归的动态优化的数学结构。这在我读过的中文经济学著作中是多么罕见啊!现在我才意识到这原来竟是一本林老师等学者给自己出的ECON 301的"作业",运用价格理论进行分析得出的习题答案!!亲自欣赏过价格理论的真正"旷世高手"的缜密分析之美后,我才恍然大悟:难怪在国内林老师、张五常教授等总是那么推崇价格理论[①],那么强调收入效应和相对价格(替代)效应!"与林老师对话"系列中林老师在回答学生关于经济学分析语言的提问时说"我认为(文字)语言也可以很严谨,只是大部分人用得不严谨。标准都是一样的,无论用文字语言还是数学,都要求内部逻辑一致,一环扣一环,而且推论和要解释的现象一致",又说道,"数学的严谨性(rigorousness)和有用性(relevance)之间有一定的替代(trade-off),为了严谨性可能失去一些有用性"。对此,以前我只是在原则上同意,现在则是从心坎儿里认同了。大概国内还有不少人想当然地误以为价格理论就是散发着芝加哥学派"古董"气味的杂文式的那种毫无数学难度的落后文字叙述呢!在我们国内像林老师这样真正在价格理论上很有造诣并能将之运用到严格的学术分析中去,并在世界顶级杂志上发表文章的经济学家实在太少了。因此能够有幸真正认识到价格理论这门既玄乎却又真实的"内功"力量的学生也实在太少了,至少以我自己的学习经历来看是这样。这大概也在很大程度上解释了为什么现在有很多国内学生"自选

[①] 芝加哥大学的价格理论传统的另一项重要内涵是对实证计量分析的重视。

择"地那么规避和反感非数学语言的分析,而多少有些盲目地倾向于数理模型了。在上基亚波里(Chiappori)教授的"价格理论Ⅲ"课程时,这位能弹一手好钢琴、数理和实证都很过硬的法国经济学家有一句话让我至今印象深刻:"经济学推理往往要比数学推理难得多也有挑战得多,因为后者在进行过程中只依赖数学运算法则,而前者则需要深厚的经济学直觉以辨别思维过程中最重要的经济力量。"

林老师在"与林老师对话"系列中特别强调经济学直觉的培养,并提到芝加哥大学的老师们对于这方面的训练高度重视。[①]这实在千真万确,即便是研究方法很偏数理的经济学家也是如此,这太让我惊讶了。我清楚记得讲授"价格理论Ⅱ"课程的菲利普·瑞尼(Philip Reny)教授在运用 Brower 不动点定理证明纳什均衡存在性时,有个学生提问说你给了我这样一个函数我再用不动点定理证明当然很容易,可是这个函数到底是怎么构造出来的呢?结果瑞尼教授当场就用完全直觉性的经济学语言解释了这个复杂无比的函数的构建过程,让我们瞠目结舌。我也一向喜欢宏观。讲授"收入理论Ⅰ"课程的弗尔南多·阿尔瓦雷斯(Fernando Alvarez)教授是明尼苏达大学毕业的,是布莱斯考特教授的高徒,明尼苏达大学一年级博士课程中实分析和泛函是必修课,数理要求之高是出了名的。可是我真没想到阿尔瓦雷斯教授说得最多的一句话就是"The intuition behind this equation is..."("这个公式背

[①] 值得一提的是,好像有不少同学有一个误解,以为经济学直觉是天生的、不可培养的,事实上贝克尔教授曾指出:"经济学直觉也需要通过不断学习才能获得。"林老师对此也很赞同。还有一种观点认为数学弱的人经济学直觉才会好,似乎也是过于片面和极端了。

后的逻辑是什么"),考试的时候也总是要求学生对运算结果给出经济学直觉解释。凯西·马里根(Casey Mulligan)教授给我们上"收入理论Ⅱ"课程,他是个只花了两年时间就获得芝加哥大学经济学博士的神话人物,他认为弗里德曼的《消费函数理论》(*A Theory of the Consumption Function*)一书是迄今为止最好的经济学著作,特别重视对现有经济学理论的实证检验,其分析思路竟然也是价格理论!在第一节课上,他在屏幕上给我们演示了一只可爱的玩具猴子,问我们:"Is this a model or a real monkey?"然后继续说我们需要这个模型,因为它的好处在于易得,给小孩子玩的时候没有危险等,既然是模型,我们就需要抽象掉一些对我们的目的来说并不重要的东西,然后指了指这个玩具猴子的某个部位,大家哄堂大笑。你说,老师这样教我们,我们怎么会忘记模型与现实的异同点和建模的原则呢?

二、"从具体问题出发"的研究导向

深深陶醉于萨缪尔森、阿罗、德布鲁等诺奖大师的经济学理论的数学公理化的美感之中,我曾经很纳闷林老师为什么总是那么坚持"以具体问题为导向"的研究方法论,也一直琢磨着为什么年逾七旬的贝克尔教授每个星期都能自己想出一道数学上看似"简单"却把我们所有人都折磨得半死的新问题。现在回头看看 ECON 301 的习题风格,我悟出了一些道理。史蒂文·莱维特(Steven Levitt)教授说经济学家的工具箱里的分析工具已经非常五花八门了,但是研究的有趣的问题往往少得可怜。哈佛大学的爱德华·格莱泽(Edward Glaeser)教授和墨菲教授都是贝克尔教授的高足,前者与德隆·阿西莫格鲁和安德鲁·施莱弗(Andrei Shleifer)是当今发表文章速度最快的三个年轻经济学家。这些"明星们"似乎有写不完的题目与超人的分析写作速度,让我实在不得不相信他们的确都已练就了一套林老师所说的那种"以具体问题为导向"的真功夫。我是实在太想学学这套硬功夫了,但是这又岂是一项易学的"外家拳脚"！下学期我受宠若惊地应邀给贝克尔和墨菲当助教,说实话比起其他的数理技术要求较强的课程,当这门课的助教更让我心里觉得没有底。于是现在暑假里便常常读贝克尔教授的专栏文章,这才明白 ECON 301 题目的背后原来蕴含着他长达 20 年的为 *Businessweek* 和 *Wall Street Journal* 当特邀专栏作家的捕捉问题的经验,更不必说他超过半个世纪的价格理论"内功"修为了。即便如此,最近听以前的助教说,贝克尔教授和墨菲教授自己也承认,每周出一道题对他们来讲也是很费脑筋的。我心里终于有了一丝的平衡感。

　　林老师"语录"中有一句话:与接近制度稳态的西方社会不同,中国不断地有很多新的、重要的,且未被现有理论解释的现象出现,中国的经济问题是一座"金矿"。我现在也深信自己永远都走不出中国经济的背景。在卢卡斯教授的经济增长课上的讨论中,我总是不知不觉地就讲到中国的制度背景,在写论文的时候一联系到现实经济也必然是中国的问题。撇开纯理论研究不说,以我个人愚见,在做中国问题研究时无论哪个分支都要求对现实经济与制度结构的良好把握,而在做应用微观研究特别是微观劳动经济学研究时,中国经济学家的优势似乎更加明显。因为在分析方法上似乎并不需要花大力气构建新的理论分析框架,需要做的主要是对制度中性的计量方法的掌握和运用,以及收集数据与整理问题。而在做宏观和发展经济学理论研究时,虽然现在国际比较研究越来越多,但是如何从本国的特殊现象中归纳出好问题并正式地表达出来,在方法上显然更具挑战性,拉美、欧洲和印度的很多宏观经济学家和发展经济学家为此做过很多努力,成功的似乎并不多。所以,虽然听起来好像林老师的"以具体问题为导向"的方法更容易上手,但我自己的感觉是对于不同经济学分支,其技术难度和要求上的差异是很大的。国内有很多同学和学者,包括不少 CCER 的毕业生,经常把林老师的"从经济现象出发提出问题"的方法论简单等同于"放弃数理建模"或者"放弃理论研究",我认为这也是对林老师观点的严重误解。事实上,在"与林老师对话"系列中以及平时授课中,对于理论创新的重要性和学生数学训练的必要性,林老师都一直非常强调。他批评的只是主流经济学界"盲目迷信权威和为数学而数学"的倾向。林老师还认为,国际主流经济学界的形式化趋势在一定程度上是研究方法规范化然而经济学内容贫瘠化的必然结果之一,而当今的中国经济学界在规范化上还有很长一段路要走。我个人觉得国内目前在理论经济学方面,若与美国主流经济学界相比,真正有能力"滥用数学"的人恐怕比没有能力"使用数学、欣赏数学模型"却又盲目拼命抵制数学的人要少得多。所以我们学生在学习的时候不能走极端,在重视对现实问题之思考的同时也应该加强数学训练。

其实对于"从具体问题出发"的研究导向,林老师更想强调的是理论的开创性而不是技术上的易处理性。林老师在"与林老师对话"系列中说,经济学发展史上有很多结构很优美而且也曾很有影响力的经济学模型和理论被不断地摒弃和推翻,基本上不是因为这些模型内部逻辑不自洽,而是因为这些模型与理论没有足够好地解释一些新出现的重要现象。来芝加哥大学学习以后，我渐渐亲眼看到汤森德(Townsend)教授、汉森(Hansen)教授等很多理论经济学大家对于具体实证问题极其重视的态度，因此对这一点我也越来越认同了。以前，我总是觉得经济学纯理论的使命就是提供逻辑思维的参照系，就像理论物理学模型一样。既然只是参照系，做逻辑推理时就不一定非要总考虑着对应到现实，那样岂不是太碍手碍脚了吗？说不定理论突进的速度会在某些时点上超越现实的发展速度呢！就像有位诺奖得主说过的比喻：一万年的时间在现实中是多么漫长，可是在人脑中对这个时间长度的跨越只需要不到几秒钟就能完成。在自然科学史上这方面的例子固然有很多，即便是经济学中"欧元"与"期权期货市场"不也是因为先有几个诺奖得主的理论而后才从现实中被构造出来的吗？这是演绎思维的魅力。

　　我觉得，如果说博弈论以及高度相关的机制设计和契约理论、一般均衡理论，甚至计量理论等纯理论研究中的演绎推理倾向于逻辑上工具理性的先验主义的话，那么"从具体问题出发"则更像是一种归纳思维的经验主义，更像很多实验物理学家的工作。如果是以此为基础构造具有一般性的经济学新理论而不只是解释个别现象的假说，我想这似乎就更需要敏锐的类比能力、良好的概括能力以及大胆的想象力，就像乔治·阿克尔洛夫(George Akerlof)和斯蒂格利茨等人将不对称信息引入经济学、凯恩斯创立革命性的凯恩斯主义宏观经济学体系那样。[①] 林老师很强调经济学研究的本体就是"现实经济问题"而不是现有的理论模型本身,这也是为什么他经常引用孟子的"尽信书则不如无书"并主张研究者心中要"常无"。林老师还特别倡导研究中国问题的潜在重要性,这不仅是中国经济学家的比较优势,而且更重要的是,林老师根据自己对中国经济问题和政策以及对经济学科学发展史的长期研究,坚信中国经济问题有很多新颖之处和特殊动态,并且相信中国经济最终会成为世界上最重要的经济,所以其经济问题也会成为国际性的经济问题,而经济学理论的重要性则主要取决于所研究和解释的问题与现象的重要性。这正是林老师主张在研究"规范化"的前提条件下要"本土化"和"国际化"的根本原因。对于这些观点,有很多经济学家赞同,也有不少经济学家不完全赞同,[②]但我坚信这些都是林老师从事严肃科学研究后得出的因而自己也全心信奉的结论。而且作为林老师的弟子,我个人觉得林老师这一系列"内部逻辑一致"的观点还在某种程度上"内生于"林老师本人在所有中国经济学家乃至所有中国知识分子中那种少有的对国家和社会的"舍我其谁"的强烈责任感和使命感。

[①] 顺便说一句,我认为称"凯恩斯创立了现代宏观经济学"是完全不正确的说法。欧文·费雪(Irving Fisher)才是真正的现代宏观经济学的创始人,当然那是古典宏观经济学。

[②] 我猜测其中有一些不同意的经济学家主要是认为当前中国经济学界"规范化"问题要比"本土化"问题更迫切、更严重,甚至担心目前强调"本土化"会影响"规范化"和"国际化"。在交流时柯荣住兄提到研究中国问题注意"local experience, universal sense",我很认同,这也是我理解的林老师所说的"本土化"与"国际化"的关系。另一部分经济学家不赞同,则是因为对中国经济发展前景的看法不像林老师那么乐观。

三、尊重但不迷信现有理论和权威,坚持己见

林老师根据自己的研究在《论经济发展战略》等书中提到的很多观点与主流经济学界都有不一致的地方,但林老师总是很自信,如在芝加哥大学的盖尔·约翰逊年度讲座的首场演讲以及无数其他国际性的研讨会上"舌战群儒",在国内也会与持不同学术观点的代表性经济学家进行学术辩论。最常见的就是有一些学者仅仅因为林老师的观点与主流意识①不一样就引经据典地批判林老师的观点。而他们恰恰犯了致命的逻辑错误,让我感到很遗憾,有时甚至还很气愤。林老师曾多次严正指出"不能用一个经济学理论去推翻另一个经济学理论,只要内部逻辑自洽,只能用该经济学理论对现实问题的解释力强弱来判定,比如运用计量方法量化现有理论假说的推论与现实数据的拟合度",这和弗里德曼的"假设无关性"的实证主义方法论和卡尔·波普(Karl Popper)的证伪主义是完全一致的。

我觉得,不尊重现有的理论和权威是无知和狂妄的表现,但是依据自己规范和严谨的研究,敢于在权威面前表达不同意见并且坚持己见则需要惊人的理论勇气和学术自信力,是令人敬佩的。在这一点上我真的很佩服林老师,这也是我需要学习的地方。"与林老师对话"系列图书中也有学生问林老师如何将自己的学说融入经济学主流的问题。事实上,别人不说,单说那些在芝加哥大学

---

① 这里所说的主流意识不仅包含主流经济学意识,也包含独立知识分子就必须"只能批评政府经济政策"而不能"支持政府的任何一项经济政策"的"潜主流"意识。

毕业或任教的很多诺奖得主的观点，现在看来已经毫无疑问成了经济学主流，但实际上我仔细一想，弗里德曼、贝克尔、卢卡斯、西蒙、布坎南、斯蒂格利茨、马科维茨（Markovitz）、舒尔茨、蒙代尔（Mundell）、科斯、普莱斯考特等，他们哪一个不是从与当时的主流观点"搏斗"中奋力"冲杀"出来的？让我印象最深的就是创立了贝叶斯计量经济学并担任过美国统计协会主席的阿诺德·泽尔纳（Arnold Zellner）教授[①]，我相信他是很有可能获得诺贝尔经济学奖的。他给我们上"实证分析 I"课程的时候总是提到贝叶斯计量经济学在主流计量学界遇到的阻力以及他与别人的论战。他也是林老师当年的授课老师之一。这样一想，芝加哥大学有很多权威，也有很多离经叛道的人，并且他们经常是同一个人。林老师在"与林老师对话"系列图书中叮嘱我们，"在分析问题的时候不要跟着主流意见人云亦云"，现在想想真是中肯之至啊！因为这对于受过系统经济学训练的人来说，反而可能是一件比较困难的事！我猜想，大概在这一点上林老师也深受他在芝加哥大学的老师们的影响吧。

四、与老师对话、辩论演讲

我是个喜欢和老师对话的学生。进入 CCER 以后，我以只有当学生才有的"特权"几乎闯遍了所有老师的办公室去"对话"，学

[①] 这位年逾八十但仍十分高产的和蔼可亲的教授主张建模的时候要 KISS，即 keep it sophisticatedly simple（保持逻辑上的简洁）。这位创立了 *Journal of Econometrics* 的教授很有幽默感，列参考文献时喜欢逆向字母排列以使他自己的名字变成第一个，并在母亲节的时候发明了 BMOM 方法（Beyesian Method of Moments）。

到了很多课堂上学不到或者没学透的东西。CCER 的老师大多喜欢与学生对话,而其中林老师无疑是最愿意与学生对话的老师了。课前课后自不必多说,研究生们的发展与转型经济学 workshop(研讨会)、理论宏观 workshop、中心研究生学刊的 workshop,林老师虽然极忙,但总是一脸笑容地尽量抽时间参加学生的各种学术活动,大家也总是围着林老师问个不休。结果经常是不知不觉到深夜了,林老师就请我们学生去边吃夜宵边接着对话。有一次下大雨,可所有的研究生都主动来参加"对话",林老师看到了很高兴,掏出钱包对我说:"王勇,你去给大家买一些棒冰来吃。"林老师曾说"得天下英才而教之,一乐也",虽然不是当着我们的面说的,但大家觉得林老师都说我们是"天下英才"了,于是就很兴奋地更想"与林老师对话"了。直接的后果就是大家的研究热情空前高涨,在国内我想象不出还有什么地方的研究生会像我们这样幸运了。"与林老师对话"只不过收录了其中很小的一部分。

不必再去赘述这种师生对话如何能促使教学相长,使学生学习更加主动、更有针对性等。单就培养学生研究与思考的兴趣以及自信心、提高学术辩论能力、训练思维速度来说,这一方法就很值得大力提倡了。尽管师徒辩论的教育形式古已有之,但是在国内当时的经济学教育中却不多见。刚到芝加哥大学时,我发现这里的老师上课时有一个共同点:喜欢邀请学生问问题。经常是开始上课前老师就问:"大家有什么问题吗?"讲着讲着又满怀期待地问一句。要是学生不问,老师就会反过来问学生问题。有时候我甚至感觉老师在"挑衅"我们学生,特别是墨菲教授和基亚波里教授。问题问了没多久就催促我们回答(以前我可从来没有在上课时觉得这么跟不上老师的思维节奏),见一时没有学生回答,老师就说"Come on, guys! This is University of Chicago!!"别的学生怎么想我不知道,反正我自己是脸上发烧,低下了头,觉得好像自己侮辱了芝加哥大学经济系的学生这个身份似的。卢卡斯教授曾回忆上弗里德曼的价格理论课时的情形,说他上课经常就公共政策提问题将某一个学生"套牢",不断地追问,直到把这个学生"逼得"心服口服为止。要是这位学生说"好吧,让我再想一想",弗里德曼就会说"那就现在想吧"。卢卡斯教授分析道,在这个过程中那个学生的思维进展情况完全暴露,而作为老师的弗里德曼的思维其实也是完全暴露于大庭广众之前的。现在想想,在 CCER 的时候我们在和林老师对话或辩论的过程中,总觉得自己在双人思维"决斗"中处于下风,哪怕之前好像觉得自己已经很有道理了。现在我才终于明白,林老师在平时的学术讨论、演讲尤其是辩论中的那种充满自信的"杀手风格"大概也是在芝加哥大学学生时代与他的老师的对话中训练出来的吧!一问,果不其然,林老师曾对我说,他对于学术研究的真正的自信力最早是在上贝克尔教授的"人力资本"课时形成的,因为在那门课上林老师几乎垄断了作为学生与老师的对话权。

上学期我应邀给南希·斯托基(Nancy Stokey)教授当"收入理论Ⅱ"课程的助教,每周都要给比我只低一级的博士生讲解习题。下面那群自信的、个别还挺"嚣张"的学生经常会问一些比较难的问题,而我必须短时间内做出回答,真够有挑战性的。学期结束时我感慨地对斯托基教授表示,觉得自己在准备和讲解的过程中对很多习题的理解都比以前大大加深了,讲解与回答问题的能力也有了提高。斯托基教授听了,也告诉我说:她也很清楚地记得当初她在哈佛大学当高级宏观课程的助教时最担心的就是遇到如今已是哈佛校长的劳伦斯·萨默斯的提问和对质。萨默斯当时可是全校的辩论比赛冠军,无论怎么辩论,好像萨默斯总是处于上风。啊,斯托基教授现在无论上课还是做讲座都是如此挥洒自如,她典雅的气质更是令芝加哥大学的女生们崇拜不已,原来也是这样慢慢锻炼出来的。芝加哥大学的 workshop 的"恐怖"和"残忍"算是出了名的,去年冬季一场接一场的求职演讲,workshop 上汇集了当年应该是全世界最优秀的经济学博士毕业生,其中还是有不少人被下面的老师盘问得十分被动。我有时想象自己如果有一天对着这些老师做报告会是怎样的狼狈相。为了克服自己的心理障碍,在选修卢卡斯教授的经济增长课程时,我鼓足勇气报名第一个做论文报告。后来卢卡斯教授成了我的二年级论文的指导老师,他事后对我说:"那次做报告你一点都不紧张嘛。"我心里想:你哪里晓得那是我装出来的?我就假装你是林老师,而我是在 CCER 的发展与转型经济学 workshop 上做报告。当然,那次我报告的只是别人写的已经发表了的文章,即使文章出现逻辑问题我也无须承担责任,台下也只有一个老师。真要是同时向多个老师报告自己写的文章,那可就又远远不同了。

现在我相信,学生与老师对话,对学生固然是一种难得的综合训练,对老师其实也是一种动态的挑战。据我的悲观估计,愿意不断地与学生进行学术对话的老师大概已不算很多,敢于不断地与学生进行学术对话的老师更是少见,而善于不断地与学生进行学术对话的老师恐怕还要少,至于乐于不断地与学生进行学术对话的老师,林老师是一个。突然我又觉得自己很幸运,CCER 的师弟师妹们,还有所有通过"与林老师对话"而与林老师"对话"的读者们,你们觉得呢?

以"常无"心态研究新结构经济学
——再读林毅夫教授《本体与常无》*

今年(2012年)6月恩师林毅夫教授从世界银行卸任,带回中国的是一整套雄心勃勃的新结构经济学的理论框架。10月又恰逢林老师六十大寿,其间北京大学国家发展研究院成功举办了第一届新结构经济学国际研讨会,会上北京大学的校领导宣布将成立新结构经济学研究中心,大力推进相关理论与政策研究。正是在这样的背景下,林老师采纳了我们几位学生的建议,专门推出了《论经济学方法》的第二版,取名与第一版的英文版一样,为《本体与常无》,并于林老师六十岁生日之前由北京大学出版社顺利出版。

这是一本关于经济学方法论的著作。所谓"本体",指的是经

---

* 本文2012年发表于《中华读书报》2012年11月21日,作者:王勇。

济学研究的基本假设和方法。所谓"常无",指的是要直面现象,不为现有理论所羁绊。与第一版相比,本版主要有以下两个新的特色。

一是将原来两代师生之间的课堂对话变成三代师生间的对话。该书收录了贝克尔教授对该书英文版的长篇评论,而贝克尔教授是林老师当年在芝加哥大学读书时的博士论文委员会成员。作为一代宗师的贝克尔教授在 16 分钟的视频中,谦逊地以学生提问的方式对林老师的一些学术观点进行评论或者批评,我将这段英文视频翻译成了中文。而林老师也对此专门写了一篇文章回应,一并收录在这本书中。

二是新收录了 8 篇林老师的学生所写的对林老师经济学方法论的学习感悟与心得。这些文章是从学生的角度去讲述各自的亲身学习经历,以及很多与林老师交往的轶事,非常有趣味性。这些新添的内容不仅更好地展现了林老师如何"因材施教",而且生动地记录了各位学生"渐修"与"顿悟"的过程。相信这对于广大学子而言特别有针对性和亲切感。

作为林老师的学生和研究上的合作者,我对林老师一再强调的经济学方法论也一直在学习和领悟之中。在芝加哥大学博士二年级结束后的暑假期间,我读完林老师所赠的《论经济学方法》一书,很有感慨,遂结合在芝加哥大学读书上课的经历写下"再读'与林老师对话'有感";后来在 2008 年写博士论文时,我又通读了一遍林老师的这本书,情不自禁地又写下《研究中国问题是二流学术吗》一文。这两篇文章也都有幸被收入这本书的"学生的感悟"部分。如今我自己也成为一名大学老师,并从事与新结构经济学密切相关的研究。本文希望再次总结一下自己对林老师所说的"本体"与"常无"的经济学方法论的新体会,并求教于各位方家。

经济学研究似乎大致可分为两种。一种是直接在已有文献的基础上进行逻辑拓展,放松原有模型的理论假定,将原来外生的变量内生化;或者是对已有的理论假说做实证检验,以求比较准确地量化某些特定经济机制的重要性。另一种则是直面现象,从现实世界中归纳并抽象出一个具体的重要经济学问题,而这个问题必须是现有理论尚无法直接完全解释的,然后将该问题背后的真实的经济学机制以严密的逻辑形式阐述出来,严格审视该机制发生作用所需的各种前提条件并且推演出该机制所导致的各种结论与含义,对现实进行定性或者定量的解释或者预测。

当然这两种研究方法是互补的,比如诺奖得主普雷斯科特与基德兰德(Kydland)最早提出真实经济周期理论(Real Business Cycle, RBC)时,他们按照当时解释经济波动的主流想法将货币等因素都考虑进去。但是他们惊奇地发现,如果将货币等名义变量剔除,全要素生产率变动等真实变量的变化就可以解释三分之二以上的波动。所以他们后来索性将货币等名义变量完全剔除掉,提出了真实经济周期理论这一崭新的框架。

经济学专业化分工发展到今天,不同领域和分支都有着各自的特点。林老师显然更加推崇第二种研究方法,即抛开现有理论的思维框架,直接根据重要的真实现象以规范、严谨的科学方式提出新的理论解释。也就是林老师常讲的要抱着"常无"的开放心态,坚持"经济理性"这一研究方法的"本体",来从事经济学研究。

经济学理论的主要功能在于节约信息,以尽量简化的分析框架来揭示现实世界中貌似不同但是本质类似的很多具体经济现象背后的带有普遍性的规律。从这个意义上讲,我们希望模型和理论的适用性和解释力越强越好,而模型和理论的数量则越少越好。如果每一个现象都需要一个不同的理论,那么理论便起不到节约信息的效果。

今年(2012年)10月份哥伦比亚大学的魏尚进教授给我发了一封电子邮件,让我对林老师提出的新结构经济学列举几项我认为最为重要的新的经济学见解。这是一个非常重要的问题。后来我据此专门写了"'新结构经济学'的新见解"一文。之所以需要撰文认真回答,是因为"常无"的背后必须是"知有",即熟悉并且透彻地理解已有文献对于新结构经济学研究的问题的见解的"存量"。只有这样,才能比较客观准确地估量新的理论带来的见解的"增量":新在何处,为何重要。否则就容易无知者无畏。书中林老师讲到"学"的第二层含义就是要学习现有的文献,"如果已经有现有的理论解释和自己的解释完全相同,那么就不能认为自己有何新的理论发明"。假使现在有一个天才自己不看文献,独立地提出和证明了纳什均衡、理性预期、显示原则,那他对经济学科的边际贡献仍然是零,且无法发表。但另一方面,甚至更为重要的是,"我们在观察周围的现象时,要时刻提醒自己,不要受到现有理论的制约,如果一切从现有的理论出发来观察问题,就成了现有理论的奴隶,必须时时谨记'道可道,非常道',抛开各种现有理论的束缚,直接分析、了解现象背后的道理"。

是的,真正做到"常无"是需要智慧与勇气的。我们应该看到,不同的经济学家看待世界的角度是不同的,因而提出的理论框架也往往是非常不同的。一旦这些经济学大家的理论被普遍接受,他们自然希望自己的理论能够"放之四海而皆准",自然是先天性地倾向于怀疑,严重的时候甚至敌视后来者提出的挑战性的新理论。所以一个新理论从被提出到被普遍接受,往往需要克服很多现有的偏见和发表方面的额外困难。

托马斯·库恩(Thoms Kuhn)在《科学革命的结构》(The Structure of Scientific Revolution)一书中提出,科学理论中的任何一个成功的范式革命都带有两重性:一方面必须带有深刻的批判性和创新性;另一方面,也必须显示出对传统理论的很强的延续性和继承性。具体到新结构经济学,它一方面批评现有的发展与增长理论中缺乏考虑经济结构的内生性,号召大家要以开放的"常无"心态来研究现实问题,但另一方面它又坚持新古典经济学的分析方法,尤其是理性假设这一"本体"。贝克尔教授对此非常赞赏。

林老师常说,一个经济理论的重要性取决于所解释的问题的重要性,而中国等发展中国家近几十年来高速增长,在世界经济中越来越重要,所以其问题也就越来越国际化,越来越重要。而发生在中国的很多重要问题是全新的,尚未被已有理论很好解释的。经济学是社会科学,所以经济学现象就带有国别性和特殊性。发达国家中即使一流的经济学家也难免会囿于自己的视野和生活经历,无法及时注意到发生在中国的一些重要现象和问题并把握现象背后的复杂逻辑机制。因此作为中国的经济学者,我们对于中国问题的研究有着"近水楼台先得月"的优势。具体到新结构经济学,正因为它更强调不同发展阶段的内生结构不一样,所以更需要我们密切地关注发生在中国等发展中国家的真实现象,从中汲取最直接的研究素材和灵感。

那么研究新结构经济学,为什么不可以通过研究当今发达国家的历史去了解当今发展中国家的经济现象和问题?如果当今发展中国家的经济现象具有特殊性,那么究竟特殊在哪里?现有的理论存量对于发达国家早期的重要经济现象都能够提供满意答案了吗?

对于自然科学或者数学等纯粹的逻辑学科而言,自然现象和逻辑推理本身是没有国别制度差异性和历史阶段性的;对于经济学中的某些分支,比如计量经济学理论或者博弈论以及决策理论(decision theory)等微观纯理论而言,亦几乎如此。但是,对于发展经济学、宏观经济学、国际经济学等其他分支而言则远非如此。因为所研究问题的时域长短决定了哪些变量可以作为外生给定的,哪些变量必须要内生地看待,所以研究就不可避免地带有较强的历史性、国别特殊性和发展阶段性。比如在当代的宏观经济学研究中大部分问题都是与美国经济有关的,但是当试图回答发展中国家的类似宏观问题时,这类研究却常常被归为发展经济学和制度经济学的范畴。

这让我想起前不久与某位在美国任教的华裔学友一起吃晚饭时我和她之间的激烈争论。当我提到研究中国问题时常常发现现有的理论不适用时,她反问道:"中国的现象真的就那么特殊吗?美国等发达国家在早期发展阶段难道就没有经历过这些吗?"我是这样回答的:"研究发达国家的早期发展历史在很多时候的确可以帮助我们理解目前发展中国家正在经历的问题,但是并非总是如此。美国20世纪60年代前的GDP虽然远不及今天的中国,但是当时的美国仍然是世界的头号强国,而今日的中国仍然是发展中国家,因此很多时候也要看该经济体在世界经济中的相对位置,因为这些经济体不是封闭经济而是共存于经济金融全球化的时代并交互影响的。"

可能部分是因为我的这位学友着重于实证研究而我偏于理论

研究,我们对现有的发展理论模型是否已经足够多产生了分歧。我认为现有理论无法解释包括中国在内的众多发展中国家的各种问题,并且现实中很多发展中国家按照当时主流发展理论进行改革的结果也差强人意。而她则认为现实中很多国家经济没有发展好,不是因为现有的发展理论不对或者不够好,而是因为现实中的经济政策没有正确按照理论去制定和实施,所以更多的是政客的错、执行者的错,而不是经济学家的错、经济理论的错。当时我们争论得面红耳赤,谁也说服不了谁。

现在回头想来,我朋友说的情况不是没有,但是我们必须进一步问,如果真像她说的那样,那么究竟是什么原因导致对同样的已知的主流理论,有些国家就能很好地照此制定和执行经济政策,而在另外很多国家就不可以呢?是因为那些经济落后国家的政客系统性地更加愚蠢吗?如果是这样,那么他们为什么可以持续地愚蠢下去?是由于有些政治经济学方面的因素,相关决策者理性地选择不按照已知的正确的经济理论去制定或者执行政策吗?那么这也应该说明是发展理论本身不够完善,没有考虑到现实中的政治经济学的因素。是因为国家政府太弱,以至于虽然知道如何按照已知的发展经济学的正确理论去正确制定和推行政策,但是却没有足够能力去这么做吗?那么这不正说明需要我们去研究国家能力理论的必要性吗?不正说明我们还需要从理论上研究如何让政客或者政府有能力、有动力去制定和执行正确的政策吗?从另外一个角度来看,对于那些经济已经或者正在取得成功的发展中国家,包括中国在内,难道所有经济政策的制定和执行都是完全严格按照现有发展经济学理论进行的吗?即便是,那么究竟是什么保证了其能够做到这一点?难道是连续几十年的好运气吗?难道经济学家对这些问题都已经有完美的理论答案了吗？

固然，我们不应将一个国家经济的成败完全归咎于经济学家的研究的好坏，否则未免也过高估计经济学家的能力和经济理论的作用了。但是，如果认为一个国家经济的失败完全不是因为现有经济理论的不足，而一个国家经济的成功则又完全是因为现有的经济理论被很好地转化为政策并被正确地执行了，那么经济学家们未免也太避责贪功了吧？更何况，现实中很多国家的经济都失败了，而且是持续的失败，而经济成功的国家则是少数，而且其成功也不是持续的成功。

我们之间的争论也让我想起了在《本体与常无》一书中，林老师认为作为社会科学的经济学要比作为自然科学的物理学、化学、生物学等更加复杂。但是贝克尔教授在评论中说他不同意这种观点，他认为一个学科容易与否取决于我们对这门学科理解得多么清楚，物理学之所以伟大，是因为物理学家的出色工作使它显得容易，而不是因为它天然就比经济学容易。后来林老师在回复时辩解道，"自然科学研究的是自然规律，不受不同的收入水平、政府的政策和制度等因素的影响，所以在发达国家发展出来的理论在发展中国家也同样适用。但是社会科学理论则未必是，由于决策者的收入水平和面对的相对价格不同，实体经济的特性和制度环境有异，在发达国家发展出来的理论不见得适用于发展中国家。而且，即使在某一状况下对发达国家适用的理论，也可能会因为条件的变化而被扬弃"。

对林老师"以休克疗法的失败为例说明现有发展经济学理论对于一些西方国家比较适用但是对于现在的中国却并不非常适用"这一观点，贝克尔教授表示了质疑。他说："'休克疗法'的确经常失败,但是这只是某些经济学家的直觉性的信念,并不是根据新古典经济学的基本原则得出来的,理由是新古典经济学并没有一个非常令人满意的经济发展理论。所以'休克疗法'的失败并不是新古典经济学的失败。"贝克尔教授甚至认为新古典经济学中还没有令人满意的理论来解释很多西方国家的早期经济发展问题,比如关于英国早期工业革命的一系列问题。但与此同时,贝克尔教授认为在新古典经济学中的确存在一些具有根本性贡献的关于经济发展的研究,比如比较优势理论、人力资本等。

对此,林老师回复道,他并非否定而是依然坚持新古典经济学的方法论,但是他认为现有的新古典经济学的理论模型中企业具有"自生能力"这一暗含前提有问题。

同时,林老师认同贝克尔教授关于"对经济发展问题缺乏一个合适的统一框架"的看法,并引用诺奖得主斯宾塞在世界银行著名的《增长报告》(Commission on Growth and Development)中使用的比喻:我们现在知道了很多烧菜所需的"素材"(ingredients),但是却不知道"菜谱"(recipe)。林老师认为要掌握"菜谱",就应该将经济结构的内生性充分地引入发展经济学,这正是新结构经济学的努力方向。

是的,时代的发展召唤着更好的新古典发展经济学理论。为此,我们必须一方面学习、了解真实世界的现象,并努力掌握已有的发展经济学理论;另一方面,也必须尽力避免让已有理论成为自己的负担和"变色眼镜"。我们正在不断探知一个未知的世界,而现有的理论只是一张陈旧的地图。甲说:有些新的游客之所以迷路,是因为这些游客没有正确地使用这张地图,而地图本身没有错,因为是按照以前游客的记忆画的。乙说:是因为这张地图本身就画错了。丙说:有些新的游客之所以迷路,不是因为原来画地图的游客的记忆错了,也不是因为地图使用错了,而是因为路本身变了。而丁则抱怨说:有那么多张不同的地图,鬼才知道该用哪一张。戊却大笑一声,说:根本就不用管有没有什么地图,我的脚印就是地图……甲、乙、丙、丁、戊,究竟谁更有道理?相信各位读了《本体与常无》之后,会有自己更好的判断。就此搁笔。

不忘初心，传经授道
——新结构兰财授课之路感想[*]

才辉师兄让我写一篇关于在兰州财经大学新结构经济学课程教学实践体会的文章，我感到不知从何谈起。突然想起那是在2018年12月底，远在兰州财经大学的副校长胡凯老师打电话告诉我兰州财经大学的学生和老师都对新结构经济学非常感兴趣，问我能否在2019年春季学期在兰州财经大学开设一门新结构经济学原理性的课程。胡老师是我多年的恩师，兰州财经大学是我母校，我应该当仁不让。但从北京到兰州绝非一步之遥，我能否正常开起这门课还不好说。最终我们达成的意向是我每个月去一次

---

[*] 该部分是赵秋运研究员应新结构经济学研究院研究员付才辉的邀请而写的关于在兰州财经大学授课的经验。作者感谢新结构经济学研究院研究员付才辉、高等教育出版社刘清田主任的评论和建议，当然文责自负。

兰州授课,每次三天,到 2019 年 7 月结束。就这样,我开始了兰州财经大学的新结构经济学授课之路。

我在兰州财经大学的新结构经济学原理类课程分为 18 讲,从新结构经济学理论溯源到新结构产业经济学理论,再到新结构金融学、新结构劳动经济学以及新结构经济学在县域发展战略中的应用。细细回顾这半个学期的新结构经济学原理类课程实践,我将体会总结如下:

打基础,夯实力。要想上好一门课程,就需要将该课程的基础打扎实,尤其对于正在构建中的新结构经济学系统理论来说更是如此,因为听课和授课绝非在同一条"无差异曲线"之上。我自 2004 年开始关注林毅夫老师的著作和论文,从《制度、技术与中国农业发展》到《再论制度、技术与中国农业发展》,再到《关于制度变迁的经济学理论——诱致性变迁与强制性变迁》等农业经济学和制度经济学文献;从《中国的奇迹:发展战略与经济改革》和《充分信息与国有企业改革》到《论经济发展战略》,再到《发展战略与经济改革》等关于经济发展战略的研究文献;从《论经济学方法》到《自生能力、经济发展与转型》,再到《经济发展与转型:思潮、战略与自生能力》等关于自生能力和比较优势的文献,细细算来,自开始关注至今已经十余年。同时,来到北京大学光华管理学院攻读经济学博士学位至今,我与才辉师兄学习了五年的"新结构经济学导论"的课程,从北大听到清华。我自认对新结构经济学已经入门,也感觉自己能够顺畅地讲出来,但真正讲起来却非常之难。尤其是当面对学生和老师连续讲三天的课程时,我还是倍感压力的,自己常常在飞机上恶补新结构经济学的各种知识点。授课前的每个晚上我都通宵达旦地将第二天上课的内容在脑海中像演电影一样过一遍,这样第二天才能比较从容地走上讲台。连续讲完三天之后我总是长舒一口气,总算将新结构经济学的此次专题顺利讲好了。为此,我认为要想讲完新结构经济学课程,必须系统地学习新结构经济学理论,打基础、夯实力是第一位。

打牢"大厦"根基。脱胎于发展经济学而又自成体系的新结构经济学,有许多基本概念会让人混淆。最基本的问题,例如,何为要素禀赋及其结构?何为(潜在)比较优势?如何理解(潜在)比较优势?竞争优势和(潜在)比较优势的概念之间有何区别和联系?当我们谈起新结构经济学时,许多学生会问新结构经济学有何新颖之处,他们认为其只不过是在重复李嘉图的"比较优势"的工作。在授课和讲座中都会有学生、老师或专家提出这些问题。作为一名新结构经济学的授课老师,我必须非常清楚这些概念之间的关系,否则会让学生们认为新结构经济学的很多理论难以令人接受。另外,对新结构经济学建构过程中的各种辩论,我需要仔细了解其背景和辩论诱因,因为在授课过程中每次都会有学生问起"林张之辩""林杨之辩"等,其实辩论背后都是对基本概念的洞察。为此,建议在讲完新结构经济学理论建构方式之后就切入对新结构经济学概念的解读和诠释,这是新结构经济学这座"大厦"的根基。

需要生动有趣。自新结构经济学诞生之日起,林毅夫老师就非常推崇"本体"+"常无"的经济学研究方法论。为此,我在讲授新结构经济学的每个专题时总会用一两个经济现象来启发大家,让大家能够迅速进入状态,帮助大家对该专题产生浓厚的兴趣。例如,在讲授第一讲"发展思潮、工业革命、企业发展和新结构经济学理论的建构"时,我就将世界地图拿出来,让大家判断,第二次世界大战至今,有多少经济体由低收入经济体变为高收入经济体?

有多少经济体由中等收入经济体变为高收入经济体?同时,让大家判断为什么"中国崩溃论"正在不断走向崩溃?在授课过程中不断地启发学生,不断地引导学生通过现象找寻背后的因果逻辑关系,一点一点地思考:主流经济学出现了何种问题?我们为何要建构一套新的经济学理论体系?记得有一次新结构经济学夏令营结束后,我问在座的学生何为新结构经济学,没有一个学生能够准确回答出来。在给学术界、政策界以及企业界讲授新结构经济学的过程中,我首创了新结构经济学"结构树"(见图5),让在座的听众茅塞顿开从而对新结构经济学有了更深的理解和洞察。总结而言,新结构经济学的授课需要"润物细无声"地让学生们诱致性接受,而不能做强制性理论嵌入。一个生动有趣的课堂是能够做到这一点的。

图5 新结构经济学"结构树"

形散而神不散。 学生刚开始学习新结构经济学课程时,总感觉新结构经济学缺乏体系,这是因为刚开始时学生未能领略到新结构经济学的"神"。在我看来,新结构经济学的"神"在于其分析的基点是要素禀赋及其结构,只要把握这个新结构经济学的"牛鼻子"或新结构经济学"结构树"的"树根",我们就能建构起整个新结构经济学的理论"大厦":要素禀赋及其结构决定产业结构和技术结构,进而决定一系列上层建筑结构(金融结构、创新结构、制度安排、环境结构、基础设施结构、劳动结构)。我每次上课之前总会把"结构树"图形和才辉师兄的"牛鼻子"图形展示出来,让大家百看不厌、烂熟于心。

牢记"知成一体"。 新结构经济学的哲学基础是"知成一体"。在我们授课的过程中应该紧密结合理论与实践。非常庆幸的是,我加入新结构经济学研究院之后又参与了吉林、西藏,以及中山、大同、晋城、和田等多地区的产业发展调查报告编写。这些报告的完成需要经历艰苦的实地调研、收集一手资料、与企业和政府深度座谈,并根据当地要素禀赋结构特征,因地制宜、因时制宜以及因结构制宜地为该地区的经济发展政策提出建议。为此,我在讲课过程中对学生提出的疑问,总会通过在调研中的见闻来解释。针对新结构经济学中的每个专题,我都会将其与自己做的智库实践相结合,很好地诠释新结构经济学的各个专题。

2019年7月6日,我在朗润园给新结构经济学夏令营的学员做"理论思潮、工业革命、企业发展和新结构经济学理论建构"的报告,中间穿插的幽默故事和对经济学现象的诠释引来大家阵阵掌声。本来昏昏欲睡的学员突然有了精神,大家听得很是入神。我突然间意识到一个新结构经济学教师的快乐正在于此。讲座之后,一个小姑娘走到我的身旁对我说:"大伯,作为一个高中生,今天我听了一天的课程,我听懂了您的课程,我以后也要学习新结构经济学……"我非常惊讶,惊讶于我看到了新结构经济学的未来,新结构经济学的培养应该"下沉"!学术新风,民族复兴,未来可期!我们不能辜负这个时代!

2019年8月23日,我在北京大学蔚秀园里敲完才辉师兄给我布置的这个作业的最后一个字时已至深夜。这个北临圆明园,西连北大承泽园,南接北大畅春园,初为圆明园附园,后被称为"含芳园"的蔚秀园的深夜是那么"静"。从电脑旁站起,突然发觉自己已经被一种氛围所感染:我在蔚秀园的"静"中感觉到一种"动",那是一股力量,藏于蔚秀园,藏于我的心中……

主要参考文献

[1] 迈克尔·波特.竞争优势[M].陈小悦,译.华夏出版社,1997.

[2] 陈昕.林毅夫与他的发展经济学理论[J].读书,2015,(1):120-129.

[3] 冯彪,周程程.林毅夫 PK 张维迎:我们到底需不需要产业政策?[EB/OL].(2016-11-10)[2019-12-12].https://news.hexun.com/2016-11-10/186817900.htm.

[4] 付才辉.构建我国自主创新的新结构经济学学科体系——综述、架构与展望[J].制度经济学研究,2015,(4):1-80.

[5] 林毅夫.本体与常无:经济学方法论对话[M].北京:北京大学出版社,2012.

[6] 林毅夫.本土化、规范化、国际化——庆祝《经济研究》创刊 40 周年[J].经济研究,1995,(10):13-17.

[7] 林毅夫,蔡昉,李周.充分信息与国有企业改革[M].上海:上海人民出版社,1997.

[8] 林毅夫,蔡昉,李周.中国的奇迹:发展战略与经济改革[M].上海:

上海人民出版社,1994.

[9] 林毅夫. 潮涌现象与发展中国家宏观经济理论的重新构建[J]. 经济研究,2007a,(1):126-131.

[10] 林毅夫. 发展战略、自生能力和经济收敛[J]. 经济学(季刊),2002a,(1):269-300.

[11] 林毅夫. 繁荣的求索:发展中经济如何崛起[M]. 北京:北京大学出版社,2012.

[12] 林毅夫,付才辉,陈曦. 新结构经济学案例汇编第一辑:方法与应用[M]. 北京:北京大学出版社,2017.

[13] 林毅夫,付才辉. 世界经济结构转型升级报告:新结构经济学之路[M]. 北京:北京大学出版社,2017.

[14] 林毅夫,付才辉,王勇. 新结构经济学新在何处:第一届新结构经济学冬令营头脑风暴集[M]. 北京:北京大学出版社,2016.

[15] 林毅夫. 关于制度变迁的经济学理论:诱致性变迁与强制性变迁//科斯等. 财产权利与制度变迁:产权学派与新制度学派译文集[C]. 刘守英等译. 上海:上海人民出版社,1994.

[16] 林毅夫. 经济发展与转型:思潮、战略与自生能力[M]. 北京:北京大学出版社,2008.

[17] 林毅夫. 经济学研究方法与中国经济学科发展[J]. 经济研究,2001,(4):74-81.

[18] 林毅夫. 两历奇迹,一生求索[N]. 企业家日报,2014-9-28.

[19] 林毅夫,李永军. 比较优势、竞争优势与发展中国家的经济发展[J]. 管理世界,2003(7):21-28+66-155.

[20] 林毅夫. 李约瑟之谜、韦伯疑问和中国的奇迹——自宋以来的长期经济发展[J]. 北京大学学报(哲学社会科学版),2007b,(4):5-22.

[21] 林毅夫. 论外向型经济发展战略[J]. 经济社会体制比较,1988a,(4):24-30.

[22] 林毅夫. 论有为政府和有限政府——答田国强教授[EB/OL]. (2016-11-7)[2019-12-12]. https://www.sohu.com/a/118357551_330810.

[23] 林毅夫. 论正常利息与价值规律在金融市场上的作用[J]. 金融研究,1984,(11):30-34.

[24] 林毅夫. 论制度和制度变迁[J]. 中国:改革与发展,1988c,(4):8-11.

[25] 林毅夫,任若恩. 东亚经济增长模式相关争论的再探讨[J]. 经济研究,2007(8):4-12,57.

[26] 林毅夫,塞勒斯汀·孟加. 战胜命运:跨越贫困陷阱创造经济奇迹[M]. 北京:北京大学出版社,2017.

[27] 林毅夫. 社会主义有计划的商品经济中社会劳动按比例分配规律的表现形式[D]. 北京:北京大学,1982.

[28] 林毅夫,沈明高,周皓. 中国农业科研优先序[M]. 北京:中国农业出版社,1996.

[29] 林毅夫,孙希芳,姜烨. 经济发展中的最优金融结构理论初探[J]. 经济研究,2009,(8):4-17.

[30] 林毅夫. 谈流动性陷阱:推低利率政策只会刺激资产泡沫[EB/OL]. (2016-8-19)[2019-12-12]. http://finance.sina.com.cn/manage/crz/2016-08-19/doc-ifxvcsrn8674425.shtml.

[31] 林毅夫. 外向型战略的最佳选择:发展劳动密集型制造业[J]. 改革,1988b,(3):69-73.

[32] 林毅夫,王燕. 超越发展援助:在一个多极世界中重构发展合作新理念[M]. 北京:北京大学出版社,2016.

[33] 林毅夫. 我到底和杨小凯、张维迎在争论什么[EB/OL]. (2014-10-21)[2019-12-12]. http://finance.china.com.cn/roll/20141021/2739636.shtml.

[34] 林毅夫. 我和张维迎相反,认为绝大多数政策是正确的[EB/OL].

(2014-8-13)[2019-12-12]. http://finance.sina.com.cn/leadership/msypl/20140813/173120001205.shtml.

[35] 林毅夫. 我在经济学研究道路上的上下求索[J]. 经济学(季刊),2018,(2):729-752.

[36] 林毅夫,巫和懋,邢亦青."潮涌现象"与产能过剩的形成机制[J]. 经济研究,2010,(10):4-19.

[37] 林毅夫. 新结构经济学:反思经济发展与政策的理论框架[M]. 北京:北京大学出版社,2012.

[38] 林毅夫. 以理论创新繁荣哲学社会科学[J]. 新湘评论,2016c,(11):14.

[39] 林毅夫. 与林老师对话:论经济学方法[M]. 北京:北京大学出版社,2005.

[40] 林毅夫,张军,王勇,等. 产业政策:总结、反思与展望[M]. 北京:北京大学出版社,2018.

[41] 林毅夫. 制度、技术与中国农业发展[M]. 上海:上海人民出版社,1992.

[42] 林毅夫. 自生能力、经济转型与新古典经济学的反思[J]. 经济研究,2002b,(12):15-24.

[43] Sachs J,胡永泰,杨小凯. 经济改革和宪政转轨[J]. 经济学(季刊),2003,(4):961-988.

[44] 田国强. 再论有限政府和有为政府[EB/OL]. (2016-11-8)[2019-12-12]. https://www.sohu.com/a/118410983_522929.

[45] 韦伯. 儒教中国政治与中国资本主义萌芽:城市和行会//韦伯. 韦伯文集:文明的历史脚步[C]. 黄宪起,张晓琳译. 上海:上海三联书店,1997.

[46] 王勇. 产业动态、国际贸易与经济增长[J]. 经济学(季刊),2018,(2):753-780.

[47] 王勇."垂直结构"下的国有企业改革[J].国际经济评论,2017(5).

[48] 王勇,樊仲琛,李欣泽.禀赋结构、研发创新与产业升级[R].北京大学新结构经济学研究院工作论文,2019.

[49] 王勇,华秀萍.详论新结构经济学中"有为政府"的内涵——兼对田国强教授批评的回复[J].经济评论,2017,(3):36,17-30.

[50] 王勇.论有效市场与有为政府:新结构经济学视角下的产业政策[J].学习与探索,2017a,(4):98-104.

[51] 王勇,沈仲凯.禀赋结构、收入不平等与产业升级[J].经济学(季刊),2018,(2):801-824.

[52] 王勇."新结构经济学"的新见解[J].经济资料译丛,2013,(2):99-106.

[53] 王勇.新结构经济学思与辩[M].北京:北京大学出版社,2017b.

[54] 王勇.新结构经济学中的"有为政府"[J].经济资料译丛,2016,(2):1-4.

[55] 亚历山大·格申克龙.经济落后的历史透视[M].张凤林,译.商务印书馆,1962.

[56] 约瑟夫·熊彼特.经济发展理论[M].邹建平,译.北京:中国画报出版社,2012.

[57] 张维迎.从现代企业理论看中国国有企业的改革[J].改革与战略,1994,(6):18-20.

[58] 张维迎.我主张废除任何形式的产业政策[EB/OL].(2016-08-20)[2019-12-12]. https://news.hexun.com/2016-08-20/185621729.html.

[59] 赵秋运,刘长征,翁东辰.新结构经济学"结构树"之诠释[R].北京大学新结构经济学企业发展部工作论文,2019.

[60] 赵秋运,王勇.新结构经济学的理论溯源与进展——庆祝林毅夫教授回国从教30周年[J].财经研究,2018,44(9):4-40.

[61] 朱富强.如何理解新结构经济学的GIFF框架:内在逻辑、现实应

用和方法论意义[J]. 人文杂志,2017,(7):28-38.

[62] Acemoglu D. Equilibrium bias of technology[J]. Econometrica, 2007(75):1371-1410.

[63] Acemoglu D, Johnson S, Robinson J A. The colonial origins of comparative development: An empirical investigation[J]. The American Economic Review,2001(91):1369-1401.

[64] Akamatsu K. A historical pattern of economic growth in developing countries[J]. The Developing Economies,1962,(1):3-25.

[65] Balassa B. Trade liberalization and revealed comparative advantage [J]. Manchester School,1965,33(2):99-123.

[66] Coase R H. The problem of social cost[J]. Journal of Law & Economics,2013,3:1-44.

[67] Demirgüç-Kunt A, Feyen E, Levine R. Optimal financial structures and development: The evolving importance of banks and markets[R]. World Bank Working Paper,2011.

[68] Demirgüç-Kunt A, Levine R. Financial structure and economic growth: A cross-country comparison of banks, markets, and development [M]. Cambridge: MIT Press,2001.

[69] Domar E D. The soviet collective farm as a producer cooperative [J]. American Economic Review,1966,56:734-757.

[70] Easterly W. The lost decades: Developing countries' stagnation in spite of policy reform 1980-1998[J]. Journal of Economic Growth,2001,6:135-157.

[71] Glaeser E L, Saks R E. Corruption in America[J]. Journal of Public Economics,2006,90(6-7):1053-1072.

[72] Hayami Y, Ruttan V. Agricultural development: An international perspective[M]. Baltimore: Johns Hopkins University Press,1985.

[73] Ju J D, Lin J Y, Wang Y. Endowment structures, industrial dynamics, and economic growth [J]. Journal of Monetary Economics,2015,76: 244-263.

[74] Ju J D, Lin J Y, Wang Y. Marshallian externality, industrial upgrading, and industrial policies [R]. Policy Research Working Paper Series No. 5796,2011.

[75] Ju J O, Lin J Y, Wang R, Endowment structures, industrial dynamics, and economic growth [J]. Journal of Monetary Economics, 2016, (46): 244-263.

[76] Kongsamut P, Rebelo S, Xie D Y. Beyond balanced growth [J]. Review of Economic Studies, 2001, (68): 869-882.

[77] Kornai J. The soft budget constraint [J]. Kyklos,1986,39(1): 3-30.

[78] Krugman P. The myth of asia's miracle [J]. Forgn Affairs, 1994, 73(6):62-78.

[79] Kuznets S. Modern Economic Growth: Rate, Structure and Speed [M]. New Haven: Yale University Press,1966.

[80] Leibenstein H. Allocative efficiency vs. X-efficiency [J]. American Economic Review, 1966 (3): 392-415.

[81] Lin J Y. An economic theory of institutional change: Induced and imposed change [J]. Cato Journal,1989,9(1): 1-33.

[82] Lin J Y. Beyond Keynesianism: The necessity of a globally coordinated solution [J]. Harvard International Review, 2009b,31(2): 14-17.

[83] Lin J Y, Cai F, Li Z. Competition, policy burdens, and state-owned enterprise reform [J]. American Economic Review,1998,88(2): 422-427.

[84] Lin J Y. Challenges established models of U of C economists at D.

gale Johnson lecture [R]. Chicago Maroon News,2001.

[85] Lin J Y. Collectivization and China's agricultural crisis in 1959-1961 [J]. Journal of Political Economy,1990a,98(6):1228-1252.

[86] Lin J Y. Current issues in China's rural areas [J]. Oxford Review of Economic Policy,1996,11(4): 85-96.

[87] Lin J Y. Demystifying the Chinese economy [M]. Cambridge: Cambridge University Press,2012b.

[88] Lin J Y. Development strategy,viability,and economic convergence [J]. Economic Development and Cultural Change,2003,51(2): 277-308.

[89] Lin J Y, Doemeland D. Beyond Keynesianism: Global infrastructure investments in times of crisis [J]. Journal of International Commerce,Economics and Policy,2012,3(3): 1250015.

[90] Lin J Y. Economic development and transition:Thought,strategy,and viability [M]. Cambridge:Cambridge University Press,2009a.

[91] Lin J Y. Education and innovation adoption in agriculture:Evidence from hybrid rice in China [J]. American Journal of Agricultural Economics,1991d,73: 713-24.

[92] Lin J Y. Endowments, technology, and factor markets: A natural experiment of induced institutional innovation from China's rural reform [J]. American Journal of Agricultural Economics,1995b,77(2): 231-242.

[93] Lin J Y. Exit rights, exit costs, and shirking in the theory of cooperative team: A reply [J]. Journal of Comparative Economics,1993,17(6): 504-520.

[94] Lin J Y, Feder G, Lau L, Luo X. Agricultural credit and farm performance in China [J]. Journal of Comparative Economics,1989,13: 508-26.

[95] Lin J Y, Feder G, Lau L, Luo X. The determinants of farm investment and residential construction in post-reform China [M]. Economic Devel-

opment and Cultural Change,1992,41:1-26.

[96] Lin J Y,Hartley K. Industrial policy,comparative advantage and Lucas paradox [R]. Working Paper,2014.

[97] Lin J Y. Hybrid rice innovation in China: A study of market-demand induced innovation in a centrally-planned economy [M]. Review of Economics and Statistics,1992b,74:14-20.

[98] Lin J Y. Industrial policy revisited-a new structural economics perspective [J], China Economic Journal, 2014, 7.

[99] Lin J Y, Kung K-S. The causes of China's great leap famine, 1959-1961 [J]. Economic Development and Cultural Change,2003,52(1): 51-74.

[100] Lin J Y, Li Z Y. Policy burden, privatization and soft budget constraint [J]. Journal of Comparative Economics, 2008, 36: 90-102.

[101] Lin J Y, Monga C. Growth identification and facilitation: The role of state in the process of dynamic growth [J]. Development Policy Review,2011,29(3): 264-290.

[102] Lin J Y,Monga C. Rejoinder [J]. Development Policy Review, 2011,29(3): 304-309.

[103] Lin J Y. New structural economics: A framework for rethinking development [J]. World Bank Research Observer, 2011,26(2): 193-221.

[104] Lin J Y,Nowak A Z. New structural economics for less advanced countries [M]. Poland: University of Warsaw Faculty of Management Press,2017.

[105] Lin J Y, Nugent J B. Institutions and economic development [J]. Handbook of Development Economics, 1995, 3: 2301-2370.

[106] Lin J Y. On the causes of China's agricultural crisis and the great leap famine [J]. China Economic Review,1998,9(2):125-40.

[107] Lin J Y. Prohibition of factor market exchanges and technological

choice in Chinese agriculture [J]. Journal of Development Studies,1991a,27(4): 1-15.

[108] Lin J Y. Public research resource allocation in Chinese agriculture: A test of induced technological innovation hypotheses [J]. Economic Development and Cultural Change,1991c,40(1): 55-74.

[109] Lin J Y. Rural reforms and agricultural growth in China [J]. American Economic Review,1992a,82(1): 34-51.

[110] Lin J Y, Sun X F, Jiang Y. Endowment, industrial structure, and appropriate financial structure: A new structural economics perspective [J]. Journal of Economic Policy Reform,2013,16(2): 1-14.

[111] Lin J Y. Supervision,peer pressure,and incentives in a labor-managed firm [J]. China Economic Review,1991b,2(2):215-229.

[112] Lin J Y, Tan G F. Policy burdens, accountability, and the soft budget constraint [J]. American Economic Review, 1999,89(2): 426-431.

[113] Lin J Y. Technological change and agricultural household income distribution: Theory and evidence from China [J]. Australian Journal of Agricultural and Resource Economics,1999,43(2): 179-194.

[114] Lin J Y. The household responsibility system in China's agricultural reform: A theoretical and empirical study [J]. Economic Development and Cultural Change,1988,36(S3): S199—S224.

[115] Lin J Y. The household responsibility system reform and the adoption of hybrid rice in China [J]. Journal of Development Economics, 1991e,36: 353-72.

[116] Lin J Y. The household responsibility system reform in China: A peasant's institutional choice [J]. American Journal of Agricultural Economics,1987,69(2): 410-415.

[117] Lin J Y. The impacts of hybrid rice on input demand and produc-

tivity: An econometric analysis [J]. Agricultural Economics,1994,10: 153-164.

[118] Lin J Y. The Needham puzzle, the Weber question, and China's miracle: Long-term performance since the Sung dynasty [J]. China Economic Journal,2008,1(1): 63-95.

[119] Lin J Y. The Needham puzzle: Why the industrial revolution did not originate in China [J]. Economic Development and Cultural Change, 1995a,43(2): 269-292.

[120] Lin J Y. The quest for prosperity: How developing economies can take off [M]. Princeton: Princeton University Press,2012a.

[121] Lin J Y. The relationship between credit and productivity in Chinese agriculture: An application of a microeconomic model of disequilibrium [J]. American Journal of Agricultural Economics,1990b,72.

[122] Lin J Y. The Washington consensus revisited: A new structural economics perspective [J]. Journal of Economic Policy Reform,2015,18(2): 96-113.

[123] Lin J Y, Wang Y. Going beyond aid: Development cooperation for structural transformation [M]. Cambridge: Cambridge University Press, 2017.

[124] Lin J Y, Wang Y. Remodeling structural change [A]. Oxford handbook of structural transformation [M]. Oxford: Oxford University Press,2017.

[125] Lin J Y, Wen G J. China's regional grain self-sufficiency policy and its effect on land productivity [J]. Journal of Comparative Economics, 1995,21: 187-206.

[126] Lin J Y, Yang D T. Food availability, entitlements and the Chinese famine of 1959-1961 [J]. Economic Journal, 2000, 110(460): 136

-158.

[127] Lin J Y,Zhang P F. Is money really neutral? [R]. Working Paper,2011.

[128] Lucas R E. Life earnings and rural-urban migration [J]. Journal of Political Economy, 2004, 112(S1):29-29.

[129] Lucas R. Why doesn't capital flow from rich to poor countries? [J]. American Economic Review, 1990, 80(2): 92-96.

[130] Maddison A. Monitoring the World Economy,1820-1992 [M]. Paris: Organisation for Economic Cooperation and Development,1995.

[131] McKinnon R I. Money and Capital in Economic Development [M]. Washington: Brookings Institution,1973.

[132] Needham J. The grand titration:Science and society in east and west [M]. London:Allen & Unwin,1969.

[133] Ostry J D,Loungani P,Fuerceri D. Neoliberalism:Oversold? [J]. Development and Finance,2016,53(2): 38-41.

[134] Pattean, C. F. The manufacture of pins[J]. Journal of Economic Literature, 1980, 18(1): 93-96.

[135] Pomeranz K. The Great Divergence: China,Europe and the Making of Modern World [M]. Princeton:Princeton University Press,2000.

[136] Redding S. Dynamic comparative advantage and the welfare effects of trade [J]. Oxford Economic Papers, 1999, 15-39.

[137] Sen A K. Peasants and dualism with or without surplus labor [J]. Journal of Political Economy,1966,74(5): 425-450.

[138] Shaw E S. Financial Deepening in Economic Development [M]. Oxford: Oxford University Press,1973.

[139] Stiglitz J E, Lin J Y. Industrial policy revolution I: The role of government beyond ideology [M]. Hampshire: Palgrave Macmillan,2013.

[140] Stiglitz J E, Lin J Y, Patel J. Industrial policy revolution II: Africa in the twenty-first century [M]. Hampshire: Palgrave Macmillan, 2013.

[141] Ward B. The firm in Illyria: Market syndicalism [J]. American Economic Review, 1958, 48(4): 566-589.

后记:学习新结构经济学的四种境界[*]

随着新结构经济学在国内外的影响力越来越大,我在各种场合讲完课,都有很多人问我如何学习新结构经济学理论。有的人说学习新结构经济学很容易,看几本书就可以理解;也有的人说学习新结构经济很难,《新结构经济学:反思经济发展和政策的理论框架》让人看得昏昏欲睡;还有的人认为新结构经济学根本没有新意,对于新结构经济学中的比较优势这一核心而重要的概念李嘉图早就提出过……在我看来,上述一系列观点都是不全面的,主要源于提出者所处的学习新结构经济学的阶段和境界不同而已。以

---

[*] 该部分是新结构经济学研究院研究员赵秋运为解答学生和新结构经济学爱好者如何学习新结构经济学的问题的思考和总结。作者感谢林毅夫教授的细心指导和修改,感谢北京大学博士后研究员张骞以及江苏大学副教授赵春艳的评论和建议,当然文责自负。

己之见,新结构经济学的学习需要经历四个阶段、达到四种境界。

第一个阶段是"学",即初学的阶段,境界为"昨夜西风凋碧树,独上高楼,望尽天涯路"。如果有人想学新结构经济学理论,那他一般会选择从看《新结构经济学:反思经济发展和政策的理论框架》这本书开始。但是假如其没有一定的经济学基础或者以前没有读过林老师的相关文献,直接从该书切入对新结构经济学的学习还是很费力的。记得一位朋友尚未读完该著作的第一章就向我"诉苦":"《新结构经济学》真是难读,晦涩难懂!有太多术语名词理解不了。真希望你们能编一本专门的名词解释。能否给我推荐一本通俗易懂的作品呢?!"每每此刻我都会想,其实这正是学习新结构经济学必然会经历的第一个阶段和第一种境界,也即"昨夜西风凋碧树,独上高楼,望尽天涯路"。这道出了一个初学者的孤单、寂寞、迷茫之情——没人切磋,没人讨论,没人指导,没人沟通,也不懂最基本的专有名词,但又非常渴望把新结构经济学理论学懂悟透的心境。在此境界中,人们遂将学习和研究新结构经济学作为目标与方向,不自觉间已然登上了新结构经济学的"高楼",从此踏上了求索新结构经济学的"天涯路"。因此,第一种境界是受到新结构经济学的吸引、感知到新结构经济学的博大并下定决心学好新结构经济学的"立志"阶段。要有"志于学"的决心,肯付出登高楼的努力,也耐得住寂寞。只有具备了这样的决心才会逐步进入第二个和第三个阶段。

第二个阶段是"知",即求真知(真正读懂新结构经济学理论)的阶段,此时的境界为"衣带渐宽终不悔,为伊消得人憔悴"。对于处于第一种境界的人,我一般建议其从新结构经济学的溯源看起,首先推荐新结构经济学"中国版"《中国的奇迹:发展战略与经济改革》,然后是新结构经济学的"国际版"《经济发展与转型:思潮、战略和自生能力》、新结构经济学的"典藏版"《新结构经济学》、新结构经济学的通俗版《繁荣的求索:发展中经济如何崛起》、新结构经济学释疑版《新结构经济学思与辨》、新结构经济学教材版《新结构经济学导论》、新结构经济学溯源版"新结构经济学的理论溯源与进展"①以及新结构经济学"老三篇"②等。到达第二种境界的人突然发现自己迷上了林老师的作品,被其清晰严谨的逻辑和生动流畅的语言深深吸引,从而欲罢不能,同时,也发现新结构经济学脱胎于中国,其解释发展中国家问题的思路是么让人入迷。读《中国的奇迹》那本书欲罢不能,总想把自己关在屋子里不吃不喝地通读,真恨不得"一夜看尽长安花";读《繁荣的求索》好像自己追随林老师的脚步去观察发展中国家的成败经验和教训。然后不自觉地开始购买与新结构经济学相关的书目:从《论经济学方法》(新版:《本体与常无:经济学方法论对话》)到《从西潮到东风:我在世行四年对世界重大经济问题的思考和见解》,再到《超越发展援助:在一个多极世界中重构发展合作新理念》,乃至《新结构经济学新在何处》和《战胜命运:跨越贫困陷阱,创造经济奇迹》,任何一本与新结构经济学相关的著作和文献都不愿意错过。为此,对新结构经济学情有独钟,投身于新结构经济学文献书海中。其实这已进入学习新结构经济学的第二种境界,也即"衣带渐宽终不悔,为伊消得人憔悴"。这道出该阶段学习新结构经济学的相思之情,对新结构

---

① 见本书"新结构经济学的理论溯源与进展——庆祝林毅夫教授回国从教30周年"。

② 见本书"写给新结构经济学大道上的后来者""如何做新结构经济学的研究"和"关于新结构经济学禀赋内涵的探讨"。

经济学情有独钟、专一执着,为此忘寝废食,虽然衣带渐宽、面容憔悴,也心甘情愿、无怨无悔。不过,"人憔悴"只是过程和表象,"终不悔"的目的是真正掌握新结构经济学的理论内涵及全貌,也就是在知识层面真正读懂、学会新结构经济学,即求真知,而不是对新结构经济学一知半解或全然不解。实际上现在很多批判和怀疑新结构经济学的声音往往是不了解、未真知新结构经济学的人所发的。在此境界中,虽然读了很多文献,甚至做了许多笔记,但往往会有"不识庐山真面目,只缘身在此山中"的感觉。此阶段,要在熟读新结构经济学相关文献特别是上述经典文献(即博学之)的基础上,审问之,慎思之,仔细推敲每一个概念,认真勾勒理论框架及机制,以达到"求真知"的目的。

第三个阶段是"行"或"用"的阶段,是在学了新结构经济学的"本本"后,将理论与实践相结合,敏于行,善于行,实现"纸上得来终觉浅,绝知此事要躬行"的第三种境界。对于经历过第一种和第二种境界的人而言,其不仅对新结构经济学产生了极大的兴趣,还掌握了新结构经济学的基础知识和基本理论,而且也能够读懂《新结构经济学:反思经济发展和政策的理论框架》等新结构经济学著作,但是新结构经济学并不是关在屋子里的经济学,而是需要实践的经济学,要在现实世界进行"结构"分析。对于学者而言,还要将新结构经济学进行学术拓展。或者说,在书房中"闭关"研习并读懂了新结构经济学也不能真正洞察新结构经济学理论,更重要的任务是走出书房,到现实的广阔天地中去实践和检验对新结构经济学的所学所知。"知成一体"是新结构经济学的哲学理念,理论的作用在于"认识世界",但更重要的是"改造世界"。只有能够帮助人们改造好世界的理论才可以说是真正帮助人们认识世界的理论,新结构经济学亦是如此。对于已经进入第三种境界的人,我会建议其用新结构经济学理论去分析一个国家或地区的案例,这样才能真正更好地去理解和洞察新结构经济学;或者选择新结构经济学一个专题[①]进行学术创新或拓展。"纸上得来终觉浅,绝知此事要躬行",这也是检验自身对新结构经济学是否真知的关键之举。例如当我们走进现实世界,面对实际问题时,往往发现要素禀赋及其结构相似的两个县,一个成长为世界的袜都,另一个却默默无闻。你可能认为根本无法用新结构经济学理论去寻找其背后的根本因素。当遇到一个个鲜活的案例而无法用自己所学的新结构经济学理论诠释时,自己很容易怀疑新结构经济学理论,或者想引入新制度经济学、新供给经济学、新自由主义经济学等一系列的理论来代替新结构经济学对现实的诠释。突然发现自己对于新结构经济学中的"比较优势""竞争优势""有为政府""有效市场""交易成本"等基本概念也不清晰了。当看到网络上对新结构经济学理论的各种评论或"攻击"时,自己也无法回答,只能感到气馁,[②]而被别人牵着鼻子走,不自然地也就认为新结构经济学有缺陷,这是对新结构经济学未能真正了解或理解不到位的缘故。在此阶段,我们应该"明辨之,笃行之",加深自己对新结构经济学基本分析逻辑和整体框架的理解和掌握,并在争论和澄清中,帮助对方了解新结构经济学。只有如此才能让更多人接受新结构经济学,最终让其他经济学家来跟着我们做研究。第三种境界的人需要重新把新

---

① 例如新结构金融学、新结构劳动经济学、新结构空间经济学、新结构国际经济学等(详见《新结构经济学导论》,高等教育出版社,2019年版)。
② 见本书"关于新结构经济学方法论的对话"。

结构经济学中的基本概念及其与主流经济学的区别与联系弄清楚,例如新结构经济学理论中的"比较优势"与国际贸易中的"比较优势"有何区别与联系①。亦即,"行"和"用"的阶段而非盲目地实践和应用,而是坚持知行合一,既要以第二境界的"知"来指导第三境界的"行",也要用第三境界的"行"去检验第二境界的"知"。

第四个阶段是"成",即获得成功这一学习归宿的阶段,此时达到的境界为"众里寻他千百度,蓦然回首,那人却在灯火阑珊处"。处于第三种境界的人,当已经通过实践证实了或者证伪了自身所知,进而回头重新厘清新结构经济学的各种概念以及与其他主流经济学的区别和联系后,方才真正理解了新结构经济学的真谛。从第三种境界到第四种境界的过渡可以说是从"知行合一"到"知成一体"的飞跃。进入第四种境界的人,真正体会到"众里寻他千百度,蓦然回首,那人却在灯火阑珊处"时,才真正学会了新结构经济学,这就是,将新结构经济学的"本体"内化于心并以"常无"心态驰骋于理论与现实之中,无论是在百家争鸣的理论世界,还是面对复杂多变的现实世界,都能泰然处之、游刃有余,"不畏浮云遮望眼,自缘身在最高层"。处于这个阶段的人,不仅善于认识世界,还善于改造世界,而且能够做成。不但能够进行新结构经济学的学术拓展,而且能够以"常无"②的心态分析真实世界,从心所欲而不逾矩地实现"知成一体"的目标。第四种境界是在经过长时间周折,以及长期的磨砺之后,对新结构经济学的理解逐渐成熟,并取

---

① 见本书"新结构经济学理论问与答"和"不忘初心,传经授道——新结构兰财授课之路感想"。

② 见本书"再读'与林老师对话'系列图书有感"和"以'常无'心态研究新结构经济学——再读林毅夫教授《本体与常无》"。

得了一系列学术成果和"智库"操作能力。别人看不到的现象，"他"却能明察秋毫；别人不理解的事物，"他"却能豁然领悟贯通。

学习理论不同于创造理论。林老师讲一个新理论的形成是"因行得知"，即理论产生于实践，一个真正科学的社会科学理论不是闭在书房中站在"本本"的肩膀上臆想出来的，而是置身人世间通过总结社会现象得来的。但是学习一种现成理论则要从该理论的"本本"出发，在真正了解和掌握该理论的基础上，在实践中进行检验乃至批判，进而进行一定的可能的改造和创新。因此可以说，林老师开创新结构经济学是"因行得知"，我们学习新结构经济学是"因书得知"，当然在"知"的基础上都要"用知践行"并"以成证知"，最终达到"知成一体"。学习新结构经济学，也可以说是一个"博学之，审问之，慎思之，明辨之，笃行之"，困知勉行的过程。

到此为止，我将新结构经济学分为四种境界，即学（志学）、知（求知）、行（善行）、成（得成）四境界。其中，志学是起步，求知是基础，善行是过程，得成是结果，在学习过程中尤其要避免因学习方式不当、基础不牢、理解不够而导致的非真知或被真实世界所迷惑而证伪。学习新结构经济学理论，经历四种境界的转换，我慢慢地悟到真谛：作为最根本的经济基础的要素禀赋及其结构决定最适宜的产业技术结构及其上层建筑的制度结构。每每用这种经济学思维思考这个世界的经济运行方式时，就很难再被其他经济学思考方式所影响。

2020 年 2 月 12 日

于北京大学蔚秀园